구본형의
THE BOSS 더 보스
쿨한 동행

THE 구본형의
BOSS
더 보스
쿨한 동행

변화경영전문가 **구 본 형** 지음

살림Biz

"어찌 엉킨 실을 주먹으로 쳐서 풀겠는가!"

– 사마천의 『사기(史記)』 중 「손자·오기열전」에서

상사와 나,
쿨한 동행을 할 수 있을까?

| 셀프테스트_나와 상사의 관계를 점검하라! |

지금 상사와 좋은 관계를 맺고 있는가? 혹은 어떤 계기로 인해 냉전 중인가?
아니면 좋지도 나쁘지도 않지만 관계가 악화될까 봐 걱정스러운가?
셀프테스트를 통해 지금 나와 상사의 관계를 점검해 보자.

셀프테스트_나와 상사의 관계를 점검하라!

1. 회사 보고 들어와서 상사 보고 떠난다! 회사 생활의 행복을 좌우하는 상사!
   지금 나의 상사는 어떤 유형? 해당 항목에 체크하세요.

   - 지위의 힘을 남용하고 자기주장만 밀어붙이는 독선적 권위주의형 ☐
   - 부하의 공을 가로채는 무임승차형 ☐
   - 안 되는 일도 무조건 해내라는 막무가내형 ☐
   - 늘 시시콜콜 잔소리를 늘어놓는 시어머니형 ☐
   - 눈 밖에 난 부하를 의도적으로 고립시켜 괴롭히는 밴댕이 소갈머리 왕따형 ☐
   - 오직 윗사람만을 위해 아부하는 해바라기형 ☐
   - 일이 잘못되었을 때 뒷짐 지고 남의 탓으로 돌리는 책임회피형 ☐
   - 불분명하고 모호한 지시를 내리고 열심히 해 가면 나중에 딴소리하는 딴나라당형 ☐
   - 자신을 따르는 한두 명의 부하직원만 뒤로 챙겨 주는 골목대장형 ☐
   - 칭찬엔 인색하면서 부하직원의 약점만 찾아 공략하는 핀셋형 ☐
   - 상황이 조금만 어려워도 전전긍긍하고 실적이 조금만 나아져도 희희낙락하는 깃털형 ☐
   - 가는 곳마다 음침한 포스를 풍기고 다니는 침울 바이러스형 ☐

   위 항목 중 해당되는 항목이 하나도 없다면 당신은 최고의 행운아다. 하지만 하나라도 해당되는 것이 있다면 상사와의 관계 개선 기술과 전략이 필요한 시점이다! 구체적인 실행 방안이 궁금하다면 제2장으로!

2. 남들 앞에서 무능하다고 면박 주는 직장상사. 그럴 때마다 몸 둘 바를 모르겠고 화도 나지만 정말 내가 그 정도로 능력이 없는 건가? 내 실력과 마인드를 점검해 보자! 해당 항목에 체크하세요.

- 나는 일이 주어지면 깊은 애정을 가지고 열정적으로 몰입한다. ☐
- 나는 최고의 목표를 달성하고 결과물을 차별화시키기 위해 창의적인 방법을 개발하려고 노력한다. ☐
- 나는 늘 서비스의 최종 수혜자를 기억하며 고객을 감동시키기 위해 애쓴다. ☐
- 내 분야의 전문가가 되기 위해 언제나 공부하며 새로운 지식으로 무장한다. ☐
- 상사와 동료 모두 나의 든든한 후원자가 될 수 있다. 그들과 깊은 관계를 유지하기 위해 노력한다. ☐

이 다섯 가지 강점을 모두 지녔다면 당신은 회사와 직장상사가 열광하는 최고의 인재! 또한 체크 항목이 하나라도 있다면 당신은 가능성이 있는 직원이다. 능력을 인정받기 시작했으므로 기대를 저버리지 말고 더 열정적으로 일하라! 최고의 인재가 되는 비결이 궁금하다면 제4장과 제7장으로!

3. 상사와 관계가 좋지 않은 것도 문제지만 나아지려고 노력하지 않는 건 더 위험하다. 나는 관계 개선을 위해 얼마나 노력하고 있는가? 해당 항목에 체크하세요.

- 상사와 아이들 이야기, 음식 이야기 등 업무와 관련 없는 사적인 이야기도 나누며 일의 스트레스에서 잠시나마 벗어나려고 한다. ☐
- 필요할 때는 자연스럽게 도움을 요청한다. ☐
- 완벽한 인간처럼 보이려고 하지 않는다. ☐
- 상사가 힘들어 보일 때는 힘을 보태려고 노력한다. ☐
- 상사가 기여한 부분을 그가 원하는 방식으로 인정하고 고마워한다. ☐
- 업무에 대한 것 외에 일상적인 부분에 대해서도 칭찬한다.
  예) "부장님, 오늘 넥타이가 멋진데요." ☐
- 상사의 기여도를 인정하고 공을 돌린다. ☐
- 상사가 잘 모르는 분야에 대해서는 예의를 갖춰 친절하게 도움을 준다. ☐
- 상사에게 경력 관리에 대해 상의하고 도움을 요청한다. ☐

위 항목 중 체크 항목이 하나도 없다면 응급처치가 필요한 상황이다. 내가 상사에게 기대하는 것을 먼저 내가 실행하자.

자존심을 건드리는 상사의 말에 상처받는 것도 한두 번! 당장 사표를 던지고 싶은 마음이 굴뚝같지만 어떻게든 버텨야 한다! 상사와의 불편한 관계를 완전히 청산해 줄 갈등 클리닉은 제5장과 제6장에!

이 책을 읽는 독자들에게

무두일(無頭日)이라는 말이 있다. 머리가 없는 날이라는 뜻이다. 윗사람, 즉 상사가 출장이나 휴가로 자리를 비운 날이다. 개점휴업이라도 한 듯 오늘은 여유로운 작은 행복감에 마음까지 넉넉하고 행복해진다. 우리는 상사가 없을 때 한껏 자유로운 공기를 숨 쉰다. 그 맛을 모르는 직장인은 없다. 어쩌랴! 상사는 모든 스트레스의 뿌리 깊은 원인인 것을!

나는 내향적이고 소심한 사람이다. 사회성이 뛰어난 사람도 아니며 조직 생활에 잘 맞는 사람도 아니다. 그러나 20년이나 회사를 다녔고 그러다 보니 그 20년간 마음고생이 남달랐다. 그러는 동안에도 나는 늘 바람처럼 자유로운 기질대로 사는 것을 꿈꿨다. 그리고 결국은 그렇게 되었다.

지금 나는 조직의 복잡한 정치와 이해관계에서 벗어나 있다. 특히 수시로 내 인생에 개입하려고 하는 상사로부터 벗어났으니 얼마나 자유롭고 좋은지 모른다. 이제 내 마음대로 디자인한 하루를 살 수 있다는 점에서 상사라는 주제는 더 이상 내 관심사가 아니다. 그럼에도 불구하고 기꺼이 이 책을 쓰게 된 까닭은 세 가지다. 나는 그 이유들을 거부하기 어려웠다. 그 거부할 수 없음을 느낄 때에만 나는 책을 쓴다. 그때 비로소 집필하는 흥분을 즐길 수 있기 때문이다.

첫 번째 이유는 좋든 싫든 내가 20년이나 직장 생활을 해야 했던 것처럼 많은 사람들이 과거의 나와 같은 이유로 살고 있기 때문이다. '변화경영전문가'라는 1인 기업가로 독립한 후 매년 한 권의 책을 내는 동안 수많은 독자들이 다양한 상담을 요청해 왔다. 그중 상당한 부분이 직장상사와의 갈등과 고통에 관련된 것들이었다. 특히 우리나라는 관계중심적인 문화적 무의식을 바탕으로 하고 있기 때문에 상사와의 관계는 직장에서의 행복과 불행을 결정하는 절대 요소일 수밖에 없다.

매일 얼굴을 대하는 상사와의 관계를 긍정적으로 풀어 내지 못한다면 성공적인 경력 관리는커녕 당장 하루의 행복도 보장받기 힘들다. 그래서 직장인들의 행복에 직결된 이 문제에 체계적으로 접근해 보고 싶었다. 말하자면 '상사학'이라는 것을 한번 만들어 보고 싶어진 것이다.

리더십에 관한 책은 발로 채일 만큼 많지만 대부분 중간관리자가 갖추어야 할 자질이나 팀원을 이끄는 기술만 다루고 있을 뿐이다. 부하직원이 상사의 힘을 빌려 적절하게 활용하는 방법을 담은 전문서는 찾기 어렵다. 그 이유가 무엇일까? 바로 수직적인 직위 체계에서는 힘이 약한 지위에 있는 사람이 쓸 수 있는 카드가 별로 많지 않기 때문이다.

리더십은 힘을 가지고 있는 사람들을 위한 조언이기 때문에 지식과 실천의 불일치가 상대적으로 적다. 그러나 부하가 상사에게 긍정적인 영향력을 끼치기는 쉽지 않다. 수요는 많지만 답이 궁색한 분야, 아니 답이 너무나 뻔한 분야. 나는 이 분야가 바로 '상사학'이라는 것을 알게 되었다. 참고 견디고 비비고 몰래 비난하는 것으로 풀어질 수 없는 이 주제를 한 번 다루어 보겠다는 생각을 하자 내 가슴은 뛰었다. 가슴이 뛴다는 것, 그것은 언제나 내게 거절할 수 없는 유혹이었다. 이 유혹이 바로 이 책을 집필하게 된 첫 번째 이유였다.

두 번째 이유는 나이가 들자 직장 생활을 할 때 가지고 있었던 정신적 자세나 태도를 객관적으로 조명해 볼 여유가 생겼기 때문이다. 나는 처세술에 능한 사람이 아니다. 사람과의 관계를 무엇보다 중히 여기다 보니 그 관계에서 쉽게 상처를 입는 기질이기도 하다. 사람을 좋아하지만 낯가림이 심하며 정 많은 사람이 가지는 병폐를 나 또한 가지고 있었다. 나 같은 사람이 처세론을 쓴다는 것은 어쩌면 가당찮을지도 모른다. 그러나 나는 아주 괜찮은 관찰자적 기질을 가지고 있다. 특히 인간관계에 대해서는 매우 민감한 감정적 촉수를 가지고 있기 때문에 누군가 뱉은 말 한마디 혹은 무의식적으로 취한 행동 하나가 다른 이에게 미칠 영향에 대하여 비교적 소상한 '감(感)'을 느낄 수 있다.

또한 '나'를 발견하게 되면서 인간관계의 본질을 찾아내 객관화할 수 있는 힘이 생겼다. 젊었을 때는 애써 무시했거나 모호하게 여겼던 것들이 분명해졌고 수직적 인간관계를 좌우하는 힘을 차분히 들여다볼 수 있게 되었다. 이는 이 책을 쓸 수 있는 실용적 힘이 되었다.

세 번째 이유는 훨씬 더 구체적인 기쁨을 위한 것이다. 어쩌면 이 책을 '지금' 쓰게 된 자연스러운 계기가 되기도 했다. 내 주위에는 직장인들이 많다. 나는 이 사람들이 행복한 직장 생활을 할 수 있도록 체계적이면서도 즉각적인 효과를 얻을 수 있는 조언을 해 주고 싶었다. 어떤 인연이 되었든 상사는 직장 생활에서 가장 중요한 영향력을 끼치는 사람들이다. 상사의 도움과 배려 없이는 직장에서 좋은 기회를 만나기도 어렵다. 따라서 상사의 힘을 긍정적으로 활용할 수 있는 탐구는 흥미로울 뿐 아니라 대단히 생산적인 일이다.

사람과의 관계에 일방통행은 없다. 나는 부족한 사회성을 지닌 채 오랫동안 조직에 몸담고 있었다. 그때 나에게 체계적인 조언을 해 줄 수 있는 사람도 책도 구할 수 없었다. 대개 조언은 단편적이었고 전문성이 없었다. 결국 모든 결정은 내가 해야 했다. 잘 헤쳐 나갈 때도 있었지만 갈등을 악화시킨 경우도 있었다. 치명적인 실수는 피했다고 해도 가장 바람직한 관계를 만들지 못한 점은 늘 아쉬움으로 남았다.

그날이 다시 온다 해도 나는 같은 자리에서 또 다시 같은 실수를 반복할지도 모른다. 하지만 적어도 사람과의 관계에서 오해했거나 제대로 처신하지 못한 부분은 개선될 것이다. 하루하루 겪는 삶의 고비를 덜 고통스럽게 넘길 것이고, 그때가 아니면 만나지 못할 사람들과 훨씬 더 유쾌하게 지낼 것이다.

나는 관계의 기술에 관심을 갖게 되면서 지금까지 내가 본 것 그리고 상하 관계에 대해 연구하고 성찰하여 얻은 소중한 교훈을 후배들에게 꼭 전하고 싶었다. 직장에서 겪는 '너무도 일상적이고 너무도 치명적인' 과제에 접근하고 싶었다.

"상사와의 관계에서 얼마든지 바로잡아 바꿀 수 있는 것과 절대로 바꿀 수 없는 것은 무엇인가? 그것을 알았다면 이제 어떻게 훌륭한 수직적 관계를 만들어 갈 것인가?

이 물음에 대한 고민이 바로 이 책의 주제다. '상사학'이라는 새로운 연구 영역으로 들어서면서 나는 직장인의 고되고 지루한 하루가 기쁨과 감사로 가득한 하루로 바뀌는 것을 꿈꾸었다. 그 희망은 연구의 기쁨이 되어 주었다.

이 책을 쓰면서 나는 이번에도 많은 사람들에게 빚을 졌다. 무엇보다 나를 믿고 상사와의 관계에서 생긴 어렵고 힘든 고민들을 털어 놓은 직장인들이 없었다면 이 책은 태어나지 못했을 것이다. 연구원들과 꿈벗들은 이 원고가 충실해질 수 있도록 훌륭한 피드백을 제공했다. 살림출판사의 박진희 파트장, 이남경씨, 이상구 팀장, 그리고 윤대한 북디자이너는 아이디어와 땀으로 이 책을 빛내 주었다. 진심으로 감사한다.

이 책이 모든 직장인의 책상 위에 한 권씩 놓이기를 바란다. 그리하여 상사와 나, 그 어렵고 치명적 관계에서 서로를 구하는 빛나는 파트너이기를 희망한다.

CONTENTS

셀프테스트_ 나와 상사의 관계를 점검하라!   5
이 책을 읽는 독자들에게   9
시작하는 글_ 상사, 너무도 치명적이고 너무도 일상적인 과제   16

제1장 상사의 비밀   23

- 회사는 조직이고, 상사는 회사의 이익을 대변하는 대리인이다   28
- 회사는 고를 수 있지만 상사는 고를 수 없다   35
- 관료주의는 권위에 대항하여 질문하지 않는다   39
- 상사는 반드시 보복한다   46
- 정치는 어디에나 있다   50

제2장 다가서야 할 상사, 피해야 할 상사   57

- 상사의 리더십 단계를 평가하라   62
- 상사와 나, 우린 제법 잘 어울릴까? : 상사관계 지수   68
- 상사가 특히 민감하게 반응하는 영역을 파악하라   75
- 이런 상사에게는 결코 다가가지 마라   82

제3장 상사가 절대 나를 모욕하지 못하게 하는 최소기준   89

- 상사가 싫어하는 부하직원의 10가지 유형   92
- 상사의 말 중에서 절대 믿어서는 안 되는 말들   94
- 스타일이 다를 때는 유연성을 높여라   99
- 일을 장악하라   103
- 적절하게 'NO' 라고 말하지 못하면 존중받지 못한다   110
- 우유부단은 치명적 결함이다   116

제4장 상사가 나에게 열광하게 하는 법   123

- 회사가 좋아하는 인재의 조건   126
- 상사가 부하직원을 좋아하는 진짜 결정적 이유   131
- 상사를 늘 나와 한 팀으로 묶어 두어라   139
- 헌신하되 공을 돌리고 리드하되 지배하지 마라   144
- 결정적 장면을 만들어 내는 빛나는 조연이 되어라   149
- 누구나 칭찬을 좋아한다   155
- 선의의 배려를 두려워하지 마라   163

제5장 불편한 진실을 훌륭하게 전달하는 법 · 173
"감히, 능히 그리고 훌륭하게 직언했다." · 175
불편한 진실을 말하기 위한 3가지 조건 · 179
직언의 기술 · 184
나로부터 좋은 순환고리를 만들어라 : 거울신경세포 · 188

제6장 상사와 한번 나빠진 관계를 회복하는 법 · 193
화해를 위한 마음의 자세 · 196
화해하러 가기 전 두려움을 이기는 법 : 두 뿔 사이로 빠져라 · 202
무엇을 어디까지 화해하면 좋을까? · 205
화해의 현장에서 활용할 수 있는 커뮤니케이션 기술 · 210
최악의 시나리오가 발생하더라도 당황하지 마라 · 217
복원된 관계를 유지하기 위한 필수적 장치 · 220

제7장 쓰레기 상사에게 고삐를 채우는 법 · 225
무능하고 악질적인 관리자가 기업에 떠넘기는 쓰레기 비용 · 231
경영자의 실패 : 왜 회사는 무능한 상사들을 방치할까? · 236
쓰레기 상사에게 존중을 얻어내는 3가지 기술
: 상황적·전략적·무작정 막무가내 다루기 · 241

제8장 나쁜 상사에게서도 잘 배우는 법 · 257
문제의 일부가 되지 못하면 해결책의 일부도 되지 못한다 · 261
상사의 약점을 받아들이면 그 강점을 얻어 쓸 수 있다 : 관용 · 265
상사를 평가하는 심판이 되어라 : 그린 카드와 레드 카드 · 274
만일 쓰레기를 만드는 일을 한다면 최고의 쓰레기가 되어라 · 282

맺는 글_ 위와 아래는 하루에 백 번을 싸운다 · 289

시작하는 글

상사, 너무도 치명적이고
너무도 일상적인 과제

정말 나쁜 상사도 있다. 그러나 우리를 괴롭히는 것은 알고 보면 괜찮은 사람들끼리 서로 나쁜 관계 속에 있다는 사실이다. 소름 끼치도록 모질고 나쁜 사람도 있다. 그러나 그 사람조차도 누군가의 좋은 사람일 수 있다. 그래서 정말 나쁜 상사란 드물다. 다만 나쁜 관계만 있을 뿐이다.

직장 생활을 시작할 때 나는 상사와 좋은 관계를 맺는 것이 그렇게 중요한 일인지 깨닫지 못했다. 상사도 많은 관계 중 하나일 뿐이며 친구들끼리 서로 돕고 살듯 직장 동료들도 그러려니 생각했다. 그런데 몇 년이 지나자 그 생각이 틀렸음이 증명되기 시작했다. 좋은 상사를 만나는 일은 최고의 선물이었던 것이다.

좋은 상사는 최고의 선물이며 괜찮은 상사와의 좋은 관계는 축복이다. 조직에서 중요한 것은 좋은 관계다. 좋은 사람이든 까다로운 사람이든 가치관이 다른 사람이든 매일 얼굴을 마주쳐야만 하는 상황에서는 적절한 관계를 유지하는 기술이 매주 소중하고 중요하다.

첫 상사와의 관계는 성공의 첫 단추

한 연구 결과에 따르면 어떤 사람이 회사에서 얼마나 성공할 것인지를 가늠하는 가장 확실한 지표는 '첫 상사와의 관계'라고 한다. 이는 출신학교, 성적, 전공, 부모의 지위나 과거의 경력보다도 더 중요한 것으로 나타났다. 매우 의미 있는 분석이다. 직장에서 내게 가장 큰 영향을 주는 사람은 CEO도, 사업부의 부서장도, 상사의 상사도 아니다. 바로 직속상사다.

사실 직장인 중 반 이상은 회사에 가기 싫어한다. 조사 자료에 따르면 그 비율은 60퍼센트에 육박하는데 이유 또한 다양하다. 매일 똑같은 일을 반복하는 것이 싫어서, 비전도 없는 회사를 향해 아침마다 뛰어가는 자신이 바보 같아서, 별 것 아닌 일로 괴롭히는 상사가 싫어서, 숨 막힐 듯 쌓여 있는 일거리에 질려서 그렇다.

나머지 40퍼센트도 정말 회사가 좋아서 즐거운 마음으로 출근하는 것은 아니다. 그저 이 어려운 시절에 일할 직장이 있다는 사실에 감사하며 집을 나선다는 대답이 다수다. 정말 일이 좋고 사람이 좋고 직장이 좋아서 출근하는 사람들은 겨우 12퍼센트다. 열 명 중 한 명 정도만이 행복한 직장 생활을 하고 있는 것이다.

좋아하는 일을 열정적으로 할 수 있는 현장을 제공하고, 미래를 향해 돌진하도록 동기를 부여하고, 힘들면 다독거려 주고, 잘못할 때 애정을 가지고 꾸짖어 가르쳐 주는 상사가 있다면 우리는 훨씬 즐거운 마음으로 출근할 것이다. 결국 나쁜 상사가 일을 지루하게 하고 비전 없는 현장을 만들고 매일 모멸감을 느끼게 만든다.

　실제로 한 취업 사이트에서 "당신에게 절대적 인사권이 주어진다면 가장 먼저 자르고 싶은 사람이 누구인가?"라는 질문으로 온라인 투표를 실시한 적이 있다. 투표 결과 40.5퍼센트가 '직속상사'라고 응답했다. 게으르고 건방진 후임, 뺀질거리는 동료, 자기 잇속만 챙기는 악덕 사장보다 사사건건 못 잡아먹어 안달이 난 상사에 대한 미움이 압도적으로 크게 나타난 것이다.

　좋은 상사를 만나 든든한 스폰서로 인연을 발전시키는 것만큼 직장운이 좋은 것은 없다. 만일 운이 나빠서 좋은 상사를 만나지 못했다면 어떻게 해야 할까? 리더들을 위한 그 많은 책들의 조언대로 좋은 상사가 되기 위해 애쓰는 훌륭한 리더들을 만나지 못했다면 어떻게 해야 할까? 그래도 직장 생활은 계속되어야 한다. 그것도 그냥 버티기 한판이 아니라 즐겁고 보람 있는 생활이어야 한다.

　이것이 바로 상사에 대한 탐구가 이루어져야 하는 이유다. 나쁜 상사가 내 하루를 쥐어짜는 것을 막기 위해, 나쁜 상사들에게 효과적으로 대응하기 위해, 더 나아가 나쁜 상사와도 괜찮은 관계를 유지하기 위해서 말이다.

나쁜 상사는 사라지지 않는다

　그렇다면 나쁜 상사란 어떤 사람들일까? 직장인들이 이구동성으로 뽑은 '직장에서 사라져야 할 나쁜 상사 유형 10가지'를 소개하면 다음과 같다.

- 지위의 힘을 남용하고 자기주장만 밀어붙이는 독선적 권위주의형
- 부하의 공을 가로채는 무임승차형
- 안 되는 일도 무조건 해내라는 막무가내형
- 늘 시시콜콜 잔소리를 즐기는 시어머니형
- 감성이 결핍된 냉정한 얼음형
- 사람에게 투자하는 것을 아까워하는 짠돌이형
- 무능력하고 싫은 소리를 두려워하는 무능방치형
- 눈 밖에 난 부하를 의도적으로 고립시켜 괴롭히는 밴댕이 소갈머리 왕따형
- 오직 윗사람만을 위해 아부하는 해바라기형
- 일이 잘못되었을 때 뒷짐 지고 남의 탓으로 돌리는 책임회피형

나는 여기에 몇 가지 유형을 더하고 싶다.

- 불분명하고 모호한 지시를 내리고 열심히 해 가면 나중에 딴소리하는 딴나라당형
- 자신을 따르는 한두 명의 부하직원만 뒤로 챙겨 주는 골목대장형
- 칭찬엔 인색하면서 부하직원의 약점을 공략하는 데는 매처럼 빠른 핀셋형
- 상황이 조금만 어려워도 전전긍긍하고 조금만 나아지면 희희낙락하는 깃털형
- 그 사람이 나타나면 침울해지고 그 사람이 방을 떠나면 환해지는 침울 바이러스형

이런 상사들은 사라질까? 천만에 말씀이다. 절대 사라지지 않을 것이다. 왜냐하면 이런 속성들은 평범한 사람들이 가지고 있는 지극히 보편적인 성향에서 비롯된 것이기 때문이다. 힘을 가지면 쓰고 싶고, 맘에 들지 않는 사람은 혼내 주고 싶고, 윗사람에게 잘 보여 이득을 얻고 싶고, 잘못

된 일에서는 얼른 발을 빼 책임을 면하고 싶고, 그 대신 공이 될 만한 것에는 얼른 발을 들이밀고 싶은 것이 인지상정이다.

그렇기 때문에 안 되는 일도 몰아붙이는 것이고, 제 맘에 차지 않으면 잔소리하고 심한 소리도 퍼붓는 것이다. 자신의 실수는 인정하기 쉽지 않고 남이 잘한 일보다는 약점을 먼저 보고 나를 잘 따르는 사람을 더 챙기려는 것이 사람이다. 상황에 예민하고 실적에 매이는 것이 또한 사람이고 그러다 보니 걱정과 근심이 끊이지 않는다. 오직 땀 흘려 자기를 계발하고 수련에 애쓰며 적합한 가치관을 형성한 사람들만이 이런 일반적 속성을 극복하고 성숙한 리더로 성장할 수 있다.

나는 이 책에서 처세를 다루려고 하지 않는다. 내가 다루고 싶은 것은 '훌륭한 상생'이다. 상사를 이기기보다는 나의 지지자로 만들어야 한다. 조직생활의 핵심은 인간관계다. 특히 인간관계의 고리가 약한 저맥락 사회의 미국과 달리 우리나라는 일보다 사람과의 관계에 에너지가 집중되어 있다. 따라서 직장에서의 스트레스도 일보다는 사람이 원인인 경우가 많다.

상사를 탐구하라. 그리고 주도적으로 상향 리더십을 발휘하라

나는 상사와 부하, 윗사람과 아랫사람이라는 상황을 설정하는 데 오랫동안 망설였다. 우리는 수평적 사회로 이동하고 있고 그것이 바람직한 방향이라면 수직적 사회라는 가정이 마음에 걸렸기 때문이다. 그러나 나는 현실에 주목했다. 대부분의 기업은 엄연히 위계질서를 지키고 있다는 명백한 현실을 받아들이기로 한 것이다. 모든 직장인들이 이 속에서 살아가고 있고 그것이 곧 삶의 조건이기 때문이다. 나는 위계질서를 '현재 직장인들의 일상적인 조건'으로 받아들이지만 이 속에 배태되어 있는 수평적 질서들이 가지는 좋은 요소들을 반영하여 진취적이고 실제적인 조언을 하고 싶었다.

사람들과 관계를 형성할 때는 두 가지 중요한 기본 원칙을 세워 두는 것이 좋다. 첫째, 좋은 사람과 좋은 관계를 맺어라. 윤리적으로 문제가 있거나 부도덕한 사람과는 아예 엮이지 마라. 인생은 짧다. 좋은 사람과 즐거운 시간을 보내기에도 인생은 바삐 흐른다. 무엇 때문에 싫은 사람과 싫은 관계를 계속하며 시간을 낭비하는가?

둘째, 매일 봐야 하는 사람이라면 그 사람과의 관계를 '적절한 차원'으로 고양시켜라. 직장의 상사, 동료들은 직장을 그만두지 않는 한 피하기 힘들다. 어디에도 내가 좋아하는 스타일의 사람만 존재하는 것은 아니다. 이때는 적절한 관계의 기술을 발휘할 필요가 있다. 이것을 관계학이라고 부르자. 그리고 상사와의 관계를 증진시키는 기술을 상사학이라고 부르자.

상사학은 상사와 부하직원 사이의 관계를 규정하는 핵심적인 요소들을 찾아내고 그 요소 상호 간에 작동 원리와 방법을 밝혀 실천하기 위한 연구다. 상사학이 일반적인 리더십과 구별되는 점은 좋은 관계를 만들어 내기 위해서 부하직원의 입장에서 어떻게 주도적이고 긍정적인 영향력을 발휘할 수 있을까 하는 점에 초점이 맞추어져 있다는 점이다. 이것은 부하로부터 상사에 이르는 '상향 리더십(subordinator-to-boss leadership, upward leadership 혹은 bottom-up leadership)'을 의미한다. 이를 통해 진심으로 나의 성공을 지지해 줄 상사를 얻도록 돕는 것이다.

따라서 이 책의 대부분은 상사와 좋은 관계를 만들어 내기 위한 부하직원의 주도적 영향력에 대해 집중되어 있다. 기존의 리더십과 달리 위로 향하는 힘에 대해 연구했다는 점이 차별적이다. 또한 모호한 이론이 아니라 당장 답답한 오늘과 내일을 구하기 위해 쓸 수 있는 실용적이고 구체적인 방법을 모색했다. 이미 어쩔 수 없이 나쁜 관계 속에 놓이게 된 사람이 상사와 다시 화해하는 법, 정말 대책 없는 악질이어서 쓰레기 상사일 수밖에 없는 상사에게 강력하게 재갈을 물리는 법 그리고 나쁜 상사의 리더십을 답습하지 않고 반면교사하는 수단도 실었다.

이 책이 상사와 유쾌한 관계를 만들고 행복한 직장 생활을 하는 데 도움이 되었으면 한다. 무엇보다 내일은 가슴 뛰는 출근길이 시작되길 바란다.

1
상사의 비밀

상사는 직원을 한 사람의 인간으로 보지 못한다. 마찬가지로 직원도 상사를 한 인간으로 보기 힘들다. 상사는 권위와 능력으로 나타난다. 지위가 높아질수록 그 사람보다는 직위를 본다. 고위직으로 올라가면 업무는 어려워지지만 그만큼 보상도 커진다. 그러나 높이 올라갈수록 점점 더 외로워진다.

– 칼리 피오리나(Carly Fiorina)

상사에는 세 종류가 있다. 좋은 상사와 나쁜 상사 그리고 무난한 중립적 상사. 좋은 상사는 나의 성공을 도와주고 지원사격을 아끼지 않는다. 나쁜 상사는 나의 하루를 불행하게 하고 성공을 가로막는다. 무난한 상사는 그럭저럭 괜찮은 사람이며 앞장서서 방해하는 것은 아니지만 그렇다고 크게 도움을 주는 것도 아니다.

내가 좋은 상사나 나쁜 상사라고 칭하는 것은 인간성을 기준으로 하는 것이 아니다. 그 사람이 진짜 어떤 사람인지는 누구도 알기 어렵다. 앞서 말했듯이 나쁘다거나 좋다거나 하는 표현은 지극히 주관적이다. 다만 이 책에서 말하는 좋고 나쁨의 기준이 무엇인지 정확하게 정의해 두려고 한다.

좋은 상사란 나와 좋은 관계에 있는 상사라는 뜻으로 새겨 두었으면 한다. 무난한 중립적 상사란 나와 주로 일로 만나는 그럭저럭 괜찮은 상사라는 뜻이다. 나쁜 상사란 나와 나쁜 관계에 놓인 상사를 말한다. 정말 대책 없이 독하고 악질적인 사람이 없는 것은 아니다. 그런 상사는 '쓰레기 상사'라고 칭하겠다. 사람은 계기가 주어지면 언제고 개과천선할 수 있는 것인데 너무 심한 표현이라고 생각할 수도 있겠지만 쓰레기 역시 재

활용되는 것이니 감정을 섞어 그냥 쓰레기 상사라고 부르기로 하자. 그 밑에서 매일 짓눌려 고생하는 갑남을녀를 생각하면 통쾌한 호칭이지 않은가!

좋은 상사란 늘 나의 성공에 관심을 가지고 배려하며 힘닿는 데까지 애쓰는 사람이다. 지금 이런 상사를 모시고 있다면 성심성의를 다해 그가 성공하도록 도와주어라. 서로의 성공을 나눌 수 있어야 훌륭한 관계가 형성된다. '자기가 서기 위하여 먼저 부하직원을 세워 주는 사람'이 바로 자기 경영에 성공한 성숙한 상사인 것이다.

나쁜 상사란 누구인가? 당신이 출근을 싫어하고 두려워하게 만드는 사람이다. 굴욕감을 느끼게 하고 지치게 하며 의욕을 잃게 만드는 사람이다. 이런 사람과 함께 일하면 하루에도 몇 번씩 회사를 그만두고 싶은 생각이 들지만 어쩔 수 없이 매일 얼굴을 봐야 한다. 하지만 생각해 보자. 나쁜 관계의 책임은 양쪽 모두에게 있다.

상사와 갈등을 빚고 있다면 최대한 빨리 적어도 무해무익한 관계로 만들어야 한다. 그러나 만일 이 상사가 인간적으로 나쁜 사람, 즉 다른 사람의 희생과 불행 위에 자신의 성공을 건설하려는 부류의 쓰레기 상사라면 참는 것만이 능사가 아니다. 그 사람이 나의 열정을 갉아먹고 하루를 불행하게 만들지 못하도록 방어해야 한다. 분명한 경고를 주어야 하고 경우에 따라 내가 떠나든지 그를 떠나게 하는 것이 바람직하다.

무난한 상사란 나와 중립적 관계를 맺고 있는 사람을 뜻한다. 중립적 관계란 일을 매개로 서로 적정한 거리를 유지하며 감정적 애증에 시달리지 않는 독립적인 관계를 말한다. 감정적 중립 지대 속에서 함께 일하는 셈이다. 대신 무난한 상사는 어떤 사건이 터졌을 때 발 벗고 나서지도 않고 적극적으로 나를 도와주거나 보호해 주지도 않는다.

그렇다고 이러한 중립적 관계가 소용없는 것은 아니다. 우리는 때때로 무해무익한 관계에 감사해야 한다. 정서적으로 다른 세상에 살거나 가치관과 기질이 너무 다르면 가까이 지내기가 어렵다. 이때는 구태여 개인적으로 더 다가가 마음의 불편을 증폭시킬 이유가 없다. 서로의 차이점을 받아들이지 못하면 '타인이 곧 지옥' 이 될 수밖에 없다. 이때는 일단 적절한 거리를 유지하는 것이 최선이다. 예컨대 적과 우방 사이에서 얼른 영세 중립국임을 선언하는 전략과 같다. 특히 다른 사람의 존재나 반응에 민감한 내향적이고 소극적인 사람들이 쓰기에는 괜찮은 전략이다.

당신이 좋은 상사와 함께 일하게 되었다면 최고의 행운이다. 직장에서 좋은 상사를 만나기란 지극히 힘들기 때문이다. 그런데 좋은 사람을 얻었음에도 불구하고 최선을 다하여 정성으로 대하지 않는 것은 엄청난 실수다. 그 사람의 스폰서십을 얻게 되면 회사는 내 뜻을 한번 펼쳐 볼 만한 곳이 될 것이다. 도움을 받은 만큼 모든 능력을 다해 보답하며 좋은 관계를 만들어 가는 것은 조직 생활에서 가장 훌륭한 투자다.

우리가 무난한 상사를 만날 확률은 높다. 열에 일고여덟은 무난한 사람들이다. 특별한 애정을 쏟으며 인생의 스승이 되지도 않지만 딱히 반감도 가지고 있지 않기 때문에 서로 맡은 일을 잘 처리해 나갈 수 있다. 이렇게 별 갈등과 충돌 없이 지낼 수 있다는 것에 감사해야 한다. 정치에 힘을 낭비하지 않아도 되니 주어진 일을 열심히 해서 그 분야의 전문가가 되면 언젠가는 기회도 주어질 것이다. 일이 관계에 우선하는 중립지대는 내향적이고 소심한 사람들에겐 편안한 환경이다. 그러나 한 걸음 더 나아가는 것이 좋다. 조금씩 마음을 열고 관심을 보이고 배려하다 보면 건강한 중립 상태는 좋은 관계로 발전될 것이다. 이것이 가장 바람직한 발전 방향이다.

나쁜 상사를 만나는 것은 직장 생활 중에서 가장 불행한 일 중 하나다. 누구나 한두 번쯤은 맞닥뜨리게 되는 피해 가기 어려운 악연이기도 하다. 좋은 상사를 만나는 것이 어렵다는 사실, 무난한 상사는 나를 돕기 위해 적극적으로 나서지 않는다는 사실, 그리고 종종 나쁜 상사를 만나 시도 때도 없이 모멸을 당해야 한다는 사실이 직장 생활의 어려운 점이다.

그러나 관계란 움직이는 것이다. 얼마든지 개선될 수 있다. 하루의 행복과 불행이 상사에 의해 결정된다면 우리는 상사에 대해 탐구해야 할 것이다. 탐구는 몰랐던 사실을 밝혀 주고 오해를 바로잡아 준다. 또한 내가 자신의 문제를 인식하고 긍정적인 변화를 주도할 수 있도록 돕는다.

상사를 탐구하기 위해서는 먼저 그들이 처해 있는 상황을 이해해야 한다. 그래야 적절한 기대 수준을 설정할 수 있다. 기대 수준이 높으면 실망도 커지고 파트너십에 부정적인 영향을 주며 기대 수준이 너무 낮아도 서로에게 자극이 없는 초라한 관계에 머물게 된다. 조직은 성과를 내지 못하면 존재할 수 없다. 따라서 좋은 파트너십이 필수적이다. 이때 무엇보다 중요한 것은 상사가 조직으로부터 부여받은 역할과 한계를 그 잠재력과 함께 먼저 이해하는 것이다.

상사, 그들은 누구인가? 누가 어떤 목적을 위해 중간관리자를 만들었는가? 상사는 어떨 때 나의 편이 되고 어떨 때 적이 되는가? 그들을 움직이는 힘은 무엇인가? 나는 상사를 어떻게 이해하고, 어느 정도의 기대 수준을 가지고 대해야 할까?

회사는 조직이고, 상사는 회사의 이익을 대변하는 대리인이다

당신은 몸값이 비싼 사람입니까? 만약 당신이 값비싼 일꾼이라면 아침부터 밤까지 '이 남자'가 지시한 대로 정확하게 움직여야 합니다. 이 남자가 무쇠를 들고 걸으라고 말하면 무쇠를 들고 걸어야 합니다. 앉아서 쉬라고 하면 그때 앉으십시오. 이제 값비싼 일꾼은 지시받은 대로만 행하고 말대답을 하지 않습니다.

이는 과학적 경영의 창시자 프레더릭 테일러(Frederick Taylor)의 『과학적 관리법(Scientific Management)』에 나오는 한 장면이다. 대화 속에 등장하는 값비싼 일꾼의 이름은 '슈미트'다. 네덜란드에서 이민을 온 그는 과묵한 외톨이였다. 때문에 일과 시간에 동료와 시시덕거리지 않고 일에만 몰두했다. 그것이 테일러가 그를 실험 대상으로 지목한 이유였다. 게다가 그는 별로 영리하지 않았기 때문에 별다른 의문을 제기하지도 않고 지시한 대로 일을 잘할 수 있으리라 생각했다. 슈미트는 하루에 12.5톤의 무쇠를 나른 대가로 1.15달러를 받았다. 그런데 '이 남자'의 지시에 따라 실행하자 하루에 47.5톤을 운반할 수 있게 되었다. 슈미트의 효율성은 무려 400퍼센트나 신장됐고 일당도 1.85달러로 인상됐다. 결국 그는 다른 노동자보다 일당을 60퍼센트나 높게 받는 '몸값이 비싼' 노동자가 되었다.

테일러의 과학적 관리법은 그 후 포드 자동차의 대규모 자동화 설비에 접목되어 이른바 '포드 시스템'에서 절정에 다다랐다. 포드는 한 사람이 하던 모터 조립 작업을 84개의 작은 단위로 세분화시키고 컨베이어를 도입하여 조립 시간을 10분의 1로 단축시켰다. 1,000달러가 넘던 자동차 가격은 300달러까지 떨어졌다. 레닌, 히틀러 그리고 무솔리니는 테일러의 과학적 관리법에 열광했다. 특히 무솔리니는 테일러의 미망인을 만나 사진을 요청할 만큼 열렬한 팬이기도 했다. 기계인은 독재자들의 마음에 쏙 들었다. 20세기의 경영은 이렇게 시작되었다.

회사의 대리인인 '이 남자'는 노동자를 상징하는 '슈미트'에게 할 일을 지시하고 행동을 통제하는 중간관리자의 역할을 하며 효율성을 극대화시켰다. 엄청난 성과를 내기 시작한 것이다. 경영학은 말하자면 일꾼을 길들이고 그들에게서 최대한의 능력을 뽑아내는 것을 목적으로 하는 학문이다. 그러나 효율성의 이면에 깔린 기계적 인간에 대한 비판은 끊이지 않았다. 실제로 훌륭한 생산 라인을 갖췄던 포드는 1912년부터 1913년까지 평균 1만 3,000명의 노동력을 유지해야 했는데 이직률이 너무 높아져서 1년 사이에 무려 5만 4,000명이라는 어마어마한 인원을 채용해야만 했다.

심지어 1930년대와 1940년대 포드 자동차의 리버 루지(River Rouge) 공장에서는 웃음조차 엄격하게 금지되었다. 웃음은 물론 미소, 휘파람, 콧노래 등도 불복종의 신호로 간주되었다. 실제로 존 갈로라는 노동자는 동료와 이야기를 하며 웃다가 조립 라인을 30초간 정지시켰다는 사유로 해고되었다. 이런 엄격한 규칙은 '일할 때와 놀 때'를 섞어서는 안 된다고 믿는 헨리 포드의 경영 철학이기도 했다.

지금도 여전히 일부 중간관리자들은 웃으며 일하는 젊은 직원들을 진지하지 못한 사람으로 간주하며 나무란다. 모든 일에 심각한 사람이 더 책임감이 높은 것이 아닌데도 말이다. 오히려 다른 사람들과 잘 어울리고 잘 웃는 사람이 훨씬 더 창의적이며 생산성도 높다.

장기적으로 보았을 때 인간을 기계처럼 다루는 것은 한계가 있다. 테일러와 포드 이후 경영은 복지를 향상하고 인간관계의 심리학을 도입하면서 기계가 아닌 인간을 변화시키기 위해 노력해 왔다. 그러나 이러한 노력은 과학적 관리법을 대체하는 것이 아니라 보완하기 위한 노력이었다. 한 비평가의 표현대로 인간관계와 산업 심리학은 '인간 기계를 작동시키기 위한 기사 관리하기'와 같았던 것이다.

1950년대에 이르러 미국의 라이트 밀스(Wright Mills) 같은 사회비평가들은 거대한 관료 조직 속에서 일하는 사무직 근로자의 우울한 모습에 주목했다. 그의 주장에 따르면 '사무직 근로자들은 시간과 에너지뿐만 아니라 개성'까지도 팔아 치워야 했다. '뿌리가 얕아 진정한 충성심이라고는 찾아볼 수 없고, 항상 서두르지만 자신이 가는 곳을 알지 못하는 사람들, 소시민적이고 자신의 역사조차 알지 못하는 사람들.' 그들이 바로 직장인이다. 아서 밀러(Arthur Miller)의 희곡 「세일즈맨의 죽음(Death of a Salesman)』의 주인공 윌리 로먼처럼 '일에서는 그럭저럭 성공하여 먹고 살 수 있었지만 인생은 완전히 망쳐 버린 사람.' 파편화된 일에서 더 이상 의미와 보람을 찾지 못하고 조직의 목적에 적합한 사람이 되도록 강요당하기 때문에 '일 이외의 부분에서는 버림받은 사람들.' 그들이 바로 직장인이다. 일과 삶이 분리된 인생, 이것이 직장인들의 일상이라는 것이다.

'비참한 직장인'에게 희망의 불빛을 밝혀 준 대표적인 인물이 바로 피터 드러커(Peter Drucker)다. 그는 20세기 중반부터 기업과 직장인에 대해 낙관적인 견해를 피력했으며 1945년에 출간된 저서『기업의 개념(Concept of the Corporation)』에서는 '회사는 사회의 대표적인 조직'이라고 주장했다. 회사가 근로자에게 개인적인 지위와 역할을 부여하여 한 개인이 선량한 기업 시민으로 살아갈 수 있도록 돕는다는 것이다. 따라서 "일 자체의 즐거움과 의미를 위해 일하지 않고, 단지 먹고살기 위해 일한다면 건전한 시민이 아니며 그런 시민이 되어서도 안 된다."고 잘라 말했다.

피터 드러커는 재미로 야구나 축구를 할 때는 전력을 다하는 사람들이 왜 일을 할 때는 월급만큼만 일하거나 직장을 잃지 않을 만큼만 일하는지 파악하기 위해 오랫동안 연구했다. 그 결과 '기계적인 단순 반복 작업에서 느끼는 단조로움 때문이 아니라 인정을 못 받거나 자신의 일을 사회적 관계로 연결시키지 못하기 때문'에 근로자의 불만족이 발생한다는 사실을 밝혀냈다. 아울러 그동안 회사가 개인의 이익에 반하여 회사의 이익을 정당화하고 개인의 자율성을 해치는 근로윤리를 조장해 온 것은 잘못이라고 비난하였다.

드러커는 꾸준히 기업의 사회적 책임을 강조해 왔다. 이제 기업은 가장 강력한 사회적 조직으로 자리 잡았다. 그에 따라 정부, 의회, 시민단체 등 이해당사자들은 지속가능한 성장을 보장하는 투명한 보고서를 요구하며 기업의 사회적 책임을 강조하고 있다. 기업의 사회적 책임은 선택이 아니라 필수이며 글로벌 스탠더드이기도 하다. 이제 근로자의 인권을 침해하고 환경을 위협하는 기업은 치명적인 대가를 치러야 한다.

회사는 부하직원의 편이 아니다

인류가 엄청난 기술적 진보를 이뤄 내는 동안 경영학 역시 다양한 시도를 거듭하며 발전했다. 그러나 정작 개인의 행복은 크게 나아지지 않았다. '조직 인간'에 대한 논란은 반세기가 지났지만 아직도 끝나지 않았다. 다양한 경영학적인 실험에도 불구하고 직장인들은 본질적으로 1950년대 라이트 밀스가 묘사한 고뇌에서 벗어나지 못하고 있는 것이다.

이유는 분명하다. 인간은 개인과 조직이라는 두 중심축 사이에서 스스로 본질적 측면과 싸워야 한다. 인간의 본질은 진화가 더디다. 너무 개인적인 사람은 반조직적이고 너무 조직적인 사람은 반개인적이다. 이 둘 사이에서 적절한 거리를 유지하며 균형을 잡아 가는 것은 결코 쉬운 일이 아니다. 우리는 질서와 자유 사이에서 방황하고 일과 가정 사이를 불안스럽게 왕래하고 현실과 꿈 사이에서 갈등한다. 삶은 흑백의 논리로 이루어져 있지 않기 때문에 선택은 늘 어렵다.

기업은 각양각색의 개인들이 조직의 목표만을 위해 헌신적으로 일하기를 바란다. 중간관리자들에게는 이들을 관리할 수 있는 권한을 부여하여 회사를 대리하도록 한다. 그러므로 조직의 규칙과 제도를 수호하고 일

탈을 통제하는 것은 중간관리자 본연의 의무다. 그러나 개인은 통제에서 벗어나려 하고 사회는 자율성과 창의력을 더욱 요구하는 추세이기 때문에 중간관리자는 통제와 자율의 균형을 유지하는 기술을 익혀야 한다.

명령하되 자존심을 건드리지 않으며 마치 그 직원이 스스로 결정한 것처럼 만들어 주어야 한다. 또한 자기 일을 하듯 헌신적으로 일하도록 동기를 부여해야 한다. 중간관리자들은 이런 기술들을 익히도록 훈련을 받는다. 수평적인 조직을 지향하는 기업에서는 중간관리자를 리더나 스폰서로 대체해서 부르기도 한다. 스폰서나 멘토라는 또 다른 역할 기능을 이식시키려고 애를 쓰는 것이다. 조직의 경쟁력이 창의력과 상상력에 크게 의존하게 되면서 수평적 조직으로의 전환은 필연적인 추세다.

그렇다고 조직이 구성원들을 통제하지 않는다는 말은 아니다. 통제는 보다 신축적이고 유연한 거미줄처럼 바뀔 뿐 그 기능은 사라지지 않는다. 조직의 구도가 어떻게 바뀌건 직장인은 누군가의 상사이고 또 누군가의 부하직원이다. 회사는 조직을 필요로 하고 위계는 관리를 위한 가장 보편적인 질서다. 그러므로 다음을 잊지 마라.

직위에는 권위가 있어야 한다. 나와 상사 사이에 문제가 발생하면 회사는 회사의 대리인, 즉 상사의 손을 들어 줄 것이다. 그가 옳고 훌륭해서가 아니라 그에게 부하를 관리하고 통제할 권한을 주었기 때문이다. 그가 무너지면 조직의 통제력 역시 의심받는다. 따라서 내가 옳으니 회사가 내 편을 들어 줄 것이라고 기대한다면 대단한 착각이다. 회사는 늘 자신의 '대리인'을 선택한다. 설령 나를 이해한다 하더라도 잘 참고 열심히 일해 주길 기대하며 내가 그만둔다고 하면 그 즉시 다른 사람을 찾을 것이다.

따라서 회사가 중요하게 생각하는 가치규범과 방향에 위배될 때, 내가 아무리 옳고 정당하다 하더라도 회사가 나를 보호해 주지 않는다는 사실을 알아야 한다. 『회사가 당신에게 알려 주지 않는 50가지 비밀 (Corporate Confidential)』의 저자인 신시아 샤피로(Cynthina Shapiro)는 이에 대해 다음과 같이 조언한다.

 회사에 해를 끼치거나 회사를 불안하게 하는 직원은 아무리 정당하더라도 제거된다. 개인의 이익을 회사의 이익보다 우선하는 직원은 제거된다. 회사의 공식적인 입장이나 정책에 비판적인 직원은 제거된다. 일에서 밀리거나 사생활에 치우치거나 뒤처지는 직원은 제거된다. 회사는 성공의 이미지에 반하여 비관적이고 냉소적인 직원은 싫어한다. 성공의 분위기를 무너뜨리지 마라. 정말로 회사의 편이 되어라. 개인의 성공을 위해서 회사를 이용하지 마라.

 상사는 회사의 대리인이다. 이것이 상사에 대한 올바른 기대 수준이다. 이것이 상사를 이해하는 객관적 출발점이다.

회사는 고를 수 있지만
상사는 고를 수 없다

　상사를 바꾸는 것보다는 회사를 옮기는 것이 더 쉽다. 회사는 선택할 수 있지만 상사를 선택하기는 힘들기 때문이다. 한 사람이 앞으로 그 회사에서 얼마나 성공할 수 있을지 가늠하는 가장 중요한 기준은 첫 상사와의 관계가 어땠느냐이다.

　GE의 전 회장 잭 웰치(Jack Welch)를 모르는 직장인은 없을 것이다. 전 세계 경영자들이 존경하는 그에게도 골칫거리 상사가 있었다. 바로 데이브 댄스(Dave Dance)라는 사람이었다. 잭 웰치는 그의 저서 『잭 웰치 끝없는 도전과 용기(Jack : straight from the gut)』에서 이렇게 말했다.

　내가 나쁜 상사를 만난 것은 입사 후 17년 만의 일이었다. 데이브 댄스 부회장은 사실 나쁜 사람은 아니었다. 단지 내가 CEO에 추천되었을 때 다른 후보를 강하게 지지하고 있었을 뿐이었다. 하루가 일주일처럼 길게 느껴지는 날이 계속됐다. 데이브는 내가 무슨 일을 하든 실패하기를 바라는 사람처럼 보였다. 상사가 내 편이 아니라니 얼마나 답답한 일인가? 나는 그에게서 벗어나 있으려고 애썼다. 본사를 방문하는 일은 가급적 피했다. 현장에서 사업을 검토하고 좋아하는 일을 하면서 나를 좋아하는 사람들과 함께 시간을 보냈다. 나는 내 상황이 다른 사람들보다는 훨씬 참기 쉽다는 것을 잘 알고 있었다. 이런 상황이 1~2년을 넘지 않을 것이며, 이 고비를 넘기면 아주 커다란 보상이 따르리라는 것도 알고 있었다. 이런 사치가 당신에게는 해당되지 않을지도 모른다.

이 이야기는 상사가 무엇인지 보여 주는 아주 좋은 예다. 차기 회장 후보조차도 자신의 상사로부터 자유롭지 못하지 않은가? '중성자탄' 잭 웰치조차도 상사에게 대항하는 것보다는 피하며 참는 것을 선택했다. 좁은 사무실에서 매일 상사와 부딪히며 스트레스를 받는 불행한 우리와는 달리 그에겐 전력을 다해 일하며 자신의 영향력을 행사할 수 있는 피신처가 있었다. 조금만 참으면 CEO라는 보상을 얻게 될 가능성이 높았으니 그 정도야 기꺼이 참을 만했을 것이다. 그럼에도 불구하고 그는 하루가 일주일처럼 길었다고 토로하고 있다. 상사와 나쁜 관계가 되어 버린 상태란 바로 그런 것이다.

하지만 아무리 사사건건 방해만 일삼거나 책임을 회피하는 상사라도 어느 날 그저 그 지긋지긋한 인간의 면전에 사표를 집어던지고 회사를 떠나면 그만이다. 그래도 이 어려운 시절 어떡해서든 버텨 보려고 지금 당장 고충처리위원회나 상사의 상사를 찾아가 하소연하고 싶은 마음이 들 수도 있다. 잭 웰치는 그러한 행동의 위험성에 대해 엄중히 경고한다.

조심해라. 위층으로 올라가 상사의 상사에게 이 상황을 이야기하고 싶은 충동을 느낄 것이다. 이는 자살 행위다. 그런 일을 저지른 후 그 일이 당신의 뒷덜미를 잡아 흔들 확률은 90퍼센트 이상이다. 상사의 상사가 당신의 상사를 꾸짖을 때만 해도 마음속으로 당신이 가장 중요한 사람으로 취급된다고 생각하고 있을지도 모른다. 그러나 그 후 당신의 생활은 더욱 불편해질 것이 분명하다. 아이들이 골목대장에게 고자질하지 않는 데는 그만한 이유가 있다. 불행하게도 똑같은 원칙이 회사에서도 적용된다.

이러한 충고가 마음에 들지 않을지도 모르겠다. 가재는 게 편이라고, 여전히 고위관리자나 CEO의 입장에 편중된 조언으로 여겨질 수 있다. 그렇다. 여기서 중요한 것은 회사가 늘 질서를 유지하는 쪽으로 결정을 내린다는 사실이다. 물론 직원을 배려하는 선진 경영을 하는 회사도 있다. 1년에 한 번 정도 차상위 상사(직속상사의 상사)와의 면담을 정례화하거나 문제가 있을 때 차상위 상사를 언제라도 찾아가 면담할 수 있는 권리를 부여하기도 한다. 얼마나 좋은 제도인가? 이런 제도를 이용해 속 시원히 불만을 토로하고 회사가 문제해결을 위해 단호하고 훌륭한 조치를 취해 준다면 더 바랄 것이 없을 것이다.

하지만 그런 제도는 오히려 좋은 이야기만을 나누기 위한 장치로 활용되는 경우가 태반이다. 상사와의 불편한 관계를 해결하기 위해서 만들어진 제도가 아니라는 것을 명심해야 한다. 이길 확률이 10퍼센트도 안 된다면 그 방법을 선택하지 않는 전략을 쓰는 것이 현명하다. 직속상사는 가장 가까운 상사다. 그리고 가장 가까운 상사가 가장 중요한 상사다. 직속상사를 상사의 상사에게 고발하는 것은 선전포고나 마찬가지다.

어떤 상사를 만나게 되는가는 우연에 의해 결정되며 그 우연한 만남을 피할 길은 없다. 이미 나에게 주어진 일이기 때문이다. 상사와 잘 지내는 것 또한 내가 풀어야 할 필연적 과제다.

일단 '좋은' 상사를 만났다면 적극적으로 좋은 관계를 만들어라. 일로만 왕래하며 무난한 중립지대에 머물러 있는 것은 어리석다. 평생에 한 번 만나기 힘든 사람들이다. 더 적극적으로 다가가고 붙들어라. 무난한 상사와는 공유할 수 있는 관심사를 만들어 가까워지도록 노력하자. 서로의 차이점을 활용하되 그 때문에 너무 신경을 쓰거나 피로해지지 않도록 조심하라. 의견을 구하고 회사에서 공통된 관심사를 함께 즐기는 거리까지 좁히는 것이 좋다.

나쁜 상사와 나쁜 관계에 빠지는 것은 가장 피해야 할 일이다. 어떤 경우든 상사가 나의 적이 되게 해서는 안 된다. 최소한 무난한 중립적 관계를 만들어라. 나쁜 상사가 너무 다가오게 해서도 안 된다. 적절한 거리를 유지하라. 이미 나빠졌다면 적어도 무난한 중립적 관계까지는 회복해야 한다. 그래야 일을 통해 회사에 공헌하고 인정받을 수 있는 길이 열린다. 상사와의 관계 개선을 역점을 두고 관리해야 할 투자 종목 1순위로 올려놓아라. 상사는 직장 생활에서 가장 중요한 고객이다.

관료주의는 권위에 대항하여 질문하지 않는다

나는 그 책에서 금속테 안경을 쓰고 숱이 적은 친위대의 한 중령이 얼마나 뛰어난 실무가였는가 하는 사실을 알게 된다. 전쟁이 시작된 지 얼마 안 돼서 나치스 간부들로부터 유태인의 최종 처리-요컨대 대량 학살-라는 과제가 주어졌다. 그는 그 어마어마한 일을 어떻게 실행하면 좋은지를 구체적으로 검토한다. 그리고 계획서를 작성한다. 그 행위가 옳으냐 그르냐 하는 의문은 그의 의식에는 거의 떠오르지 않는다. 그의 머릿속에 있는 것은 단기간에 얼마나 적은 비용을 들여서 유태인을 처리할 수 있느냐는 것뿐이다. 그의 계산에 따르면, 유럽 지역에서 처리해야 할 유태인의 수는 전부 1,100만 명이었다. 어떻게 하면 최소한의 인원으로 그 작업을 처리할 수 있을까? 시체는 어떻게 하면 가장 비용을 덜 들이고 처리할 수 있을까? 그는 이런 구체적인 실행 계획을 세우기 위해 책상 앞에 앉아서 부지런히 계산한다. 계획은 실행에 옮겨지고, 거의 그가 계산한 대로 효과를 발휘한다. 전쟁이 끝날 때까지 대략 600만 명(목표의 절반을 넘는 수준)의 유태인이 그가 계획한 방식으로 처리된다. 그러나 그는 죄악감을 느끼지 않는다. 텔아비브의 법정에서 방탄 유리가 둘러쳐진 피고석에 앉아, 자기가 어째서 이런 거창한 재판에 회부되어 전 세계에서 주목을 받게 되었는지, 아이히만은 고개를 갸웃거리고 있는 것처럼 보인다. 자기는 한 사람의 기술자로서, 자기에게 부여된 과제에 대해 가장 적합한 해답을 제출했을 뿐이다. 전 세계의 모든 양심적인 관료가 하고 있는 일과 똑같은 일을 한 것뿐이지 않은가? 어째서 자기만 이처럼 비난을 받아야 하는가?

— 무라카미 하루키, 『해변의 카프카』 중

1960년 5월 어느 날 밤, 부에노스아이레스의 변두리에서 몇몇의 건장한 사내들이 '리카르도 클레멘트'라는 무국적 노동자를 납치했다. 그의 이마는 벗겨졌고 정수리 부분에는 머리털이 하나도 없었다. 도수 높은 안경을 낀 깡마르고 초라하며 평범한 사내였다. 그러나 그의 이름은 결코 평범하지 않았다. 바로 아돌프 아이히만(Adolf Eichmann)이었던 것이다. 전직 나치스 친위대 중령이자 유태인 학살의 주범이었고 나치스 몰락 후 15년 동안이나 잠수에 성공한 전범이었다. 그러나 강제수용소에 수감되어 죽을 고생을 했던 한 남자가 그를 알아보았고, 이스라엘의 모사드 요원들이 그를 체포하여 법정에 세웠다.

어린 시절 아이히만은 학교 성적이 나빠 초반에 일찌감치 실업학교로 보내졌다. 학교를 졸업한 후에도 실업자 신세를 면치 못하다가 할 수 없이 군에 입대했던 사회적 지진아이기도 했다. 그의 사생활에서 '광기'가

섞인 모습이라고는 찾아볼 수 없었다. 아내를 사랑했으며 네 아들을 끔찍이 아꼈던 그는 어디서나 볼 수 있는 보통의 남편이자 아버지였다. 아이러니하게도 유태인 여성을 정부로 두고 있는데다 늘 충실히 맡은 일을 하는 사람이었으니 그 누가 유태인 학살에 관여하리라고 상상했겠는가? 이런 사람이 어떻게 '유태인 말살정책'을 기안하고 집행했을까?

재판관들은 아이히만으로부터 악행의 근본 동기들을 찾으려 했지만, 그 어떤 악의적 동기도 이데올로기적 확신도 찾아내지 못했다. 증오로 가득한 인간도 아니었고, 악마의 화신도 아니었고 피비린내를 풍기는 괴물도 아니었다. 그는 그냥 이웃집 아저씨에 지나지 않았다. 법정에 증인으로 나선 아우슈비츠의 생존자 예이엘 디무르는 아이히만을 가만히 보더니 혼절하고 말았다. 재판관이 물었다.

"과거의 지옥 같은 악몽이 되살아난 겁니까?"

디무르는 고개를 저으며 말했다.

"아이히만이 저렇게도 평범한 사람이라는 사실이 믿겨지지 않습니다. 저토록 평범한 인간이 그 많은 사람들을 가스실로 몰아넣었군요. 나 자신도 아이히만이 될 수 있다는 것, 내 안에도 아이히만이 들어 있다는 사실을 견디기 어렵습니다."

재판 당시 아이히만의 학살에 대하여 검사는 이렇게 말한 것으로 알려졌다.

"아이히만은 히틀러로부터 내려온 명령을 아무런 의심 없이 그대로 수용하여 행동했다. 시비를 따지지 않고 선악을 구분하지 않았다. 말하지 않은 죄, 생각하지 않은 죄, 그리고 행동하지 않은 죄, 이 3가지로 말미암아 인류 역사에 길이 남을 대학살을 저지른 것이다."

재판은 1년 반을 끌었다. 드디어 1961년 12월, 법정은 "세계가 당신이 살아 있음을 기뻐하지 않는다. 그것이 당신에게 사형을 언도하는 이유다."라는 말과 함께 아이히만에게 사형을 선고했다.

아이히만은 교수형에 처해지기 전 레드 와인을 한 병 부탁해 반을 마셨다. 그리고 "잠시 후 우리는 다시 만나게 될 것입니다."라고 말했다. 우리를 비웃듯 별로 후회하는 것처럼 보이지도 않았다. 그를 화장한 재는 어떤 나라에도 받아들여지지 않았다. 결국 누구의 나라도 아닌 지중해의 먼 바다에 뿌려졌다.

아이히만이 처형된 이듬해 「뉴요커(Newyorker)」는 이 재판에 관한 기사를 연재했다. 제목은 '예루살렘의 아이히만 : 악의 평범성에 대한 보고서'였다. 얼마 후 이것은 같은 제목의 책으로 출간되었다. 저자는 한나 아렌트(Hannah Arendt)였다. 재판이 진행될 당시 그녀는 「뉴요커」의 특파원 자격으로 예루살렘에 머무르고 있었다. 정치학자인 한나 아렌트는 유태인으로 아이히만과 같은 해에 태어났다. 마르틴 하이데거(Martin Heidegger)와 카를 야스퍼스(Karl Jaspers) 그리고 에드문트 후설(Edmund Husserl)에게서 철학을 배우기도 했고, 하이데거와는 얼마간 연인 관계에 있기도 했다. 이 '악의 평범성에 대한 보고서'는 격렬한 논쟁을 불러일으켰다.

한나 아렌트는 귄터 가우스(Günter Gaus)의 〈인물 탐구〉라는 프로그램에 출연해 이렇게 말했다.

"아이히만은 정말 멍청한 어릿광대입니다. 3,600쪽에 달하는 경찰 조서를 읽으면서 얼마나 웃었는지 몰라요. 그것도 큰 소리로 웃었지요. 사람들이 저의 이런 반응에 눈살을 찌푸린다는 것을 알아요. 그러나 어쩌겠

어요. 웃음이 터져 나오는 걸 말이에요."

그녀는 아이히만의 악이 우리의 일상 속에 뿌리 깊게 자리하고 있음을 지적했다. 아이히만은 직접 살인을 하지는 않았지만 강제 수용소를 관리했고, 수백만 명의 유태인들을 죽음의 수용소로 몰아넣었다. 결국 책상에 앉아 수백만 건의 살해 지시를 내렸던 것이다. 소름끼치는 악이 체제에 충실했을 뿐인 지극히 평범한 한 사내에 의해 만들어진 것이다. 악은 더 이상 악마에게만 속해 있는 것이 아니었다. 지시받은 것에 질문하지 않는 평범한 사람들, 의심하지 않고 스스로 방법을 찾아 실행한 충성스러운 사람들, 악은 자신의 직무에 충실한 평범한 일반인들의 무감각과 생각 없음 속에 존재하는 것이다. 그러나 정말 그럴까? 어떻게 그럴 수 있을까? 우리도 그럴 수 있을까?

1960년대 미국의 사회학자 스탠리 밀그램(Stanley Milgram)은 권위가 일반인의 복종에 어떤 영향을 미치는지에 대해 실험했다. 밀그램은 미국의 코네티컷 주에 사는 평범한 주민 중 일부를 선발해 실험 대상자들에게 간단한 단어를 가르치는 교사 역할을 하라고 지시했다. 학구적으로 보이는 흰색 가운을 입은 중간관리자는 자원 교사들에게 학생들이 제대로 답을 말하지 못하면 전기충격을 주어 벌을 내리라고 지시했다. 그리고 학생들의 실수가 반복될 때마다 전기충격의 강도를 높이도록 했다.

교사와 제자 사이에는 칸막이가 있어 서로를 볼 수 없다. 그러나 교사는 전기충격 장치에 나와 있는 숫자를 통해 자신이 가하는 전기충격의 강도를 알 수 있으며 스위치를 넣었을 때 제자가 지르는 비명 소리를 들을 수 있다. 교사들은 관리자가 지시하는 대로 제자들이 고통스러운 비명을 지르는데도 정답을 말하지 못할 때마다 강도를 높여 갔다. 문자판에 '치명적'이라고 표시된 강도에서도 교사 중 3분의 2가 계속 충격을 가했다. 그들은 관리자의 지시대로 진지하게 임무를 완수했다. 흰색 가운을 입은 권위자를 만족시키기 위해 최선을 다했던 것이다.

나치 강제 수용소의 병사들도 그랬을 것이다. 이라크에서 죄수를 학대한 죄로 기소된 미군 병사들도 마찬가지다. 그들은 명령에 따랐을 뿐이라고 말한다. 다른 사람들도 그 상황에서는 그럴 수밖에 없을 것이라고 말한다. 정말 억울하다고 여길지도 모른다. 명령에 대한 복종이 잘못된 행동에 대한 충분한 변명이 될 수 있다고 믿는지도 모른다.

리더는 균형을 유지해야 한다

밀그램의 실험은 직장 내 관료주의에 숨어 있는 악의 평범성을 경고하고 있다. 관료주의가 팽배한 곳에는 이러한 '생각 없음'과 '알아서 오버하기'가 빚는 악이 존재하게 마련이다. '까라면 까는 것', 이 무식하고 웃기는 말은 우리 사회의 악의 평범함을 가장 잘 대변하고 있기도 하다. 관료적이고 수직적인 조직은 행위의 결과를 가늠해 보지 못하는 '생각 없음'으로 인해 크고 작은 악을 양산해 낸다. 악은 사악한 이데올로기나 잔혹한 세계관 그리고 냉혹한 체제가 아니라 일상에서 자신의 행위에 대해 질문하지 않는 무감각에서 비롯된다. 대부분의 관리자들 역시 관료주의에 시달린다. 스스로 조직의 질서를 지키는 파수꾼임을 강요받고, 조직의 작은 톱니바퀴가 잘 돌아가도록 하는 커다란 톱니바퀴의 역할을 수행하는 것이다.

중간관리자들은 늘 더 높은 지위를 원한다. 실제로 승진할수록 더 많은 보상이 주어지지만 그만큼 외로워진다. 개인적으로는 하기 싫지만 공적인 자리에 있기 때문에 할 수밖에 없는 일을 두고서는 갈등을 겪기도 한다. 그러면서 종종 자신의 진정성을 의심할 수도 있다. 유능한 리더는 꿈으로 이루어진 상상의 세계와 질서정연한 현실 세계를 동시에 지탱해야 한다. 하지만 대부분의 중간관리자들은 자아를 지위로부터 분리시키지 못하는 증세를 보인다.

사실 중간관리자에게 균형 잡힌 삶이란 매우 어려운 숙제다. 따라서 복잡한 상황에 처하게 되면 생각 없음, 질문하지 않음, 행동하지 않음이라는 일상의 부조리와 냉혹함 속으로 피신하려 한다. 그 많은 리더십 책의 교훈이 현장에서 제대로 작동했더라면 우리는 그렇게 나쁜 상사에게 매일 당할 일도, 자신감을 빼앗길 일도, 무기력과 모욕감에 시달릴 일도 없었을 것이다. 내가 꽤 괜찮은 사람인데도 상사 때문에 지옥 같은 직장생활을 하고 있다면 적어도 리더십 책이 나의 상사에게는 긍정적인 영향을 끼치지 못했다고 볼 수 있다.

경영은 인간을 다루기 위한 연구다. 단순히 성공을 위한 비법이나 처방만을 주려고 해서는 안 된다. 그러므로 좋은 상사에 대해 이야기할 때 인간의 본질과 딜레마를 다루지 않을 수 없다. 리더십의 주요 쟁점들이 인생의 딜레마를 떠나지 못하는 이유이기도 하다. 조직이론의 대가 제임스 마치(James March)는 "진정한 리더십을 이해하려면 통제를 받는 부하직원의 품위를 떨어뜨리는 리더십보다는 그들을 품위 있게 만들어 주는 리더십이 무엇인지 판단하려고 노력해야 한다."고 주장한다.

삶의 균형을 유지하는 데 성공한 사람만이 좋은 상사가 될 수 있다. 그런 상사를 만나면 절대 놓치지 말고 평생 스승으로 삼아 관계를 맺는 것이 곧 배움이다.

상사는 반드시 보복한다

　사람들은 누군가에게 분노하거나 굴욕을 당하면 보복을 하고 싶어 한다. 실제로 힘을 가지고 있다면 복수를 꿈만 꾸는 것이 아니라 실행에 옮기기도 한다. 상사는 힘을 가지고 있다. 따라서 상사들은 자신의 뜻이 관철되지 않거나 자존심을 다치면 반드시 보복하려 한다. 마음이 상하면 그 자리에서 톡톡히 되갚아 주는 것이다.

　반면 피가 거꾸로 솟을 만한 인신공격에도 웃고 마는 사람이 있다. 그러나 그도 속으로는 복수를 결심한다. 즉석에서 폭발시키지 않은 분노들은 쌓이고 쌓여 거대한 폭탄이 된다. 단번에 적을 날려 보낼 만한 화력이 만들어지는 것이다.

　미소 속에는 치밀하게 계산된 복수심이 감추어져 있다. 이런 사람들보다는 오히려 그 자리에서 화내고 잊어버리는 사람이 더 안전하다. 어느 경우든 상사는 부하직원에게 모욕을 당했다고 여기면 절대로 그냥 두지 않는다. 열에 아홉은 반드시 보복하게 되어 있다. 분노가 폭발하는 것은 시간문제일 뿐이다.

대부분의 상사는 부하직원과 갈등이 생겼을 때 준 것도 못 챙기는 바보가 되기보다는 불손한 부하에게 본때를 보여 주는 악당이 되는 것을 택한다. 남들에게 우습게 보이길 원하는 사람은 없다. 따라서 힘을 가진 리더는 원인 제공자에게 가혹하게 응징하며 자신의 힘을 시험한다. 지금껏 수많은 책들이 상사가 이러한 분노를 조절하고 적절히 대응하도록 조언했다. 그러나 자기 억제는 머리로만 되는 일이 아니다. 엄청난 자기 수련을 거쳐야 한다. 중요한 점은 인간의 본능적 반응 메커니즘이 분노에는 분노로, 경멸에는 경멸로, 복수에는 또 다른 복수로 반응하도록 만들어졌다는 것이다. 게다가 본능은 우리를 이끄는 가장 강력한 힘이다.

우리의 뇌는 크게 세 부분으로 나누어져 기능한다. 그중 '대뇌피질'은 학습과 추상적 사고를 관장한다. 일곱 살이 채 되지 않은 아이는 지적인 판단을 내리기 어려운데 바로 이 부분이 충분히 발달하지 못했기 때문이다. 그러나 대뇌피질이 더 성장하면 정연한 논리력이 갖추어지고 인간은 다른 동물과 달리 수준 높은 추리력을 발휘할 수 있게 된다. 머리를 쓰는 학습이 일곱 살 이후부터 체계적으로 진행되는 이유이기도 하다.

또 다른 부분인 '대뇌변연계'에서는 감정을 다룬다. 사실 감정은 모순으로 가득 차 있다. 대뇌변연계는 출생 후부터 약 5년 동안 어머니와의 관계를 통해 형성되는데 그 때문에 여성적인 측면이 강하기도 하다. 어머니는 아이가 만나는 최초의 세상이며 사회다. 따라서 어머니와의 따뜻한 사랑과 정을 통해 관계를 잘 형성한 사람은 대뇌변연계의 발달도 훌륭하다.

그보다 더 강하게 우리를 지배하는 부분은 '파충류 뇌'다. 본능과 생식을 관장하며 파충류의 뇌와 닮았다 하여 이렇게 불린다. 이 부분은 인류가 탄생한 이래 지금까지 거의 진화하지 않았다. 인간에게는 '올바른 이해와 추론' 보다는 '기분 좋은 감정을 느끼는 것' 이 더 중요하며 그보다 더 중요한 것은 '살아남으려는 본능' 이다. 본능은 논리와 감정과의 싸움에서 늘 이긴다. 그렇지 않았다면 인류는 생존하여 번식하지 못했을 것이다.

상사가 부하의 예의 없음을 참아 내는 것도 마찬가지로 어렵다. 대뇌피질에서는 그럴 수도 있다고 여러 이유를 대며 변명하지만 여전히 부하직원의 무례함은 감정의 잔상으로 남아 있다. 부하직원이 상사의 생존의 문제를 건드리는 것은 더욱 위험하다. 그러므로 약간의 실수였다고 그냥 넘어가 버리거나 작은 일로 화를 내는 치사한 사람이라고 상사를 몰아세우지 마라. 상사를 열 받게 한 일이 크든 작든 그것은 중요하지 않다. 그 일로 상사의 마음속 어딘가에 상처를 주지 않았는지 살피는 것이 중요하다.

특히 그 상처가 상사의 생존에 위협을 주었다면 치명적이다. 직장에서 생존에 위협을 느꼈다는 것은 무슨 뜻일까? 그 부하직원이 경쟁의 대상으로 비쳐졌다는 말이다. 언젠가 자신을 밟고 올라갈 경쟁자로 보이면 이제 상사는 그 사람에게 기회를 주지 않을 것이다. 그가 회사에 필요한 사람인지 아닌지는 두 번째 문제다. 상사에게 중요한 것은 부하직원이 내 편인가 아닌가이다.

누구라도 위협을 느끼면 달려든다

앞서 소개한 스탠리 밀그램의 사례로 돌아가 보자. 그는 실험 참가자들 중 2명과 미리 약속하여 지시를 거부하게 했다. 그리고 한 실험군에게는 실험 참가자들이 지시를 거부한 선례가 있음을 알려 주었다. 이 집단에서는 중간관리자의 지시에 따라 강도가 높아진 전기충격을 가해 갈 때 거부하는 사람들이 많아졌다. 그러나 그럼에도 불구하고 교사들의 3분의 1은 여전히 지시에 따랐다. 실험은 여기서 그쳤다.

실제로 우리는 양심에 가책을 느껴 중간관리자의 지시에 불복할 경우 불이익을 당한다. 불평분자나 부적응자가 되고 조직의 외톨이가 된다. 잘못된 점을 공개하고 대중에게 공표하면 내부고발자, 배신자 그리고 밀고자라는 오명을 쓰게 된다.

부하직원은 어떤 상사와 일을 하더라도 3가지 입장 중 하나를 선택해야 한다. 그의 편이 되거나 적이 되거나 중립의 자리를 지키는 것이다. 상사가 따를 만한 사람이면 기꺼이 그의 편에 서고 그럴 만한 자격이 없다면 중립을 지키는 것이 좋다. 어떠한 경우든 적이 되는 것은 피하라. 자격이 없는 시시한 사람일수록 더욱 더 자신을 보호한다. 소인은 몸을 보신하는 데 도가 튼 사람들이다. 비열하고 상식을 벗어난 행동도 일삼는다. 살아야 하기 때문이다. 살아남는다는 것, 그것이 가장 강렬한 본능이다.

상사의 본능적 방어 대상이 되지 마라. 일단 적이 되면 길은 두 갈래로 나뉜다. 화해하든가 맞서 싸워야 한다. 가능한 화해하는 방법을 써라. 화해할 수 없는 상황에 이르렀다 해도 두 갈래 길이 있다. 상사의 항복을 받아 내든가 자신이 회사를 그만두는 것이다. 둘 다 어려운 일이다. 그래서 거기까지는 가지 않는 것이 좋다. 나쁜 관계라면 화해하는 것이 좋고, 가장 좋은 것은 나쁜 관계로 가기 전에 '적절한 관계'를 유지하는 것이다. 따라서 상사는 탐구되어야 한다.

정치는 어디에나 있다

젊은 시절 나는 어떻게 사회생활을 해야 하는지 몰랐다. 특히 사람들의 교류에 별 관심이 없어서 종종 오해를 하기도 했다.

"묵묵히 맡은 일이나 열심히 해라. 그러면 기회가 주어질 것이다."

"회사는 비즈니스를 하기 위해 만든 조직이다. 비즈니스는 없고 사내 정치만 판을 치면 그 회사는 본연의 자세를 잃어 위험에 처하게 된다."

우직함과 진정성만 있으면 인간관계에서 문제를 겪지는 않을 것 같았다. 내가 마음을 다하면 상대방도 자연스럽게 그 마음을 알 것이라고 믿었다. '관리된 감정'은 거짓과 위선으로 느껴졌다.

지금 돌이켜 보니 당시 생각은 편협했다. '관리된 감정'은 위선이 아니라 감정적 자제와 절제로 이해하는 것이 옳다. 이러한 깨달음은 농도가 다른 여러 관계를 맺으며 살아가는 데 많은 도움을 주었다. 적어도 오해의 늪을 피할 수 있었으며 그 오해들을 풀어 가면서 나에게 적합한 길을 찾을 수 있었다. 경험을 통한 깨달음은 단순명료하면서도 강력했다. 상사와의 관계에서 내가 깨달은 명쾌한 원칙들을 소개한다.

정치도 관계의 기술이다

사람이 만든 조직에는 늘 정치가 존재한다. 여기서 정치란 자신을 부각시키고 특별한 관계를 만들고 유지하기 위한 전략적 행위들을 의미한다. 그것은 꼭 이해관계를 따지는 좁은 의미에만 국한되지 않는다. 사람이 모이는 곳에서는 정치가 필요하다.

조직 안에서 관계를 형성할 때는 순수한 진정성만으로는 부족하다. 나를 적절하게 표현하고 차이를 인정하고 감정을 절제하기 위해 인위적으로 노력해야 한다. 사람 사이에 발생하는 긴장과 마찰을 풀어 줄 관계의 기술도 요구된다. 따라서 그것은 다분히 정치적인 성격을 띨 수밖에 없다. 정치는 나쁜 것도 좋은 것도 아니며 가치중립적이다.

정치가 싫다면 차라리 순수함을 고수하라

그럼에도 불구하고 정치가 자신의 취향이 아니라면 순수함에 머무르는 것이 좋다. "어정쩡한 꾸밈보다는 서투른 성실함이 더 좋다."라는 말은 진실이다. 『한비자(韓非子)』에는 다음과 같은 일화가 소개되는데 자못 의미심장하다.

악양이라는 사람이 위나라의 장군이 되어 중산국을 쳤다. 공교롭게 악양의 아들이 그 중산국에 있었다. 위나라 왕은 악양의 아들을 잡아 삶아 국물을 만들어 악양에게 보냈다. 악양은 아들을 삶은 국물을 마시며 왕에게 충성을 맹세하고 중산을 쳐 큰 공을 세웠다. 위나라 왕은 처음에 "악양은 나를 위하여 자식의 고기까지 먹었다."며 그 충성을 높이 샀다. 그러나 한 신하가 "제 자식의 고기까지 먹었으니 누구의 고기인들 못 먹겠습니까?" 하고 조심스럽게 말했다. 그 후 위나라 왕은 악양을 의심하여 공을 세운 것에 대해서는 상을 주었지만 마음을 주지는 않았다.

맹손이라는 사람이 있었다. 하루는 가신인 진서파라는 측근과 함께 사냥을 가서 새끼 사슴 한 마리를 생포하였다. 진서파가 새끼 사슴을 끌고 오는데 숲 속에서 어미 사슴이 슬피 울며 따라오자 진서파가 참지 못하고 새끼 사슴을 풀어 주고 말았다. 집에 돌아와 맹손이 새끼 사슴을 찾았다. 그러자 진서파가 "구슬퍼 차마 어찌지 못하고 어미에게 돌려보냈습니다."라고 말했다. 맹손이 화를 내고 진서파를 내쫓아 버렸다. 그러나 석 달이 지나자 다시 진서파를 불러 제 자식의 스승으로 삼았다. 맹손의 하인이 참지 못하고, 전에는 벌을 주더니 다시 불러 아들의 스승을 삼는 연유를 물었다. 그러자 맹손이 이렇게 대답했다. "새끼 사슴에게도 차마 해하는 마음을 가지지 못했는데, 내 아들에게 차마 어찌하는 마음을 품겠는가?" 악양은 공을 세웠으나 신임을 얻지 못했고, 진서파는 죄를 지었으나 오히려 신뢰를 받았다.

20년 동안 직장 생활을 하면서 만난 8명의 상사 중 나를 힘들게 한 사람이 한 명도 없었던 이유는 내가 정치가 아니라 순수한 영역에 있었기 때문일 것이다. 그들이 대부분 무난한 사람들이었던 데다가 내가 중립지대를 만든 덕분에 스트레스 없이 열심히 일할 수 있었다. 그중 한 사람은 내가 잊지 못할 상사였다. 나와는 성격과 기질이 많이 다른데도 함께 일하고 싶은 사람이었다. 순수함은 건강한 관계를 지키는 위대한 진실이다.

상사가 성공해야 나도 성공할 수 있다

상사 역시 리더이기 이전에 강점과 약점을 모두 가진 사람이다. 어떤 조직이든 직위 체계를 갖고 있지만 직위를 가졌다고 해서 모두 능력이 뛰어난 것은 아니다. 자격이 되지 않는데도 리더 자리에 오른 사람도 있을 것이다. 그런데도 사람들은 상사란 당연히 자격을 갖추어야 한다고 생각한다. 자격이 없는 상사를 만나면 무시하며 약점을 공격하고 싶어 한다.

다행히 나는 호전적인 사람이 못 되었기 때문에 승산 없는 전투를 벌이지는 않았다. 하지만 최선을 다해 상사의 성공을 도우면 결국 내가 더 빛나게 된다는 사실도 모르고 있었다. 상사들의 약점과 무능함에 실망했을 뿐 그 부분을 보완해 주지 못했다. 그들도 불완전할 수 있다는 사실을 인정하지 않고, 마땅히 그 지위에 맞는 성숙한 자격 요건을 갖추어야 한다고 생각했다. 나는 자격을 갖추지 못한 상사에게 매우 냉소적이었다. 그 불일치를 참기 어려웠던 것이다.

이러한 깨달음을 통해 나는 상사를 사람과 직위라는 두 가지 시선으로 볼 수 있게 되었다. 상사의 인간적 강점을 존중하고 그 약점을 참아 내면 상사를 '있는 그대로' 받아들일 수 있다. 이는 상사를 객관적으로 관찰하고 이해하고 수용할 수 있다는 것을 의미하기도 한다.

좋은 파트너십을 쌓기 위해서는 직위에 대해서는 '관리된 감정'을, 인간적으로는 진정성을 유지할 수 있어야 한다. 그래야 단단한 신뢰를 바탕으로 관계가 돈독해진다. 다음 이야기를 보자.

A는 조그맣게 회사를 운영하다가 경영 악화로 회사를 정리하게 되었다. 나중에 사정을 알게 된 친구 B는 A를 자신의 회사 간부로 영입했다. B의 회사 역시 소수 인원으로 운영하는 작은 기업이었지만 군소 업체가 난립하는 시장에서 단연 성공 가도를 달리고 있었고 최근에는 업계에서 가장 비중 있는 회사로 급부상하여 주목받고 있었다.

두 사람은 대학 시절부터 절친한 사이였다. 그러나 입사 후 불과 몇 개월 만에 A는 매우 불안정한 위치에 처하고 말았다. 기존 직원들은 '굴러온 돌'에 대해 우호적이지 않았다. B 역시 매일 A와 마주치며 업무로 부대끼다 보니 서서히 그의 단점들이 보이기 시작했다.

A는 초창기의 막무가내식 협력 체계에서 벗어나 여러 사람을 체계적으로 다루는 조직적 관리가 필요하다고 판단했다. 사장이 모든 일을 직접 처리하기보다는 적합한 사람에게 직위를 주어 업무를 지원하고 동기를 부여하는 것이 효율적이며, 그것이 사장의 역할이라고 생각했다. 그래서 A는 중간관리자의 역할을 강화시켰고, 직원들의 행동에도 개입하기 시작했다. 사장에게도 사장다운 처신을 해 줄 것을 기회가 있을 때마다 조언했다. 그러나 매우 창의적인 집단이었던 이 회사의 직원들은 초창기의 자유로운 의사결정 방식과 사장과의 격의 없는 관계를 선호했다.

A는 제법 규모가 커진 회사가 작은 벤처기업처럼 자율적이고 수평적인 관계를 벗어나지 못하는 것이 안타까웠다. 그로 인해 발생하는 비효율성과 무질서를 바로잡기 위해 전통적인 수직적 관리 제도를 도입하려 했

지만 결국 자신의 자리만 잃고 말았다. 사장 역시 끊임없이 직원들과 물의를 빚는 A의 리더십에 대해 크게 실망했다.

이러한 사례는 우리 주변에서 심심치 않게 발생한다. 수평적인 벤처 조직이 좋은지 수직적인 전통적 조직이 좋은지는 섣불리 판단하기 어렵다. 경험을 축적하기에는 수직적 조직이 유리하고, 새로운 아이디어와 실험을 위해서는 자유로운 수평적 조직이 효율적이다. 환경에 따라 적절하게 활용하는 것이 경영이다.

어떤 환경에서든 A는 사장이나 조직 구성원들과 잘 지내기 위해 지위와 사람을 '구별하되 함께 다루는' 균형감을 가져야 했다. 사장은 친구로 대하면서 직원들에게 직위로 다가가는 것은 모순이다. 사장이나 부하직원 모두에게 직위나 개인적인 친분을 적절히 활용하여 접근해야 했다.

"한 사람을 내 가슴에 품을 수 있다."는 우호적인 관심이 있어야 그 사람의 신뢰를 얻을 수 있다. 신뢰가 생겨야 비로소 지위의 힘이 완성되는 것이다. 신뢰가 없는 직위의 힘은 결국 반발과 불복종에 직면하게 된다. 나는 지금껏 그런 사례를 수없이 경험했다. 리더십은 인간의 본질을 이해하고 상황의 딜레마를 다루는 것이다. 정치는 조직 속에서 관계의 힘을 작동시키는 기술이다. 그것이 바로 정치와 리더십이 불가분의 관계에 놓여 있는 이유인 것이다.

2

다가서야 할 상사,
피해야 할 상사

자기보다 뛰어난 이를 좋아하는 사람은 없다. 감히 상사를 능가하는 자는 멍청이거나 비운의 화살에 맞은 자나 마찬가지다. 자기보다 뛰어난 자는 늘 미움의 대상이며, 뛰어난 자일수록 지기를 싫어한다. 신중한 사람이라면 허름한 옷으로 빛나는 외모를 감추듯 자기보다 신분이 높은 자에게 자기를 감춘다.

― 발타자르 그라시안(Balthasar Gracian)

새는 나무를 가려서 앉고, 사람은 사람을 가려서 사귄다. 사람은 내 인생 최고의 선물이 될 수도 있고 재앙의 근원이 될 수도 있다. 좋은 만남은 우리의 영혼을 풍요롭게 하여 더 나은 사람으로 발전시킨다. 그러나 나쁜 만남은 설혹 상대에 탐닉하더라도 결국 비극을 향해 치닫게 된다.

상사 역시 마찬가지다. 적극적으로 다가가 친밀한 관계를 유지할 만한 가치가 있는 사람이 있고, 너무 가까이 가는 것을 경계해야 할 사람이 있다. 상사는 주어진다. 피할 수 없다. 그러나 상사에게 적극적으로 다가갈지 중립적 자리를 지켜야 할지를 결정하는 것은 우리의 몫이다. 여기에 거리의 미학이 있다. 사람 사이의 적정 거리, 이것이 관계의 핵심이다.

우리는 어떤 관계에서든 사회적인 약속을 요구한다. 예를 들어, 선배는 후배의 예의를 기대하고 후배는 선배의 포용을 기대한다. 상사는 복종을 기대하고 직원은 상사로부터 칭찬과 보상을 받고 싶어 한다. 스승은 제자에 대한 영향력을 음미하고 제자는 스승의 인정을 바란다.

어떤 관계든 감동적이고 아름다운 관계로 발전할 수 있다. 그러나 그렇게 되려면 먼저 '어울림'에 대한 화두를 풀어야 한다. 먼저 메를로 퐁

티(Maurice Merleau-Ponty)의 말을 살펴보자.

내가 누리고 있는 언어는 다른 사람들에게서 배운 것이다. 내가 쓰는 몸짓은 내가 창안한 것이 아니다. 내가 내세울 수 있는 능력, 기능, 재치 등은 무엇이든 사회적 유산에 의해 길러진 것이다. 심지어 나의 꿈조차 내가 만들지 않은 세계, 내가 완벽하게 차지할 수 없는 세계에 뿌리내리고 있다.

우리는 사회적 유산에 의해 키워졌고 질서는 유산의 테두리 안에 머문다. 선배와 상사에 대한 예의도 질서에 속한다. 여기를 벗어나면 곧 후회할 일이 생기게 된다.

자유 역시 이 테두리를 벗어나서는 존재하지 못한다. 사회가 허용한 자유의 범위는 울타리 안까지다. 그 이상 넘어가면 혁명이 된다. 혁명에 성공하면 새로운 세상의 영웅이 되지만 실패하면 깊고 어두운 수렁에 파묻히고 만다.

우리를 지배하는 문화적 유산을 파악하라

대한민국 사회를 지배하는 문화적 유산의 테두리는 다음과 같다.

첫째, 우리의 직장 문화는 관계 중심적이다.

독불장군(獨不將軍). 혼자서는 장군이 될 수 없다. 조직이 없으면 개인도 없으니 조직의 관계를 규정하는 것은 예의다. 직장에서 상사나 선배가 나의 새로운 아이디어에 반대하고 있다면 먼저 그들과의 관계나 그들에 대한 나의 태도를 점검해 봐야 한다.

그들은 사람과의 관계와 태도에 훨씬 더 민감하게 반응한다. 그러므로 창조적 아이디어가 발현될 기회를 막고 있는 것은 내용의 진부함이 아니라 형식임을 잊어서는 안 된다. 예의는 자신을 다른 사람 속으로 침투시키는 가장 좋은 방법이다. 이는 아랫사람이 지켜야 할 기본적인 태도다.

무례함과 창조를 위한 과감한 도전은 완전히 다른 차원이다. 윗사람에게 "건방지다."라는 말을 들었다는 것은 치명적인 단계에 이르렀다는 뜻이다. 더 이상 물러설 곳이 없는 마지막 자리까지 갔으니 반드시 스스로 돌아봐야 한다.

둘째, 우리는 기존의 격식과 틀에서 벗어나려 한다.

역설적으로 들리겠지만 우리나라 사람들은 격식과 틀에 갇혀서는 살지 못한다. 자신의 자리가 관계 속에 규정되어 있긴 하지만 그 틀은 유동적이고 꽤 자유롭다. 한국인들의 멋은 파격이다. 조지훈 선생은 멋을 '정상적인 상태에서 약간 벗어나되 그것이 전체적인 조화를 해하지 않을 때에 느껴지는 그런 소극적인 것이 아니고, 정상 상태를 벗어나 조화를 깨뜨려서 오히려 새로운 조화를 이룩하는 적극적인 것'이라고 정의했다. 멋은 새로운 조화를 추구하는 파격의 변형력이며 에너지다.

자유로운 창조적 아이디어가 갈등 없이 받아들여지려면 주변적 사고가 중심을 향해 물결칠 수 있도록 수평적 직장 민주화가 일어나야 한다. 권위는 중요한 것이지만 권위주의는 가차 없이 사라져야 하는 최대의 적이다. 군림하려 할 때 배척받으며, 권위주의자일 때 가장 진부한 사람임을 알아야 한다. 권위는 직위가 아니라 전문성과 연륜에서 온다.

좋은 선배와 상사가 되는 딱 하나의 비결을 고르라면 나는 '후배의 이력을 도와주는 것'이라고 자신 있게 말할 수 있다. 돌이켜 보면 20년간 직장 생활을 하면서 가장 좋아했던 선배는 '내게 잘해 주고 내 미래에 애정을 보인 사람'이었다. 반면 가장 기억나는 후배는 '나를 깍듯이 선배로 대우하고 최선을 다해 업무를 수행하는 믿을 만한 사람'이었다. 그에게는 아이디어를 구하기도 했고 먼저 기회를 주기도 했다.

이러한 문화적 유산이 나와 상사의 관계를 규정하는 가장 보편적인 틀이며 우리는 이 속에서 평안함과 정서적 안정을 느낄 수 있다. 서로 틀을 지켜 주면 치명적인 갈등과 부딪침도 피할 수 있다. 그런데 암묵적인 기대가 깨지면 놀라고 실망하고 분노하며 관계는 틀어지고 만다. 최소한 무난한 관계를 지키기 위해서는 묵시적 행동지침을 따라야 한다.

그러나 이것만으로는 부족하다. 나아가 상사와 나의 차이를 인정해야 한다. 개인적 역량과 가치관이 다르기 때문에 호감이나 갈등이 발생하는 것이다. 결국 관계란 문화적 동질성 안에서 공감하고 개인적 차이에 의해 긴장하는 것이다. 이러한 일반적이고 기본적인 이해를 바탕으로 이제부터 상사와 나의 개인적 관계를 좌우하게 될 '개인화' 영역으로 들어가 보자.

상사의 리더십 단계를 평가하라

　매니지먼트 랩(Management Lab)의 창립자 짐 콜린스(Jim Collins)는 '위대한 기업이 다른 기업들과 차별화되는 점'을 찾기 위해 프로젝트 팀을 구성해 10년 이상 연구했다. 마침내 그 결과를 묶어 출간한 책이 『좋은 기업을 넘어 위대한 기업으로(Good to Great)』이다.
　콜린스는 위대한 기업의 차별성 중 첫 번째로 '단계 5의 리더십(Level 5 Leadership)'을 들고 있다. 개인적 겸양이 기업가적 정신과 잘 융합된 리더십을 말하는 것이다. 위대한 기업을 만들어 낸 '단계 5의 경영자'들은 자신을 앞세우지 않는다. 개인의 욕망과 명예보다 회사를 더 우선으로 생각한다. 그래서 진정한 겸양의 미덕을 가지고 있다고 표현하는 것이다.
　당연히 회사의 성장과 융성을 자신의 공으로 돌리지도 않으며 그저 점잖게 운이 좋았다고 말한다. 이런 지도자들은 자신이 회사를 떠나도 위대한 기업 정신이 유지되도록 완벽한 틀과 패턴을 만들어 놓는다. 그 위대한 기업이 바로 그들의 인생이었던 것이다.

　기업을 위해 모든 것을 바친 사람들은 그 자체로 열정이다. 부와 명예는 목적이 아니라 그 결과로 얻어지는 부산물임을 분명하게 인식하고 있는 사람들이다.

　'단계 5'에 이른 기업가가 기업을 이끌 때는 '가장 적합한 인물'들이 요직을 맡고 있기 때문에 직원들이 상사로부터 부당한 대우를 받는 경우는 극히 드물다. 그러나 그 수준까지 성장하지 못한 기업에서는 이야기가 다르다. 동기 부여를 통해 자율성을 이끌어 내야 할 리더가 여전히 지시와 복종을 요구하고 있기 때문이다.

　짐 콜린스의 단계 5의 리더십을 조금 더 살펴보자. 능력이 뛰어난 개인들은 단계 1의 리더십에 해당된다. 이들은 재능과 지식을 갖추고 있으며 훌륭한 업무 습관으로 높은 생산성을 창출하는 데 기여한다. 단계 2의 리더십에 이르면 공동의 목표를 달성하기 위해 자신의 능력을 투자한다. 이 과정에서 다른 사람들과 협력하여 효율적으로 일하는 방법을 터득하게 된다.

　단계 3에서는 역량이 뛰어난 중간관리자의 리더십을 발휘한다. 효율적으로 목표를 달성하기 위해 사람과 자원을 배분하고 지원하는 수단을 스스로 연구하려고 노력한다.

　이윽고 단계 4에서는 분명한 비전을 제시하여 구성원들에게 높은 책임 의식과 성취 욕구를 자극한다. 이 단계의 중간관리자들은 모두가 존경하는 영웅적 리더들이다. 대부분의 사람들은 영웅이 가장 훌륭한 리더라고 생각한다. 과감한 추진력과 결단으로 위기에 처한 조직을 구하고 다시 일어서게 만드는 그들에게 환호를 보내며 어려움이 생길 때마다 영웅이

구해 주길 기대하기도 한다. 하지만 짐 콜린스는 단계 5의 리더십까지 성장한 겸양의 리더야말로 진정한 리더라고 주장한다.

어떤 단계의 리더십에 있든지 시선의 차이와 갈등이 없는 것은 아니다. 다름과 갈등은 창조를 위한 필수적 요소다. 중요한 것은 이 차이와 갈등을 어떻게 창조적 힘으로 승화시키느냐이다.

우리가 빈번하게 겪는 상사와의 갈등은 대개 단계 1에서 발생한다. 업무 능력이 단계 1 수준도 되지 않는 사람이 중간관리자가 되면 자신의 무능을 "내가 자네만 할 때는……."으로 시작하는 옛날이야기로 때우거나 부적절한 지시나 명령으로 부하직원들을 괴롭힌다.

가까스로 자신의 전문 영역을 개발했다 해도 함께 일하는 법을 터득하지 못하는 경우가 많다. 그러한 리더는 그 누구도 신뢰하지 않으며 함께 일하고 싶어 하지 않는다.

나는 직장 생활을 하면서 단계 1에 머물고 만족하는 사람들을 많이 보았다. 그들은 매사에 사람들과 부딪혔다. 단계 2에 이른 사람들은 기회가 주어지면 금세 단계 3으로 올라 능력 있는 관리자가 되었다. 좋은 팀원으로 일할 수 있는 사람은 상사가 되어도 훌륭하게 팀을 이끈다.

하지만 단계 2에서 단계 3으로 오르기는 결코 쉽지 않다. 혼자 일할 때는 매우 성실하고 자신의 분야에서 최고의 실력을 발휘하던 사람도 지위가 높아지면 이해관계에 휘둘리게 되기 십상이다. 능력의 차이, 쓸 수 있는 기술력의 차이, 취향과 기질의 차이를 조화시켜 공동의 목표를 성취해 내는 좋은 팀을 만든다는 것은 쉬운 일이 아니다.

때때로 자신의 성공적인 패턴과 자세를 다른 사람에게 강요하는 상사들이 있다. 성취감이 높은 상사들은 보기에 조금 불성실한 사람, 시간관넘이 약한 사람, 꼼꼼하지 못하고 덜렁거리는 사람, 책임감이 약한 사람, 전문화되어 있지 않은 사람이라는 생각이 들면 심한 모욕감을 주며 상대를 몰아붙인다. 이런 사람은 직원들 사이에서 단연 '제 잘난 맛에 사는 밥맛없는 직장상사' 1위로 꼽힌다.

만약 당신의 상사가 단계 3의 리더십에 있다면 당신은 행운아다. 그런데 아무리 좋은 상사라도 나와 맞지 않으면 견디기 어렵다. 단계 3에 이른 리더는 '내가 곧 회사'라는 신념을 가지고 있다. 회사의 목표는 무슨 일이 있어도 달성해야 한다고 믿기 때문에 업무 스타일이 냉정하고 엄격할 수밖에 없다. '훌륭한 회사는 일하기 어려운 회사'라는 등식이 성립하는 이유이기도 하다.

훌륭한 기업은 대부분 인재를 중요하게 여기지만 이것이 인본주의를 뜻하는 것은 아니다. 회사는 인재를 인간성이 아니라 직무 적합성으로 판단한다. 내가 회사에 적합한 인재가 아니라면 '회사=관리자'라고 생각하는 단계 3의 상사와 일하기가 괴로울 것이다.

단계 4의 리더는 중간관리자를 넘어 비전을 가진 리더로 성장한 사람이다. 만약 우리에게 잭 웰치나 인텔의 창업자 앤디 그로브(Andy Grove)와 일할 기회가 생긴다면 어떨까? 이 시대 최고의 경영자로부터 값진 교훈을 얻으며 즐겁게 일할 수 있어서 가슴이 두근거릴 것이다. 그런데 실제로 현장에서 일하면서도 그럴까?

잭 웰치와 앤디 그로브를 인터뷰했던 「하버드 비즈니스 리뷰(Harvard Business Review)」전 편집장 토머스 스튜어트(Thomas Stewart)는 다음과 같이 소감을 피력했다. 나는 그의 말을 듣고 무릎을 쳤다.

"참으로 인상적이고 놀라운 인물들이다. 알고 지내면 참 좋을 것 같다.

하지만 그들 밑에서 일하지 않는 것이 얼마나 다행한 일인가!"

대체로 우리가 잘 알고 있는 위대한 경영자들은 가까이서 함께 일하기에는 괴로운 사람일 가능성이 높다. 그들은 인재를 찾아내 최고의 대우를 해 줄지 모르지만 맡은 일에 혼신을 다 바쳐 모든 실력과 열정을 쏟아 내지 못하면 견디기 힘들 정도로 볶아 댈 것이다.

그들은 선천적으로 자신감에 차 있다. 스스로 동기를 부여하는 자기충전형이다. 또한 카리스마가 넘치고 공격적이다. 미친 듯이 업적에 몰두하고 과거의 방식에 만족하지 않고 늘 혁신을 추구한다. 완강하고 단호하며 다른 사람들이 보지 못하는 사물의 이면에서 가능성을 찾아낸다. 주로 남성들이며, 일반적으로 높은 교육 수준을 자랑한다. 자신이 하는 일에 맹신하며 미래에 대해 불안해하지 않는다. 그러나 설정한 목표를 달성해야 하기 때문에 높은 스트레스 상태에 있고, 변덕이 죽 끓듯 한다. 늘 바쁘고 시간에 쫓기며 아무것도 하지 않는 것을 견딜 수 없어 한다. 여유 있는 자기성찰이 결여된 사람들이다.

한마디로 '뒤돌아보면 그가 항상 옳았던 것은 아니지만 자신의 결정을 한 번도 의심해 본 적이 없는' 사람들이다. 하지만 이런 사람들이 훌륭한 기업을 만든다. 자신이 성공했다는 것을 세상천지에 알리지 않고는 못 배기는 사람들이다.

단계 4의 리더와 함께 일하는 것은 질풍노도와 같다. 비전을 향해 함께 힘차게 달려갈 수 있기 때문에 신이 나기도 한다. 그러나 종종 어처구니없는 실수에 노출되거나 광기에 가까운 독단에 휩싸일 수도 있다. 의욕이 상승할 때는 하늘 높은 줄 모르고 치솟지만 하강하기 시작하면 지독히 파괴적이기 때문이다. 따라서 스스로 잘 통제하고 관리하지 않으면 자신

뿐 아니라 조직도 망치게 된다.

지금 나의 상사가 어느 단계의 리더십을 가지고 있는지 평가해 보라. 또한 앞으로 어떤 리더로 성장할지 상상해 보라. 그저 형편없고 무능한 사람이라고 불평만 하지 말고 그 안에 숨겨진 강점과 잠재력을 찾으려 노력하는 것이 바람직하다. 관심을 가지고 상사의 행동을 관찰하다 보면 곧 그의 역량과 기질을 파악할 수 있을 것이다.

이때 다음과 같은 세 가지 질문을 마음에 품고 들여다보자.

- 상사는 어떤 때 나를 감동시키는가?
- 상사는 어떤 때 그가 좋은 사람이라는 것을 의심하게 만드는가?
- 상사는 말과 행동이 일치하는가?

리더의 활동 무대는 미래에 있다. 우리가 성장하듯 상사 역시 지금보다 더 나은 방향으로 진화할 것이다. 따라서 현재의 부족함과 불완전함 속에 발현되지 않은 싹을 고려하여 평가하는 것이 좋다.

상사와 나, 우린 제법 잘 어울릴까?
: 상사관계 지수

사람과의 관계는 절대적이며 또한 상대적이다. 상사가 객관적으로 나무랄 데 없다 하더라도 나와 꼭 잘 어울리는 것은 아니다. 알 수 없는 이유로 친근해지지 못하고 겉도는 경우도 있다. 왠지 너무 어렵고 나와는 다른 사람이라는 느낌이 상사에게 다가가는 것을 막을 수도 있다. 좋은 옷도 나에게 안 맞으면 잘 안 입게 되는 것이나 마찬가지다.

"이 사람은 내 스타일인가? 나와는 잘 어울릴까?"

누구나 상사를 처음 만났을 때 이런 질문을 했을 것이다. 옷이 어울리는지 판단하려면 직접 입고 거울에 비춰 봐야 한다. 나는 상사와의 관계를 거울처럼 정확하게 보여 주는 명쾌한 도구를 만들고 싶었다.

일단 겪어 보면 자연히 알게 된다고 생각할 수도 있지만 이러한 도구를 활용하면 시행착오를 줄이고 좋은 출발을 할 수 있다. 맘에 안 드는 옷은 처박아 두거나 버리면 그만이지만 상사는 피할 수 없다. 나와 조화를 이루도록 그때그때 액세서리로 꾸미거나 코트로 덮어 주어야 한다. 이것이 바로 '상사관계 지수'가 필요한 이유다.

상사관계 지수는 말 그대로 상사와 내가 어떤 점에서 맞고 안 맞는지 스스로 점검할 수 있는 도구다. 나는 이 도구를 연구하던 중 리더십 컨설턴트인 제임스 쿠제스(James Kouzes)와 베리 포스너(Barry Posner)가 개발한 '격려 지수(Encouragement Index, EI)'가 눈에 들어왔다. 이를 우리 문화에 맞게 적용하면 훌륭한 도구가 될 수 있을 것이라 생각했다.

상사와 나의 관계를 비춰 주는 거울 – 상사관계 지수

상사가 부하직원의 일할 맛을 떨어뜨릴 정도라면 그 관계는 치명적인 수준이다. '상사관계 지수'는 지금 나와 상사의 관계가 어느 정도인지 측정하기 위한 것이다. 이 테스트는 모두 열 개의 자기점검 문항으로 구성되어 있다. 또한 다음과 같은 목적으로 두 번 실시되는 것이니 반드시 그 차이를 비교해 보아야 한다.

〈상사관계 지수 테스트〉

1차 테스트 : 내가 생각하는 상사의 리더십 수준을 추정하여 평가한다.
2차 테스트 : "내가 상사라면 이렇게 했을 텐데."라는 관점에서 지금의 상사에게 기대하는 수준을 평가한다.

-평가 점수-

0점 : 전혀 하지 않는다   2점 : 드물다   4점 : 가끔 한다
6점 : 자주 하는 편이다   8점 : 꽤 자주 한다   10점 : 항상 한다

먼저 1차 테스트만 시행해 보자.

번호	상사관계 지수 점검 문항	1차 테스트	2차 테스트
1	개인적인 가치나 비전을 부하직원에게 명료하게 알려 준다.		
2	업무상 목표 기준을 모두에게 분명히 전달하고 현재 어느 정도 일하고 있는지 정기적으로 피드백해 준다.		
3	부하직원들에게 우리가 왜 그 일을 해야 하는지 차근차근 설명한다.		
4	부하직원과 개인적으로 가까워지기 위해 노력한다.		
5	부하직원의 능력에 대해 신뢰하고 있음을 적극적으로 표현한다.		
6	부정적인 일보다는 긍정적인 일에 더 관심을 기울인다.		
7	성공을 축하할 줄 알며 그것에 기여한 사람들에게 개인적으로 감사를 표시한다.		
8	능력을 인정해 줄 창의적인 방법을 모색하고 스스로 모범을 보인다.		
9	어려운 시기에도 늘 긍정적이고 낙천적이다.		
10	언제나 일터를 즐겁고 재미있는 장소로 만들기 위한 기발한 방법을 연구한다.		
	점수 총계		

※ 1차 테스트, 즉 상사에 대한 평가를 할 때는 내가 상사에 대해 갖고 있는 감정이 영향을 주지 않아야 한다. 객관적이면서도 신속하게 생각하도록 한다.

1. 1차 테스트 결과 점수가 80점 이상인 경우

당신의 상사는 매우 훌륭하다. 이런 상사와 일하면서도 개인적인 친분을 쌓지 않고 있다면 분명히 실수를 저지르고 있음을 자각해야 한다. 성심성의껏 좋은 관계를 유지해야 평생 가는 진정한 사람을 얻을 수 있다. 직장 생활을 하면서 이런 상사를 만날 확률은 지극히 낮다. 내 인생 최고의 조력자이자 평생의 스승을 모실 수 있는 절호의 기회다.

2. 결과 점수가 40~78점인 경우

이 정도면 무난한 상사다. 만약 현재 관계가 나쁘다면 반드시 화해하는 것이 좋다. 적어도 중립적인 관계까지는 유지해야 한다. 무난한 상사와의 관계를 개선하는 일은 그리 어렵지 않다. 노력하면 서로 존중하고 도와주는 관계까지 발전할 수 있다.

3. 결과 점수가 20점~38점인 경우

당신의 상사는 리더십이 매우 부족하다. 대부분의 직원들이 힘들어할 것이다. 그렇다고 나쁜 관계에 처해 일상에서 시달릴 필요는 없다. 중립적 관계라도 유지하기 위해 당연히 노력해야 한다. 대인관계 기술은 약하지만 의외로 인간적 강점을 가지고 있을 수도 있다.

4. 결과 점수가 20점 미만인 경우

최악이다. 무능력하거나 악질적인 쓰레기 상사인 경우가 태반이다. 그러나 역시 나쁜 관계에 머물 이유는 없다. 중립적 관계까지 발전시키되 너무 가까이 가는 것은 위험하다. 적절한 거리를 두는 것이 현명하다.

1차 테스트 결과 얻은 상사관계 지수는 내 상사의 관계 기술이 어느 정도인지 가늠하기 위한 것이다. 그러나 이 평가 점수만으로는 상사와 나의 관계가 나쁜 이유를 명확하게 설명하기 힘들다. 객관적으로 볼 때 괜찮은 상사인데도 나와 잘 지내지 못하는 경우도 있고 남들은 싫어하는 상사인데 나와 잘 맞는 경우도 있다.

상사와 나의 관계는 결국 '어울림'의 문제다. 상사관계 지수 테스트를 통해 내가 상사에게 기대하는 수준을 파악하면 어울림의 정도를 추정할 수 있다. 그러기 위해서 2차 테스트를 시행하는 것이다.

이제 앞의 표로 돌아가 2차 테스트를 시행해 보자.

1차 테스트 점수와 2차 테스트 점수를 비교하면 재미있는 사실을 발견하게 된다. 항목별로 자세히 살펴보면 특별히 괴리가 큰 항목이 눈에 띌 것이다. 현재 나의 상사와 내가 이상적으로 그리고 있는 상사의 모습이 달라서 나타나는 현상이다.

예를 들어, 4번 항목 "부하직원과 개인적으로 가까워지기 위해 노력한다."는 부분에서 점수 차이가 컸다면 이 부분이 바로 갈등의 근원이 될 수 있다. 나는 상사가 더 부하직원을 따뜻하게 챙겨 주기를 기대하고 있는데 상사는 개인적인 친분보다는 성과를 내도록 도움을 주는 것에 초점을 맞추고 있을 수도 있다.

이때 1차와 2차 점수 결과 차이가 4점 이상이라면 각별히 주의해야 한다. 특히 1차 점수가 4점 미만인데 2차 점수가 4점 이상인 항목은 더욱 주목해야 한다. 바로 이 지점이 불화와 상호 불신의 씨앗일 가능성이 높기 때문이다.

예를 들어, 2번 항목의 '분명한 목표 전달', 5번 항목의 '직원들의 능력 신뢰', 7번 항목의 '공헌에 대한 인정과 축하'에서 괴리가 컸다면 그 상황을 이렇게 풀어 볼 수 있다.

"상사는 나에게 목표가 무엇인지 분명하게 말하지 않는다. 그저 알아서 잘해 주기를 바라는 것 같다. 그러나 나는 내 일의 목표가 회사 목표에 비해 어느 정도 수준인지 정확하게 알고 싶다. 왜 어떤 때는 잘했다고 하고 어떤 때는 동일한 결과를 만들어 내도 반응이 시큰둥한 것인가? 목표가 무엇인지도 모르고 일하는 것은 불안하다.

또 나의 상사는 내 능력을 믿지 못해서 일을 완전히 맡기지 않으며 늘 감시하고 잔소리를 한다. 약점이라도 발견하면 범인이라도 잡은 듯 신이 나서 지적하고 고치라고 야단이다. 그것이 훌륭한 조언이라고 생각하는 모양이다. 그러나 나는 늘 주눅 들어 있고 자부심도 사라진 지 오래다.

일을 맡겨 주면 적어도 내 아이디어대로 잘 처리할 능력이 있는데 상사는 그것이 미덥지 않은 것 같다. 게다가 상사의 잔소리를 듣고 나면 일할 맛이 나지 않는다. 열심히 일한 공로를 잘 인정해 주지도 않고, 축하도 해 주지 않는다. 꼭 상을 바라고 일한 것은 아니지만 상사의 인정과 칭찬이 많은 힘이 되는 것을 모르는 사람이 있을까? 공을 세워 봤자 그 공을 가로채는 것 같아 기분이 나쁘다."

이처럼 불화의 요인이 쌓이면 나쁜 관계로 발전할 수밖에 없다. 이 문제들이 긍정적으로 논의되어 개선되려면 일단 대충 상처를 봉합하는 수준이 아니라 썩은 부분을 완전히 도려내야 한다. 그래야 새로운 관계로 전진할 수 있다. 반면 1차와 2차 테스트 점수가 비슷하다면 상사와 나는 제법 어울린다는 뜻이다. 내가 중요하게 생각하는 부분을 상사도 중요하게 여기기 때문이다.

다시 말하지만 나와 잘 어울리는 좋은 상사를 만났다면 적극적으로 다가서라. 부하직원 중에서 가장 신임하는 사람이 되도록 최선을 다하고 가까운 관계를 유지해야 한다. 수월하게 관계가 진전될 것이다.

나와 잘 어울리지 않는 상사를 만났다고 하더라도 크게 실망할 것은 없다. 오해와 갈등이 많이 있음직한 부분-테스트 결과 점수 차이가 많이 나는 항목-을 미리 인식하고 적정한 기대 수준을 유지한다면 상사에 대해 특별히 못 견디게 나쁜 감정을 가지게 되지는 않을 것이다. 이때는 최소한 중립적 관계는 유지할 수 있다. 다시 말해 일상에서 특별한 통증을 가지고 모욕을 당하면서 일하지는 않게 될 것이다.

상사가 특히 민감하게
반응하는 영역을 파악하라

햇살이 좋은 토요일 오전, 친구들과 느긋하게 브런치를 즐기고 있는데 영화배우 뺨치는 외모의 매력적인 외국인이 카페에 들어섰다고 하자. 이때 우리는 잠시 그 사람을 주제로 이런 이야기를 할 수 있을 것이다.

저 사람 어디서 왔을까?

나이가 얼마나 될까?

아이가 있을까? 아들일까, 딸일까?

왜 한국에 왔을까?

한국에 체류한 지 얼마나 됐을까?

앞으로 얼마나 더 머물 계획일까?

한국 하면 가장 먼저 떠오르는 생각은 무엇일까?

그러면 이제 비슷한 질문을 상사에게 던져 보자. 상사를 잘 관찰하여 그에 대한 일상적인 정보를 정리해 두는 것이다. 누군가와 잘 지내려면 그 사람의 관심사와 패턴은 기본적으로 알고 있어야 한다.

먼저 다음과 같은 두 종류의 질문지를 준비한다. 같이 점심을 먹거나 함께 외근을 나가게 될 때 어색하게 흐르는 정적을 깨는 데도 도움이 될 것이다.

생활과 관련된 극히 개인적 질문

바짓단이 구두 뒤축을 덮고 있나? 아니면 구두 뒤축이 다 보이나?
주량은 얼마나 될까? 소주를 좋아하나, 맥주를 좋아하나? 혹은 와인을 좋아하나?
음식은 무엇을 좋아하나? 매운 것? 생선? 고기?
노래를 잘 부르나? 애창곡은 무엇인가?
생일은 언제일까?
아이의 이름은 무엇이고 몇 살이나 되었을까?
어떻게 결혼하게 되었으며 결혼기념일은 언제인가?
개인적인 생활과 관련하여 어떤 이야기를 가장 많이 하나? (산, 골프, 책, 가족……)
가장 좋아하는 취미생활은 무엇인가?
책을 좋아하나? 어떤 책을 주로 읽는가?
말을 할 때 특징은? 말이 빠른가? 예를 잘 드나? 요령이 있나?

일과 관련된 개인적 질문

지각하는 것에 관대한가, 아니면 매우 엄격한가?
오자나 탈자에 민감한가, 아닌가?
회의하는 동안 몇 번이나 웃을까?
농담을 좋아하고 즐거움과 웃음에 관대한가?
발표할 때 차트의 형식을 잘 꾸미는 것을 좋아하는가, 아니면 내용이 튼실한 것을 선호하는가?
여러 사람이 있는 데서 다른 사람을 비난하는 편인가, 아니면 험담을 하지 않는 편인가?
부하직원들과 함께 잘 어울려 즐기는 편인가?

자신의 상사와의 관계는 어떤가?
성과에 초조하고 집착하는 편인가? 아니면 느긋하게 장기적인 관점에서 성과를 만들어 내기를 바라는가?
직원들의 교육에 관대한 편인가, 아니면 그저 일이나 열심히 하라는 주의인가?
일이 잘못되었을 때 담당자를 심하게 닦달하는 편인가, 아니면 자신도 책임의 일부를 담당하는 자세를 가지고 있는가?
변덕이 심한가, 아니면 한번 결정하면 그대로 추진하는 스타일인가?
의사결정이 빠른 편인가, 아니면 확실한 정보가 있을 때까지 미루어 두는 편인가?

꼭 이러한 질문들만 해야 되는 것은 아니니 얼마든지 수정하거나 추가할 수 있다. 처음으로 상사에 대해 한 발짝 다가가는 과정이라고 생각하자. 지금 이 질문지를 보고 바로 대답할 수 있다면 상사에 대한 기초 정보는 가지고 있다는 뜻이다. 그런데 이러한 질문을 하는 것조차 기분 나쁘고 거부감이 든다면 지금 상사와의 관계가 심각하다는 증거다. 상사라는 단어 자체가 싫을뿐더러 어떤 성향에 대해서는 분노까지 하고 있다는 뜻이기 때문이다.

하지만 다른 사람에게 무관심하거나 화를 내면서 관계가 나아지길 기대할 수는 없는 법이다.

자, 이제 이 간단한 질문들을 의미 있는 정보로 발전시키는 작업을 계속해 보자.

관찰 결과를 기록해 두자

상사에게 좋지 않은 감정이 생겼던 사건을 기록하는 습관은 나쁜 감정을 배제하는 데 도움이 된다. 예를 들어, '지각하는 것에 관대한가, 아니면 매우 엄격한가?'라는 질문에 대해 "기분에 따라 바뀌고 변덕스럽다."고 바로 답하기 전에 이렇게 생각하게 된 사례를 두세 개 찾아보는 것이다. 변덕스럽지 않은 경우는 없었는지 생각해 보자. 가능한 객관적 자료를 모으기 위한 가장 쉬운 작업이다.

상사의 민감한 영역을 주의하라

이제 이러한 조사 결과를 바탕으로 상사가 특히 민감하게 반응하는 부분은 무엇인지 구별해 보자. 예를 들어, 나의 상사는 지각하는 것을 끔찍하게 싫어하거나 단기적 성과에 목을 매며 안절부절못하는 스타일이라는 사실을 발견하게 될 것이다.

이처럼 상사가 지나치게 신경 쓰는 사안들을 세심하게 관찰하여 누락되는 항목이 없도록 하고 이를 '상사의 민감한 영역' 으로 구분해 놓는다. 회식 자리에서 왕년의 자기 자랑을 끊임없이 늘어놓는 상사가 있다면 '나의 상사는 자기 과시를 즐기는가?' 라는 항목을 추가할 수 있다.

기억해라. 우리는 지금 나에게 영향을 주는 상사의 특별한 기질이나 취향에 대하여 자료를 모으고 있는 중이다.

나 자신의 성향을 분석하라

이제 나 자신의 성향을 정확하게 알아야 한다. 좋아하는 것은 무엇이고 싫어하는 것은 무엇인지 구별해 보자. 내가 상사에 대하여 가장 불만스러운 것이 무엇인지 생각해 보는 것이다.

"내가 조금만 지각해도 미칠 듯이 화를 내는 행동은 지나치다고 생각한다. 어쨌든 마감 시한 잘 지키고 일만 잘하면 되는 것 아닌가? 왜 그렇게 불쾌하게 몰아붙이는지 당최 이해가 안 된다."

"보고서를 제출하면 내용은 보지도 않고 오자와 탈자만 빨간 펜으로 체크해서 돌려보낸다. 그럴 때마다 나의 성실성과 능력이 짓밟히는 것 같다. 당연히 사기도 꺾인다. 정말 좀스러운 상사다."

이러한 불만이 가득 쌓였다면 잠시 환기할 필요가 있다. 가치중립적인 태도를 취하는 것이다. '상사의 민감한 영역' 중에 특히 거부감이 드는 항목과 나도 동의하는 항목을 표시해 두도록 한다. 이렇게 서로 민감한 영역은 침범하지 않는 대신 잘 맞는 부분에서 공감대를 형성하면 중립적인 관계를 유지할 수 있다.

이제 적극적으로 변화를 실행하라

마지막으로 해야 할 일은 '상사의 민감한 영역'을 침범하지 않기 위해 할 수 있는 일을 정리해 보는 것이다. 지각이나 맞춤법에 민감한 상사라면 지정된 출근 시간보다 1시간이나 30분 정도 일찍 출근하고, 보고서를 제출하기 전에 한 번 더 검토하면 훨씬 마찰을 줄일 수 있다. 자존심을 다치지도 않을 것이고 상사를 탓하느라 괜히 에너지 낭비할 필요도 없어질 것이다.

원칙은 하나다. 상사가 특별히 민감하게 날뛰는 부분을 알고 있고, 불화를 종식시킬 수 있는 방법을 찾았다면 거부하지 말라는 것이다. 내가 조금 양보하는 작은 행동으로 커다란 갈등을 해결할 수 있다. 이는 '전략적 양보'다.

한편 아무리 싫은 상사라도 그가 지닌 강점만은 인정할 수밖에 없다면 그 점을 강하게 지원하라. 상사가 단기적 성과를 내는 것에는 미흡하지만 훌륭한 장기적 안목을 가지고 있고, 내가 그 부분에 공감한다면 기꺼이 그의 편이 되어 주어야 한다. 상사의 성공을 지지하는 든든한 조력자가 되는 것이다. 결국 상사 역시 나를 믿을 수 있는 파트너로 받아들이게 될 것이다. 나는 이것을 '강점 동반 효과'라고 부른다.

지금까지 말한 내용을 정리해 보면 이렇다.

- 열 개 정도의 아주 간단한 질문을 통해 상사를 관찰하라.
- 더 필요하다면 얼마든지 질문을 덧붙여라.
- '상사의 민감한 영역'을 찾아내라.
- '전략적 양보'를 통해 갈등을 막아라.
- '강점 동반'이 가능한 부분을 찾아내 강하게 지원하라.

이것이 상하의 팀워크를 강화시키는 가장 간단하고 유용한 전략이다.

상사가 나를 괴롭히는가?
그런데도 상사에 대해 탐구하지 않는가?

상사가 나의 기회를 좌지우지하는가?
그런데도 상사에 대하여 연구하지 않는가?

상사가 내 일상에 많은 영향을 끼치고 있는가?
그런데도 상사에 대하여 아는 것이 없는가?

그렇다면 나는 내 행복을 위해 아무것도 하지 않은 채 그저 숨어서 불평이나 하며 살자고 작정한 것이나 마찬가지다.

사업을 새로 시작하려면 비즈니스 환경에 주목하고 탐구하여 기회를 모색해야 한다. 상사 역시 직장 생활의 안녕과 나의 성공을 위해 반드시 탐구되어야 할 핵심적 요소다. 긍정적 관계를 만들어 내는 것 또한 팀워크의 일환인 것이다. 상사를 탐구하라. 그리고 상사의 힘을 긍정적으로 활용하여 성공의 기회를 포착하라.

이런 상사에게는
결코 다가가지 마라

좋은 상사는 우리를 보호하는 훌륭한 울타리 역할을 하지만 나쁜 상사는 폭우에 무너지는 담과 같다. 생각 없이 담 밑에 앉아 있다가는 맥없이 깔려 중상을 입을 수도 있다. 평생을 함께 갈 좋은 상사라고 생각한다면 진심으로 그의 성공에 기여하되 그렇지 않은 상사라면 어느 정도 거리를 유지하고 중립적인 관계만 유지하는 것이 현명하다. 그러면 어떤 상사에게는 다가가고 어떤 상사는 피해야 할까?

지금까지 상사의 리더십 수준을 객관적으로 판단하기 위해 쓸 수 있는 3가지 방법을 소개했다.

- 상사의 리더십 수준 평가
- 상사관계 지수 테스트
- 상사의 민감한 영역 조사

상사에 대한 정확하고 객관적인 정보를 더 많이 수집할수록 판단의 오차를 줄일 수 있다. 상사에게 더 가까이 갈 것인지, 적당히 거리를 둘 것인지 그리고 나의 어떤 태도를 고쳐야 할 것인지도 알 수 있다. 전략적 사고가 가능해지는 것이다.

그러나 치명적인 결함을 지닌 사람과는 아무리 잘 지내려 해도 한계가 있다. 인간관계를 형성하는 핵심적인 요소이면서 후천적으로 변하기 어려운 것이 바로 가치관, 적성 그리고 기질이다. 이들은 평생을 거쳐 갖춰지는 것이기 때문에 쉽게 바뀌지 않는다. 따라서 이 부분에 커다란 결함이 있는 사람과는 거리를 두는 것이 좋다.

너무 가까이 다가가면 씻을 수 없는 마음의 상처를 받을 수도 있다. 언제 무너질지 모르는 담 밑에 서 있다가 그동안의 노력과 정성은 온데간데 없고 불운만 따르게 될 수도 있다. 될성부른 유망 종목을 선택하고 그곳에 희소한 자원을 집중시키는 것이 투자의 제1원칙이다. 상사 역시 직장 생활의 투자처다. 평생 갈 만하면 많이 걸어라. 그렇지 못하다면 최소한의 투자-지금 내 일상에 고통을 주거나 발목을 잡지 않을 정도-로 그치는 것이 현명하다.

특히 다음과 같은 사람에게는 절대 크게 투자하지 말아야 한다. 최악의 패다.

소아병적 질환을 지닌 상사

이들은 정서적 성숙도가 떨어지는 사람들이다. 유아적 의존심을 정이 많은 것이라고 착각한다. 대부분 정에 굶주려 있으며 자존심을 다치면 냉정한 사람으로 돌변한다. 그 자존심이 아주 작고 사소한 것, 어떤 '기분'에 의해 좌우되기 때문에 말과 행동에 무척 조심해야 한다. 가까이 갈수록 함께 지내기가 힘든 사람이다.

어느 날 깜빡 잊고 인사하는 것을 잊었다거나 바쁜 와중에 무뚝뚝하게 응대를 한 경우에 그 상사는 자존심을 짓밟혔다고 생각한다. "내가 그토록 챙겨 줬는데, 이 친구가 이럴 수 있나?" 하며 배신감과 불쾌감을 느끼는 것이다. 절대 잊지도 않는다.

기분에 따라서 매우 불안정한 반응을 보이는 사람은 자기 마음에 들면 뭐든지 다 줄 것처럼 좋아하다가 기분이 틀어지면 하루아침에 돌아서 버린다. 사고와 관심의 폭이 매우 좁은 사람이다. 이런 상사의 마음에 들었다는 것은 오히려 불행한 일이다. 조변석개하는 기분에 좌우되어 나 자신마저 정서적으로 불안해질 것이다. 조금 떨어져 있는 것이 좋다.

"자네가 다 알아서 해."라고 말하는 상사

이 경우 말로는 맡긴다고 하지만 진심은 그렇지 않다. 자기가 판단하기 어렵고 결과에 책임을 지는 것이 두려워서 "맡기겠다."고 한 것뿐이다. 일이 잘 진행되지 않거나 난관에 봉착하면 도와주기보다는 잔뜩 야단을 칠 것이다. 신뢰해서 맡긴 것이 아니라 도망치기 위해서 맡겼기 때문이다.

이들은 성과보다 안전을 중요시한다. 따라서 책임 의식이 결여되어 있고 자신감이 없는 수동적 인간일 가능성이 높다. 진심으로 믿고 맡기는 상사는 일이 잘 풀리지 않을 때 해결책을 제시해 주고 결과에 대해서도 책임을 진다. 하지만 말로만 맡기는 상사는 큰소리만 치고 정작 나서야 할 순간에는 발뺌하느라 바쁘다.

이런 상사들은 "통이 크다." "인간적이다."라는 표현을 즐겨 쓰는데, 실제로 그런 사람은 없다. 대체로 비인간적이니 절대 가까이 가지 마라.

부하직원을 수족처럼 부리려는 상사

사람이 완전히 비정치적이기는 어렵지만 그렇다고 정치만으로 건강한 관계를 만들 수도 없다. 남을 조정하려 드는 상사는 철저히 자기중심적이며 자신의 감정과 이해관계에는 놀랄 만큼 민감하지만 다른 사람이 받을 수 있는 마음의 상처에 대해서는 무관심하다.

이들은 부하직원을 적당히 추켜세우기도 하고 반대로 신랄하게 비난하기도 한다. "역시 K대 출신은 다르군." "내가 당신에게만 특별히 말하는 것인데."라고 구슬리며 자신의 파벌을 구축하는 것을 중요한 일로 생각한다. 자신의 무리에 합류하지 않는 사람들은 자연스럽게 비난의 대상이 된다.

정치적인 사람들은 순수함이 결여되어 있기 때문에 의심이 많다. 그리고 일종의 투사 현상으로 다른 사람들 역시 의심이 많다고 여긴다. 모략과 음모에도 능하며 상대적으로 죄책감을 잘 느끼지 않는 얼굴 두꺼운 사람들이기도 하다.

오래 사귀고 정성을 다했던 부하직원이라도 자신의 이익에 도움이 되지 않는다고 여기면 바로 버린다. 따라서 늘 다른 사람을 조종하려고 하고, 자신의 이익을 추구하면서도 겉으로는 욕심이 없는 척한다. 이렇게 정치적 위선으로 포장된 사람과는 거리를 두는 것이 현명하다.

똑똑하지만 속을 알 수 없는 상사

마지막으로 머리 회전이 빠르지만 마음이 음험하고 가치관이 분명치 않은 사람을 피해야 한다. 나쁜 상사의 희생양이 되어 법적인 어려움까지 겪을 수도 있다. 사업윤리라는 말은 개인과 무관한 것이 아니다. 개인적으로는 매우 투명하고 윤리적인데, 비즈니스를 할 때는 옳고 그름을 가리지 못하는 경우는 없다. 가치관이 그렇게 나눠진 사람은 없다. 비즈니스를 할 때 속이고 거짓말을 하는 사람은 자신의 이익을 위해 누구에게나 거짓말을 할 만반의 준비가 되어 있다.

이 네 경우를 제외하고는 상사가 약점을 가지고 있다고 비웃거나 쉽게 내쳐서는 안 된다. 사람은 완벽하지 않다. 모두 좋은 점과 나쁜 점을 가지고 있다. 상사의 약점을 보완하고 도와주는 것이 부하직원의 마땅한 책임이다. 그러나 신뢰할 수 없는 상사를 만났을 때는 가까이 다가가 화를 당하지 말고 일적인 관계에 그치라는 것이다. 주의하지 않으면 성공의 기회를 놓치고 마음의 상처를 받고 법적·윤리적 함정에까지 빠질 수 있다.

상사와 내가 다르다는 것만으로 거부하지 마라. 차이를 존중하고 그 속에서 성장하라. 부하직원이 상사에게 인생의 일부를 맡기듯 상사 역시 그렇다. 그런 의미에서 관계를 맺는다는 것은 일종의 리스크 테이킹(Risk taking)이다. 관계의 좋고 나쁨에 따라 각자 긍정적이거나 부정적인 영향을 받는 것이다.

그러한 과정을 겪어야만 "내가 이 사람과 평생을 함께 가도 되겠구나. 진심으로 이 사람의 성공에 기여하기 위해 나를 다 바치면 결국 그 이로움이 나에게 미치겠구나. 이 사람을 내가 믿을 수 있구나."라는 믿음도 생긴다. 신뢰란 내가 줄 수 있는 것이 아니라 다른 사람이 줄 때만 가질 수 있다.

3

상사가 절대 나를
모욕하지 못하게 하는
최소기준

직장인은 일이 기본이다. 일에서 밀리면 설 자리가 없다. 조직 내에서 상사와 어떤 관계를 맺고 있든지 간에 핵심은 '업무 능력'이다. 일은 좋은 관계의 기본이라는 명료한 직업의식을 가져야 한다.

"석 달 안에 끝마쳐야 할 중요한 프로젝트가 있습니다. 이 프로젝트의 성패는 곧 당신의 사업 운명을 좌우할 만큼 대단히 중요합니다. 이 프로젝트에 참여할 팀원을 선발할 수 있는 권한이 있다면 누구를 선발하겠습니까?"

"최고의 인재만 고를 것입니다."

"최고의 인재란 어떤 사람입니까?"

"그 일에 가장 적합한 사람입니다."

"가장 적합하다는 것을 어떻게 알 수 있죠?"

"우리는 늘 같이 일해 왔습니다. 누가 어떤 일을 잘할 수 있는지 잘 알고 있습니다. 직원들의 태도와 성과에 대하여 평가를 하고 있으니까요."

"좋습니다. 그렇다면 이렇게 묻겠습니다. 당신은 당신 상사가 이 프로젝트에 가장 먼저 참여시킬 최고의 인재입니까?"

여러분은 이 돌연한 질문에 대하여 "그렇다."고 대답할 수 있어야 한다. 그럼에도 불구하고 상사가 나를 선택하지 않는다면 그 부당함에 대하여 불평해도 좋다. 그러나 '적절한 인물'이 아니면서 자신에게 기회를 주지 않는다고 상사를 탓하는 것은 잘못된 일이다. 상사가 부적절한 사람을 써야 하는 부담을 지는 것은 부하직원의 잘못이다. 상사의 성공을 돕지 못한다면 좋은 직원이 아니다.

일에 대한 역량이 관계의 기초가 되어야 건강한 조직이다. 조직은 일을 하기 위해 모인 곳이다. 일에서 부족하다는 느낌을 주어서는 안 된다. 일에서 밀리면 모욕을 당할 수밖에 없고 상사와 좋은 관계를 맺을 수 있는 가장 중요한 통로에서 심각한 문제가 발생하고 만다.

상사가 싫어하는
부하직원의 10가지 유형

상사들이 꼽은 '가장 보기 싫은 부하직원' 유형은 다음과 같다.

❶ 회사에 생계를 걸고 있으면서 충성심은 없는 배은망덕형
❷ 속내를 감추며 거짓말하는 불투명 크렘린(Kremlin)형
❸ 일과 책임을 남에게 떠넘기고 사람들의 관계를 이간질하는 화근형
❹ 업무 마감 시한을 어기고 늘 변명하는 게으름뱅이형
❺ 찾으면 없거나 지각·조퇴가 잦은 근무태도 불량형
❻ 무능력하고 일처리가 거친 무사안일형
❼ 인사를 잘 하지 않고, 예의도 없는 뻣뻣 무례형
❽ 요령만 피우고 입으로만 일하는 빼질이형
❾ 상사의 말에 지나치게 오버하고 아첨하는 아부가식형
❿ 시키는 일만 하고 창의력이 없는 꼭두각시형

세상에 이러한 부하직원을 반기는 상사는 없다. 다행스러운 점은 이 10가지 사항을 피하기가 어렵지 않다는 것이다. 건강한 상식을 가진 사람이라면 조금만 노력하면 이러한 기준을 통과할 수 있다.

대략 훑어 봐도 알 수 있듯이 상사가 부하직원에게 요구하는 가장 기본적인 태도는 건전한 상식과 예의다. 무난한 상사를 모시고 있고 내가 상식적인 행동을 한다면 이유 없이 미움을 받는 일은 없을 것이다. 적당한 예의, 직장인이 갖추어야 할 상식적 배려, 일에 대한 기본적 책임감과 능력 등을 가지고 있으면 별 탈 없이 직장 생활을 할 수 있다.

하지만 직장 상사가 매일 불쾌하고 모욕적으로 나를 대하고 있고 회사에 출근하는 것이 지옥에 가는 것만큼 끔찍하게 느껴진다면 먼저 자신을 돌아볼 필요가 있다. 스스로 평가하기에 위의 10가지 유형 중 단 한 가지에라도 속한 적은 없는가? 일단 그 기준에 속하지 않는다면 당당하게 처신해야 한다. 부당하게 모멸을 받아야 할 대상이 아니라는 자각이 있어야 자신감을 되찾을 수 있다.

여기서 명심해야 할 것이 있다. "상사가 싫어하지 않는다."는 말이 "상사가 좋아한다."는 뜻은 아니라는 것이다. 지금 말한 10가지 유형은 그저 서로 통증 없이 지내기 위한 최소 기준일 뿐이다. 그러니 상사에게서 특별한 관심이나 격려를 받지 못한다 하더라도 의기소침해질 필요가 없다. 언제나 원한다면 더 좋은 관계로 진화해 갈 수 있는 중립적 자리라고 생각하고 당당하고 편안한 마음을 가지는 것이 도움이 된다.

상사의 말 중에서
절대 믿어서는 안 되는 말들

　기본적인 업무 능력과 예의를 갖춘 사람도 종종 상사와 갈등을 빚는다. 오해와 갈등이 발생하는 과정은 매우 복잡하고 다양하기 때문이다. 그중에서도 가장 큰 비중을 차지하는 화근은 '말'이다.

　사람은 겉으로 드러나는 마음과 진심이 늘 일치하지는 않는다. 말로 표현하는 것은 사회적 위치나 윤리를 감안하여 여과 과정을 거치지만 진심은 절대적으로 감정이 지배한다.

　그러다 보니 종종 '말'은 진심을 반영하지 못한다. 누구나 어느 정도 사회적 가면을 쓰고 생활하는데 심리학자들은 이를 페르소나(persona)라고 부른다. 위선이라기보다는 매우 중요한 사회화 능력이다. 서로의 관계가 극단으로 치닫지 않게 하기 위해 통제해 주는 역할도 한다.

　지금부터 상사들이 즐겨 쓰는 표현이지만 겉과 속이 다른 대표적인 표현들을 살펴보자. 이면을 살피지 않고 그 말을 곧이곧대로 믿었다가는 큰 오해를 부를 수도 있다. 말의 전체 문맥과 그 안에 숨어 있는 뜻을 파악해야 갈등을 피할 수 있다.

"나는 과정을 더 중요하게 생각한다."

이 말의 속뜻은 이렇다.

"나를 결과만 따지는 거친 사람으로 생각하지 마라. 좋은 과정이 좋은 성과를 낸다. 정확히 말하면 좋은 성과를 내는 방법이 좋은 방법이다. 빨리 성과를 가지고 와!"

어느 조직이나 성과를 내야 한다. 그러므로 모든 상사들은 성과에 대한 압력을 받고 있고, 성과는 개인의 존재감을 표현하는 가장 중요한 수단이다. 성과가 없으면 기회를 잡을 수도 없으며 나의 상사 또한 곤란에 처한다. 상사가 이런 말을 했다면 효율적인 방법을 찾아 빨리 좋은 성과를 만들어 내라.

효율적인 방법을 찾아보는 것, 그것이 실험이다. 그 과정에서는 실수를 저질러도 상사에게 용서를 받을 수 있다. 그런 면에서 새로운 시도를 거부하는 상사보다는 낫다. 그러나 성과에 따라 과정이 평가된다는 것을 명심해야 한다. 결코 성과를 내지 못해도 괜찮다는 뜻이 아니다.

"나는 수평적 의사소통을 좋아한다."

상사와 부하직원의 관계는 수직적 위계질서를 전제로 한다. 인류는 역사적으로 늘 자유를 갈구했던 것 같지만 자세히 들여다보면 본능적으로는 힘과 권력을 추구해 왔다. 특히 남성들의 사회에서는 권력 지향성이 더 강하게 나타난다.

앨빈 토플러(Alvin Toffler)는 사회를 움직이는 힘이 폭력에서 부로, 뒤이어 정보와 지식으로 대체되어 간다고 주장한다. 힘은 성격이 바뀌고 있기는 하지만 여전히 매력적인 도구다. 권위주의가 사라지더라도 권위는 남을 것이다. 상사는 부하직원과 동등해지길 원하지 않는다. 좋은 상사는 긍정적인 영향을 미치고 싶어 하고 나쁜 상사는 개인의 목적을 위해 부하직원을 이용하려 한다는 점이 다를 뿐이다.

따라서 수평적 의사소통을 좋아한다는 말은 이런 뜻이다.

"나는 구닥다리 권위주의자는 아니다. 권위만 좇는 사람들은 이제 설 자리가 없다. 나는 이미 이 분야에서 최고의 정보와 지식을 획득한 베테랑이다. 이의가 있는 사람은 언제든 자유롭게 말해라. 하지만 결국 내 말대로 하는 것이 좋을 것이다."

이런 말을 하는 상사들은 대개 마음이 열려 있고 자신감이 넘친다. 자부심 또한 강하기 때문에 비판만 있고 대안이 없을 때는 말을 아껴야 한다. 상대방이 받아들이지 않더라도 크게 실망할 것 없다. 상사의 제안이 훌륭하다면 적극적으로 지지하고 배우는 자세를 취해야 한다.

또한 상사가 내린 결정으로 어떤 성과가 나왔는지 반드시 모니터링해라. 될 것 같은 것이 되지 않는 이유, 안 될 것 같은 것도 조건과 환경에 변화를 주면 되는 이유를 이해하게 될 때 우리는 한 단계 더 도약할 수 있다.

"나는 톡톡 튀는 사람을 좋아한다."

아이디어는 튀어도 되지만 태도가 튀면 '찍힐' 위험이 크다. 내가 잘 알고 지내는 한 직장인은 말 그대로 아이디어 뱅크다. 어떤 화두를 던져도 재치 넘치는 아이디어가 쏟아지는 신기한 친구다. 게다가 이러한 능력에 더 힘을 실어 주는 습관이 있는데 바로 괜찮은 생각이 번뜩이면 목소리를 낮게 까는 것이다. 대부분의 사람들은 갑자기 좋은 생각이 떠오르면 목소리 톤이 높아지기 마련인데 그는 반대다. 주체할 수 없는 기쁨을 억누르며 조용히 차분하게 설명하는 것이다. 그 낮은 목소리와 느린 설명이 얼마나 사람의 마음을 사로잡는지 모른다.

절대 권위에 주눅 들지 마라. 언제든 열린 마음으로 아이디어를 생산할 수 있는 환경을 스스로 만들어라. 대신 신중한 모습을 보여야 한다. 최소한 경박하다는 지적을 받을 정도로 튀어서는 안 된다. 아이디어는 톡톡 튈수록 좋고 태도는 신중할수록 좋다.

"일일이 보고하지 마라. 알아서 처리해라."

이 말대로 했다간 크게 뒤통수를 얻어맞을 일이 생길 것이다. 업무를 위임 받아 처리하되 중요한 결정을 내려야 하는 순간에는 반드시 상사를 의사결정에 참여시켜야 한다. 중요성이 낮다면 사후에라도 보고하라.

상사를 업무 과정에서 완전히 배제시키지 않아야 한다. 자신이 무시당하고 있다는 느낌을 받으면 당연히 분노할 것이다. 따라서 적당한 시기에 간단명료하게 업무 진행 상황을 보고해 주는 것이 좋다.

상사의 지지력을 최대한 끌어내라. 나의 성공을 위해서라도 일의 고비

마다 상사를 참여시켜라. 프로젝트가 성공하면 그 공을 상사에게 돌릴 줄 알아야 한다. 공을 나누는 것은 결코 손해 보는 일이 아니다.

나는 상사들이 겉과 속이 다르다는 말을 하려는 것이 아니다. 우리 모두 문화적 무의식으로부터 자유롭지 않다는 것을 말하는 것이다. 머리로 생각하는 것과 가슴으로 느끼는 것이 다르다는 것. 우리는 매일 그 불일치 속에서 살고 있음을 기억해야 한다.

이때 인간에 대한 이해가 바탕이 되었을 때 더 기지를 발휘할 수 있다. 순수를 가장한 무지함에 갇혀 있지 말고 순수함을 믿을 수 있는 경지의 현명한 태도를 갖춰야 한다. 그것이 바로 품위 있는 처세술이다.

스타일이 다를 때는 유연성을 높여라

"사사건건 의견이 다른 상사와는 어떻게 일해야 할까?"

이는 가장 빈번하게 일어나는 직장 내 갈등이다. 상사와 업무 스타일이나 취향이 비슷해 별다른 커뮤니케이션이 없어도 서로 통한다면 그보다 더 훌륭한 팀워크는 없을 것이다.

그러나 모든 행운이 그렇듯 이 또한 우연일 뿐이다. 대부분은 서로 다른 사람들끼리 만나 지지고 볶는다. 이때 "너는 너, 나는 나."라는 마음가짐으로는 얻을 것이 없다. 팀워크도 형편없을뿐더러 성과도 나쁘다. 그렇다고 상사에게 납작 엎드려 그 뒤만 따르다가는 수동적인 인간으로 전락하고 말 것이다.

어떻게 품위와 자신감을 잃지 않으면서 훌륭한 성과를 내어 팀의 주역이 될 수 있을까?

목적이 같은지 점검하라

상사와 목표가 같다면 의견이나 업무 스타일이 다르더라도 훨씬 더 쉽게 견딜 수 있다. 하나의 목표를 달성하는 방법은 많고 그 방법 중 어떤 것을 선택할 것인가에 대한 의견도 다양할 것이다. 그 과정에서 종종 감정적 갈등이 빚어진다. 무시하기, 비논리적인 주장으로 내 의견 짓밟기, 기분 나쁜 빈정거림 등 상사가 거는 사소한 싸움에서는 이기려 하지 마라. 중요한 싸움에서만 이기면 된다. 일단 목표가 같다는 것은 한 팀이 구성되기 위한 가장 중요한 토대는 만들어졌다는 뜻이다.

내가 허용할 수 있는 영역을 넓혀라

내가 변화시킬 수 있는 사람은 없다. 통제 가능한 유일한 사람은 바로 나 자신뿐이다. 상사가 나와 다를 때는 내가 중립지대로 이동하는 것이 훨씬 효율적이다.

예를 들어, 나는 수다를 좋아하는데 상사는 격식과 예의를 갖춘 대화를 선호한다고 하자. 이 경우 상사의 방식에 맞춰 좀 더 점잖은 용어를 사용하며 말하는 것이 좋다. 이 정도의 유연성은 내 정체성에 반하지도 않으며 굴욕을 느끼게 하지도 않는다. 나를 바꾸는 것이 아니라 내가 허용하는 사고와 행동의 범위를 넓히는 것이기 때문이다.

상대와 공유할 수 있는 교집합을 키워라. 나의 기질은 살리면서 유연성을 확장할 수 있는 길이다. 먼저 상사의 직업관, 업무 스타일 그리고 평가 기준을 정확하게 파악해라. 그리고 내가 허용할 수 있는 영역을 점차 넓혀 가라.

차이가 명품을 만든다

다르다는 것은 성과의 품질을 높이는 가장 중요한 요소다. 내 주장을 펼치는 것도 중요하지만 상사의 의견이 가지고 있는 건설적인 면을 살펴보자. 힘겨운 토론 끝에 내려진 결론은 만장일치로 얻은 것보다 훨씬 더 창조적이고 강한 생명력을 지닌다.

결국 상사의 의견을 따르게 되더라도 그 일이 성공하도록 최선을 다해야 한다. "내 의견을 무시하더니 그럴 줄 알았다."는 식의 태도는 버려야 한다. 복수의 짜릿함은 한 순간일 뿐이다. 팀이 성공하면 공이라도 나누지만 일이 잘 안 됐을 경우 사사건건 불평하고 적극적으로 참여하지 않았던 사람에게 불똥이 튈 것이다. 일단 방향이 정해지면 적극적으로 따라야 한다.

물론 이때 이러한 의문의 끈을 놓지 않아야 한다.

"만약 내 의견대로 일이 진행되었다면 어땠을까?"

나는 이것을 '건설적 가상 피드백'이라고 부르는데 이를 통해 내 판단과 의견의 적합성을 측정할 수 있다. 상사의 의견을 따랐을 때 더 좋은 성과를 거뒀다면 배울 점을 얻은 것이다. 반대로 내 제안이 더 좋은 결과를 가져왔을 것이라고 생각했다면 내 판단의 힘에 대해 자신감을 가질 수 있다.

여기서 뭔가 깨달음을 얻었는가? 그렇다. 상사의 의견이 옳든 내 의견이 옳든 상관없다. 결국 어떤 상황에서도 우리는 능력을 키울 수 있으며 가장 효율적인 일 처리 방법을 배울 수 있기 때문이다.

배움은 단순히 경험하는 것만으로는 부족하다. 경험을 분석하고 체계화하여 유사한 상황이 발생했을 때 재빨리 적합한 대안을 끄집어 낼 수 있어야 한다. 그러면 언제든 다른 사람을 설득할 수 있는 힘을 갖게 될 것이다.

의견이 다른 상사와 함께 일하는 것은 결코 쉽지 않은 일이다. 하지만 미래에 닥칠 무수한 상황에 대처하는 기술을 익히기에 갈등만큼 좋은 것은 없다. 갈등이 쌓이고 상처가 깊어지면 스스로 이렇게 질문하라.

- 이 상황에서 내가 배워야 할 것은 무엇인가?
- 이 사람(우주, 운명 혹은 신)이 나에게 가르쳐 주려고 하는 것은 무엇인가?

갈등과 괴로움은 최고의 스승이다. 우리의 적이 곧 스승인 것이다. 갈등을 겪는 과정에서 내게 부족한 것이 무엇인지, 내가 잘하는 것이 무엇인지 알게 될 것이다. 자신을 정확하게 인식하는 것은 리더십의 가장 중요한 요소다.

일을 장악하라

 "나는 중개업소에서 일을 시작했다. 내가 맡은 업무는 손님을 접대하고 전화를 받아 연결하고, 자료를 넘겨 주면 타자로 쳐서 문서를 만드는 것이었다. 나는 일에 최선을 다했다. 하찮은 업무라고 생각하지 않았다. 직장이 있는 것이 고마웠고, 내게는 새로운 세상을 배우는 것이 흥미로웠다. 무엇보다 상사에게 사람을 제대로 뽑았다는 것을 증명해 보이고 싶어 안달이 났다. 나는 나 자신에게 말했다. 다음 업무에 대해 생각하지 마라. 지금 맡은 일에 최선을 다해라. 어떤 사람이든 배울 수 있는 모든 것을 배워라. 각 업무의 한계가 아니라 그 가능성에 집중하라. 내게 기회를 줄 사람을 찾아라."

 나는 이 경쾌하고 다이내믹한 문장이 좋다. 이 글은 HP의 전 회장 칼리 피오리나가 첫 직장을 다니면서 가졌던 일의 태도에 대해 쓴 것이다.

이것이 세상을 살아가는 모든 직장인들의 자세이길 바란다. 세상을 배우려는 사람, 그 세상에 자신을 표현하기 위해 안달하는 사람, 자신이 가진 것을 남김 없이 쓰고 싶어 하는 사람, 젊음의 근육이 떨려 당장 달리고 싶어 하는 사람들을 보면 감탄하지 않을 수 없다.

직장인은 일이 기본이다. 일에서 밀리면 설 자리가 없다. 조직 내에서 상사와 어떤 관계를 맺고 있든지 간에 핵심은 '업무 능력'이다. 맡은 일을 제대로 하지 못하면 좋은 부하직원도 동료도 될 수 없다. 일은 좋은 관계의 기본이라는 명료한 직업의식을 가져야 한다. 일은 크게 두 가지 차원으로 나뉜다.

일은 곧 태도다

앞에 인용한 칼리 피오리나의 자세는 뛰어난 업무 능력의 바탕이 되었다. "이 일에 나를 걸겠다. 그 일이 무엇이든 의미를 따지지 않고 내 시간과 내 열정을 다 걸겠다."는 전투적인 자세가 이제 막 직장 생활에 입문한 사람의 태도인 것이다.

누구든 신데렐라의 유리 구두를 신기 전까지는 재투성이가 되어 일 맛을 익혀야 한다. 무협 영화를 봐도 스승이 제자에게 비법을 전수하기 전까지는 밥 짓고 물 긷는 일만 시킨다. 비전이 없는 일처럼 보이지만 이는 '먹고살기 위해 반드시 해야 하는 일'이라는 상징성을 담고 있다. '부엌데기 정신'으로 이 지루한 과정을 견디지 못한 제자들은 도중에 하산하고 묵묵히 이겨 낸 제자만 비법을 전수받을 수 있다.

직장인 역시 마찬가지다. '일은 곧 태도'라는 깨달음을 스스로 체득해야 한다. 먼저 땀을 흘려야 수확할 수 있다. 이것이 자연의 법칙이다. 그런데 사람들은 이 프로세스를 뒤바꾸고 싶어 한다. 먼저 월급을 올려 주고 승진을 시켜 주고 상을 주면 더 열심히 하겠다고 말한다. 이는 '할부정신'이다. 이 달에 물건을 사고 달마다 나눠서 돈을 지불하겠다는 것이다. 할부를 끊어 놓고 후회하지 않은 사람이 있던가? 먼저 땀 흘려 일한 후에 열매를 얻는 것이 자연의 법칙이다.

일은 곧 경영이다

조직에서 어느 정도 경력이 쌓이면 업무가 복잡해지기 시작한다. 일의 중요도도 높아지고 업무량이나 책임감도 커진다. 여러 가지 일을 맡아 처리하느라 정신없이 뛰어다니게 될 것이다. 이제 일에 모든 것을 거는 태도만으로는 부족하다.

"정신없이 바쁘다."는 말은 일을 제대로 경영하지 못한 사람들이나 하는 말이다. 일의 두 번째 차원은 '일은 곧 경영'이라는 것을 깨닫는 경지를 말한다.

일이라고 다 같은 일이 아니다. 일 맛을 어느 정도 알면 맛있는 일과 맛없는 일을 구별할 수 있게 된다. 밥 짓고 물 긷는 일보다 훨씬 더 나에게 어울리는 일이 있다는 것을 깨닫는 것이다. 일 맛을 모르는 사람은 아직도 모든 일을 시들하게만 느끼지만 그렇지 않은 사람은 이제 맛있는 일을 찾아 집중할 것이다. "뭐든지 열심히 한다."는 원칙에서 "강점을 가진 일에 집중한다."는 전략으로 전환하는 것이다. 바로 이때부터 일에 대한 경영 차원으로 진입한다.

일을 경영하려면 나의 업무를 분명한 기준에 따라 분류해야 한다. 먼저 내가 맡은 일을 열 개 내외의 최소 단위로 세분화한다. 그리고 다음과 같은 질문을 던진다.

❶ 중요하면서 내 기질적 강점에 잘 맞는 일은 어떤 것일까?
❷ 중요하지만 내 기질적 강점에 잘 맞지 않는 일은 어떤 것일까?

중요하면서 내 기질적 강점에 잘 맞는 일을 '프로젝트(My Project)'라고 하자. 가장 공들여서 수행해야 하는 과업이지만 성과를 내기에도 가장 적합한 일이다.

중요하지만 내 기질적 강점에 맞지 않는 일은 '챌린지(My Challenge)'라고 하자. 부가가치가 높아 중요하지만 내 기질과는 맞지 않아 힘들게 도전하는 기분이 들 것이다. 여기에 속하는 일 때문에 많은 스트레스를 받을 수 있다.

자, 이제 내가 경영자라고 가정하자. 프로젝트와 챌린지 중 어디에 시간과 자원을 집중해야 할까? 지금까지 일이 많아 쩔쩔맸던 사람들은 대부분 챌린지에 속한 업무에 더 매달렸을 것이다. 이제는 프로젝트에 속한 일을 더 하려고 애써야 한다. 이것이 일을 경영하는 것의 핵심이다.

가장 이상적인 집중도의 비율은 7:3이다. 내가 투입할 수 있는 시간과 자원의 70퍼센트를 프로젝트 일을 하는 데 쓰면 높은 성취감을 거둘 수 있다.

이때 목표 수준을 분명히 정해 두자. "프로젝트 분야에서 나보다 더 뛰어난 사람은 없다."라는 목표를 설정하고 2~3년 정도 집중투자하라. 강점을 바탕으로 엄청난 시간과 노력을 투자할 것이기 때문에 성공 확률도 높다. 결국 그 분야에서 훌륭한 전문가가 될 수 있을 것이다.

챌린지 분야의 일은 직장을 다니는 한 '하기 싫지만 해야 하는 일'이다. 30퍼센트 정도의 시간과 자원을 투자하여 평균 수준에 이르도록 노력하자. 그 정도면 된다. 더 시간을 투자하더라도 그 이상 오르기 힘들 것이다. 투자수익률이 떨어지기 때문에 적당한 수준에서 끝내는 것을 목표로 삼으면 된다.

이렇게 아주 간단하게 우선순위를 설정하고 나면 업무에 대한 고삐를 쥔 듯한 느낌이 들 것이다. 이제 전략적으로 집중해야 할 분야를 알았으니 시간과 노력을 효율적으로 배분할 수 있다.

기억해라. 이 순간부터는 월급쟁이의 안이한 마음이 일상을 지배하도록 내버려 두어서는 안 된다. 일이 나를 끌고 다니는 것은 수치다. 일을 장악하라. 세월과 함께 경력과 성과를 쌓고 그 위에 내 인생에 대한 자부심의 탑을 쌓아라.

그 어떤 상사도 자신의 일을 경영할 줄 아는 부하직원에게는 함부로 하지 못한다. 몇몇 분야에서 회사에서 가장 뛰어난 능력을 보인 직원을 만만하게 보는 상사는 오래가지 못한다. 일을 잘한다는 것은 늘 당당한 관계의 초석이라는 사실을 가슴에 새기자.

무척 오래된 일이지만 나는 첫 출근 후 며칠을 생생히 기억하고 있다. IBM의 영업관리부로 들어간 나는 익숙지 않은 일 꾸러미 하나를 들고 집에서까지 일을 했다. 새벽까지 자료를 정리하다 보니 동이 틀 무렵이 되어서야 겨우 일을 마칠 수 있었다. 그때는 피곤하기는 해도 밤새 일하는 것이 즐거웠다. 한숨도 못 잔 터라 잠시 눈을 붙이자는 것이 너무 자고 말았다. 서둘러 택시를 타고 회사에 도착했지만 이미 모든 사람들이 나만 기다리고 있는 상황이었다. 문을 열고 회의실에 들어서자 수많은 사람들의 눈빛이 화살처럼 꽂혔다. 면접에서 내게 호의적이었던 내 상사의 상사도 그 자리에 와 있었다. 내 직장 생활은 그렇게 엉망으로 시작되었다.

나는 조직에 잘 맞지 않았기 때문에 어차피 잠시 머물 곳이라 생각하고 공부를 더 할 계획을 세우기도 했다. 그러다 입사 4년차에 변화의 계기가 생겼다. 경영혁신실에 배정된 후부터 마음을 잡고 일에 열중하게 된 것이다. 그곳으로 발령을 받은 그날이 진정한 직장 생활의 시작이었다.

나는 비로소 내게 맞는 직무를 찾았고 그 후 16년간 변화와 혁신의 현장에 서 있었다. 그동안 여러 명의 상사와 함께 일했지만 그 긴 세월 동안 상사들로부터 특별한 제재를 받은 적은 없었다. 그들은 내 의견을 존중해 주었다. 조직의 변화에 관한 한 나는 거의 완벽한 의사결정자나 다름없었다. 변화와 관련된 실무적인 일들을 나만큼 오래 한 사람도 없었고 나만큼 잘 알고 있는 사람도 없었기 때문이다. 가장 중요한 것은 나만큼 내 일에 열정을 가진 사람을 찾기 어려웠다는 점이다.

수줍고 내향적인 성격 때문에 대인관계에서 자유롭지 못했던 나를 구해 준 것은 바로 일이었다. 일에 관한 한 상사에게 나는 절대적으로 필요한 존재였다. 골치 아픈 일에서 그를 구해 줄 수 있는 사람은 나뿐이었다. 그들은 내가 성공하기를 원했고, 내 성공을 통해 자신 역시 익숙지 못한 책임 분야에서 좋은 평가를 얻어 내고 싶어 했다. 기질적 특성은 다 달랐지만 골치 아픈 혁신 프로젝트가 잘 마무리되어 자신을 빛낼 수 있도록 적극적으로 지원했다. 나는 믿음직한 방파제였다. 20년의 직장 생활을 마치고 퇴직할 때, 나는 이미 팀원들과 함께 한 권의 번역서와 세 권의 저서를 출간했다. 그중 두 권은 베스트셀러였다. 이 책들은 나의 전문성을 보강해 주었고, 변화경영전문가라는 브랜드를 갖게 해 주었다.

나 역시 부하직원을 거느린 팀장이었고 중간관리자였다. 기본적으로 일을 잘하는 직원들에게는 믿음이 갔다. 그들의 의견과 조언들이 필요했고, 대부분 도움이 되었다. 개인적으로는 기질이 비슷해 애착이 가지만 일 처리가 불안한 직원도 있었다. 불행한 일이지만 그들을 중요한 일에 쓸 수는 없었다. 그들 역시 평소에 상사와 잘 지내는 것에는 감사해도 승진에서 탈락했을 때는 어쩔 수 없이 서운함을 느꼈을 것이다.

관계를 잘 맺으려면 다른 사람에게 도움이 되어야 한다. 조직 생활에서 가장 강력한 필요는 일에서 온다. 우리는 일하기 위해 회사에 오는 것이다. 일이 핵심이다. 그러므로 일에서 밀리면 개인적으로 좋은 인상을 가지고 있다 하더라도 상사의 신뢰와 도움을 얻기 어렵다. 반대로 일로 버틸 수 있다면 일단 좋은 관계를 만들어 낼 수 있는 강력한 교두보가 만들어진 셈이다.

적절하게 'NO'라고
말하지 못하면 존중받지 못한다

　상사의 기대대로 일하면 최소한 미운 털이 박힐 일은 없을 것이다. 교활한 상사는 바로 이 점을 노린다. "아니요."라고 답하지 못하는 사람은 이용하기 쉬운 사람이라고 생각하는 것이다. 그들은 부하직원이 힘들게 해 준 일에 대해 감사를 표하지도 않고 그 태도를 존중해 주지도 않는다.
　겁이 많고 마음이 약한 사람 주위에는 늘 교활한 인간들이 기생한다. 교활함이 가장 좋아하는 것은 약함이다. 고마운 척 양의 탈을 쓴 채 속으로는 마음이 여린 사람을 비웃는다. 반대로 마음이 여린 사람은 상사의 요구를 거절하면 관계가 악화되거나 기대를 저버리게 될까 봐 두려워한다. 그러나 착하다는 것은 마음이 약함을 뜻하지 않는다. 모든 선은 그것을 지킬 줄 아는 용기와 지혜를 필요로 한다. 존중받기 위해선 주도적인 사람이 되어야 한다.
　거절을 못하는 사람은 자신감이 없는 사람인 경우가 많다. 그래서 상대에게 인정받지 못하고 고립되지 않을까 염려한다. 스스로 자신의 중심에 서 있지 않기 때문에 자신의 판단에 따르지 않고 다른 사람의 평가에 의존하는 것이다. "아니요."라고 말하고 싶다면 그렇게 하는 것이 옳다. 다만 적절한 거절의 기술을 활용해야 한다.

일의 성격을 파악한 후 거절하거나 받아들여라

거절을 할 때의 판단 기준은 분명히 존재한다. 다음과 같이 상황을 나누어 그에 따른 행동 원칙을 미리 마련해 두자. 이 원칙만 지켜도 현명한 판단을 내릴 수 있을 것이다.

첫째, 상사가 요구하는 일이 내 업무 영역 안에 속한다면 '해야 할 일'이다. 이런 일들은 상사가 지시하기 전에 해치워야 한다. 만약 상사가 부탁하면 흔쾌히 받아들이면 된다. 내 영역의 일이고 상사 역시 그것을 알고 부탁했기 때문에 웃는 얼굴로 즐겁게 받아 주어라.

내 일을 거절해서는 안 된다. 일에서 밀리거나 일을 두려워하면 상사나 동료로부터 존중받지 못한다. 다만 현재 진행하고 있는 일의 일정상 추가 업무가 부담스럽다면 상사와 논의하는 것이 좋다. 상황을 설명하고 상사가 도와줄 수 있는 일을 부탁하도록 한다.

이 순간을 놓치지 마라. 내가 적임자라서 일을 부탁했지만 추가적인 업무라는 사실은 상사도 알고 있기 때문에 부담감을 느끼고 있을 것이다. 이때를 놓치지 말고 지원을 받아야 한다.

둘째, 내가 해야 할 일이 아닌데 부탁을 받은 경우에는 그 이유를 분명하게 물어야 한다. 일회적인 일이거나 그럴 만한 사정이 있다면 받아들여

라. 예를 들어, 담당 직원이 갑자기 입원했거나 상을 당했다면 도와주는 것이 도리다. 이런 경우라면 오히려 다른 사람들이 안 하겠다고 하는 일을 나서서 도와야 한다.

일단 돕겠다는 마음의 결정이 내려지면 일의 규모를 추정하여 두세 개의 덩어리로 나누는 것이 좋다. 일을 작은 단위로 나누다 보면 맡은 일 중 어느 부분은 다른 사람에게 나누어 줄 수도 있을 것이다. 그러면 일도 빨리 처리할 수 있고 나의 부담도 줄어든다. 흔쾌히 도와주되 현명하게 처리하는 방법을 익히도록 하자.

셋째, 내가 해야 할 일도 아니고 응급 상황도 아니라면 거절하라. 특별한 상황 속에서 발생한 이례적인 일이 아닌데도 불구하고 별 설명 없이 나에게 어떤 일을 맡기려고 할 때 쉽게 "예."라고 대답하는 것은 경솔하다. 상대의 설득력에 따라 좌우되지 말고 내 의지대로 생각해야 한다. 상사가 강요하거나 불쾌한 표정을 짓더라도 바로 물러서면 안 된다. 앞으로 계속해서 휘둘릴지도 모른다.

이때는 두 가지 상황을 가정해 보자.

먼저 상사와 상관없이 내가 이 일을 맡아 수행할 때 드는 기분을 상상하라. 내 일도 아니고 내가 해야 할 이유도 없고 응급 상황도 아니지만 그 일을 해 줄 때 상대를 돕는다는 즐거움이 크다면 승낙해도 좋다. 이것은 자발적인 허용이다.

다음으로 일을 할 때 마음이 불편하고 "그때 거절했어야 하는데."라는 후회가 밀려오고 짜증이 날 것 같다면 거절하는 것이 현명하다. 상사와 일시적으로 관계가 불편해진다 해도 그 책임은 상대에게 있다. 불합리하고 부적합한 일을 당연하게 생각하며 부탁했기 때문이다. 그 부탁 자체가 이미 불편한 관계의 화근이다.

　진정으로 나를 존중하는 사람이었다면 어쩔 수 없이 일을 부탁하게 된 경로를 충분히 설명하고 미안한 마음을 표현했을 것이다. 따라서 이런 경우에는 거절하는 것이 서로 관계를 망치지 않는 현명한 길이다.

　넷째, 내가 해야 할 일인지 아닌지 판단이 잘 서지 않는다면 신중해야 한다. 업무 영역의 경계선에 있는 일이라 누가 맡아도 되는데 나에게 온 경우다. 이것은 미끼이기도 하고 기회이기도 하다.

　이때는 냉정한 자기 논리가 중요하다. 거절의 논리만 사용할 것이 아니라 흔쾌하게 받아들여야 할 때도 있다. 일이 늘어나는 것에 거부감을 갖지 말고 그 일이 마련해 줄 새로운 기회에 대해서도 고민해 봐야 한다.

　다섯째, 마땅히 거절해야 하지만 거절한 후 관계 악화가 걱정되는 경우도 있다. 거절하기 불편한 정도가 아니라 압력이 느껴질 때가 그렇다. 예를 들어, 지위가 높은 간부나 평소에 어려워하고 하던 사람이 부탁한 일인데 거절하면 상당히 부담스러울 것이다. 하지만 이때는 반드시 정중하게 거절해야 한다.

　거절하는 것이 현명하다고 판단되면 그 요령을 익히자. 상황에 따라 부드럽게 거절할 줄 알아야 갈등을 막을 수 있다.

거절의 이유를 분명하게 밝혀라

　나의 객관적인 판단을 근거로 거절하는 이유를 설명해라. 예를 들어, 윤리적인 문제가 발생할 수 있는 일을 부탁받았을 경우, 그 일을 하는 것이 상대방이나 나 모두에게 부정적인 결과를 가져올 것임을 분명하게 알려야 한다. "내가 이 부탁을 거절했으니 다른 사람에게도 부탁할 일이 아니다."라고 충언을 할 수 있어야 한다.

다른 적합한 사람을 추천해라

내 영역의 일이 아니고 다른 적합한 인물이 있다면 그 사람을 추천해 주는 것이 좋다. 물론 책임을 회피하기 위해 다른 동료를 끌어들여서는 안 된다. 책임과 능력이 분명할 때 추천하라. 동료의 경력에도 도움이 되고 그 재능과 능력을 잘 발휘할 수 있을 것이라는 믿음이 있을 때 추천하라.

진실한 마음으로 거절할 수밖에 없는 상황을 설명하라

가벼운 변명이 필요할 때도 있다. 이 경우에는 진심을 다해 말하는 것이 중요하다. 기꺼이 도와줄 마음은 있지만 내 코가 석 자인 경우다. 이때는 사정을 충분히 설명하여 상대의 기분을 상하지 않게 하는 것이 오해를 줄이고 관계를 깨지 않는 접근법이다.

믿을 수 있는 사람의 부탁은 가능하면 들어주는 것이 좋다. 그러나 교활하고 의심스러운 사람이라면 부탁을 들어줄 가치가 없다. 노고에 대한 기쁨도 보상도 없을 것이다.

수용과 거절, 모두 중요한 의사결정의 수단이다. 할 수 없는 일, 해서는 안 되는 일, 하기 싫은 일을 다른 사람의 부탁으로 대책 없이 맡는 것은 지혜로운 일이 아니다. 관계가 불편해지는 것을 피하기 위해 내키지 않는 일을 하는 것은 한두 번이면 족하다.

　상황에 따라 어쩔 수 없이 부탁을 들어줄 때도 있다. 그러나 그것이 패턴이 되게 해서는 안 된다. 미국의 저명한 심리학자이자 작가인 조지 웨인버그(George H. Weinberg)는 "인간은 어떤 상황에서 어떻게 행동해야 한다는 결론을 얻은 후에도 금세 잊어버리고 같은 결론을 되풀이한다."고 지적한다. 따라서 수용과 거절에 대한 자기 기준을 설정해 놓고 일상에서 지혜롭게 활용하는 것이 바람직하다.

우유부단은
치명적 결함이다

사실 나는 의사결정이 빠른 사람이 아니다. 선택을 해야 할 일이 생기면 긴장부터 한다. 사소한 일이든 큰일이든 선택 자체가 어렵다. 그것은 살아가면서 여간 곤란한 일이 아니었다. 음식점에서 뭘 먹을지 생각하고 백화점에서 옷을 고르고 가족 여행지를 선택하는 일 모두 내게는 쉽지 않은 것들이다.

그러나 나의 결정 자체의 품질은 나쁘지 않다. 시간이 많이 걸리기는 하지만 결과는 대부분 만족할 만했다. 장고 끝에 좋은 수를 두는 것이다. 특히 장기적인 관찰이 필요한 사안에서는 훌륭한 결과를 끌어냈다.

20년간 일할 수 있었던 최고의 직장, 그 기간 동안 발견한 나의 강점 분야, 좋은 아내 그리고 내 평생의 직업. 내 선택은 대체로 훌륭했다. 물론 운도 따라 주었다. 그럼에도 일상 속에서 일어나는 선택은 여전히 나에게 불편했다. 조금 더 빨리 결정을 내리는 프로세스를 훈련할 필요가 있었다.

조직 생활을 하는 사람이 우유부단하다는 것은 치명적이다. 특히나 리더가 그런 경우에는 팀이 흔들리고 성과를 내지도 못하며 무엇보다 팀원의 신뢰를 얻기 어렵다. 신속한 의사결정 능력은 리더의 필수 요소다. 제때 의사결정을 하지 못하면 나뿐만 아니라 다른 사람들의 성과까지 좌우하기 때문에 오해를 받기 쉽다.

결정을 유보하는 습관이 기질 때문이라면 반드시 보완책을 마련해 두어야 한다. 기질은 쉽게 바뀌지 않기 때문에 치명적 약점을 보완할 수 있는 방법을 마련하여 그 부분에서 발생할 수 있는 문제를 방지하라는 뜻이다.

그럼 문제를 해결하기 위해 차근차근 접근해 보자.

우유부단한 기질은 어떻게 형성된 것일까? 매우 영리한 사람인데 왜 납득할 만한 이유도 없이 결정을 미루는 것일까? 성격유형모델 응용연구 전문가 폴 티저(Paul D. Tieger)는 우유부단이 '인식형(Perceiving)' 사람들에게서 나타나는 보편적 특성이라고 말한다. 이들이 세상을 살아가는 방식은 다음과 같다. 다음과 같은 성향이 자신과 비슷하다고 생각되면 당신은 인식형일 가능성이 높다.

신속한 결정을 내려야 할 상황이 되면 긴장한다. 가능하면 결정을 유보해 두어야 마음이 편하다. 마음속에서는 이런 생각들이 돌아다니고 있다.

"나중에 무슨 일이 벌어질지 누가 알겠어? 내가 가진 정보가 부족할 수도 있고 정확하지 않을지 모르니 가능한 최종 판단은 미루는 것이 안전해. 지난번에도 결정을 유보해 두었기 때문에 막판에 신속하게 더 좋은 결정을 하게 됐잖아. 신속할수록 오류의 가능성도 높아지는 법. 좀 더 두고 보자고."

인식형은 결정 자체를 좋아하지 않으며 결정을 내리고도 후회하는 경우가 많다. 여행을 떠날 때도 정해진 일과를 따르는 것보다는 돌발 상황에 따라 극적인 순간을 즐기는 것을 좋아한다. 규칙을 불필요한 규제로 여기며 권위에 반항하려 한다. 흑백 논리는 위험하다고 생각하기 때문에 회색 지대에 머문다.

시간도 정확하게 지키지 않는다. 책임감이 없다기보다 길고 긴 시간의 강에서 정해진 시간이란 별 의미가 없다고 생각하기 때문이다. 주어진 기간 안에 일을 끝내는 경우도 드물다. 정보량도 많아 늘 책상은 온갖 서류들로 어지럽혀져 있고 모두 필요한 것들이기 때문에 정리가 되지도 않는다. 정보를 버리기가 아까워 모두 껴안고 산다. 불필요한 것을 버리는 것이 아니라 불확실한 것은 확실해질 때까지 보관한다.

일 자체보다는 일이 주는 보람과 의미 그리고 흥미를 우선시한다. '판단형(judging)'이 업무 종료를 최대 만족으로 생각하는 반면 인식형은 무엇을 하든 즐거움을 찾는 것이 훨씬 중요하다고 생각한다. 악착같이 시간을 효율적으로 쓰는 대신 빈둥대는 것을 더 좋아한다. 새롭고 창의적인 것을 찾아 늘 기웃거린다.

일견 이런 사람이 상사의 신임을 받아 승진할 가능성은 없어 보인다. 그렇다. 인식형은 가장 비조직적인 사람들이다. 하지만 몇 가지 기질적 약점을 보완하면 최고의 인재가 될 수도 있다. 약한 기질을 보완하여 끌어올리고 강점은 살려 균형을 잡아 주는 것이다.

지금부터 소개할 세 가지 전략은 약간의 훈련만으로도 최대 효과를 얻을 수 있는 것들이다. 기본적으로 이 부분만 고쳐도 무난한 직장 생활을 할 수 있을 것이다.

의사결정 프로세스를 바꾸어라

의사결정 프로세스를 바꾸어 하루빨리 우유부단한 이미지를 벗는다. 행동 강령을 정해 신속하게 선택하는 훈련을 하자. 강령은 하나다.

"작은 선택에 머뭇거리지 마라. 무엇을 선택하든 별 차이가 없다. 즉각적 선택 자체가 중요하다."

아내가 백화점에서 옷 두 벌을 양손에 들고 어느 것이 더 예쁘냐고 물어보면 아무거나 골라 주어라. 이미 아내는 마음속에서 선택한 옷이 있거나 둘 다 마음에 들어 하기 때문에 어느 것을 골라도 별 차이가 없다. 고민하지 마라. 점심시간에 짬뽕을 먹을지 자장면을 먹을지도 고민하지 마라. 아무거나 먹으면 된다. 그게 뭐 그렇게 중요하겠는가? (사실 인식형은 이를 매우 중요하게 생각한다.)

미리 여러 가지 시나리오를 짜서 행동 원칙을 정해 두어도 좋다. 예를 들어, 1만 원 이하짜리 물건은 첫 인상이 좋은 것을 1분 이내에 선택하고, 5년 이상 써야 하는 것은 주머니 사정이 허락하는 한 가장 비싼 것을 고른다는 식이다. 그러면 일상에서 겪는 선택의 순간을 무리 없이 넘길 수 있을 것이다.

시간을 칼같이 지켜라

시간을 엄수한다. 우유부단한 사람들에겐 언제나 시간이 늘어지는 것이 문제이기 때문에 두 가지 기준을 설정하도록 한다.

먼저 약속 시간 10분 전에 도착한다. 약속의 경중을 따지지 마라. '10분 전 도착.' 이것이 목표다. 소요 시간을 빠듯하게 잡지 마라. 미리 도착하여 10~20분 정도 혼자 시간을 보낼 수 있는 일을 준비한다.

또한 모든 일은 마감 하루 전에 끝낸다. 그럴 경우 마지막 하루는 여유를 부릴 수 있다. 다른 새로운 일을 시작하기 전 하루가 남아 있으면 일에 치이고 있다는 한탄을 줄일 수 있다.

쓸데없는 정보는 버려라

버려라. 버려도 괜찮다. 버리고 후회가 들지도 모르지만 그때는 또 구하면 된다. 버린다고 버려도 다른 사람보다 반 이상 많을 것이다. 그래도 이런 식으로 정리하는 습관을 들이면 책상이 많이 깨끗해질 것이다.

이렇게 인식형의 약점을 보완하고 강점을 더하면 훌륭한 조직형 인간으로 변모할 수 있다.

논리적 결정은 실수의 가능성을 줄이고 직관적 판단은 창조적 대안을 제공한다. 직관적 판단이란 자신이 알고 있는 정보 꾸러미 속에서 서로 관련 없어 보이는 사실들을 끌어내어 결정에 활용하는 사고력을 말한다. 직관적 판단에 강한 사람은 정보를 덩어리로 묶어 내는 능력이 탁월하다. 어르신들이 "내일 비가 오겠구나." 하고 생각하는 이유는 오래전에 이미 날씨에 대한 정보를 덩어리째 묶어 두었기 때문이다. 즉, 엄청난 정보도 순식간에 처리할 수 있다. 따라서 직관적 판단 능력을 키우려면 정보를 다발로 묶는 훈련을 하는 것이 좋다.

중요한 사안인 경우에는 마음이 편해질 때까지 충분한 자료를 모아라. 그리고 신중하게 결정을 내려라. 이는 인식형의 강점이다. 일을 끝내는 것보다 일 속에서 보람을 찾고 즐기는 것을 좋아하니 최고의 성과를 내는 환경을 만들 수 있다. 창의적이고 상상력이 풍부해서 더 혁신적인 기술을 찾아내는 데도 뛰어나기 때문에 이러한 강점을 꾸준히 계발하면 최고의 리더, 최고의 경영자로 성장할 수 있다.

4

상사가 나에게 열광하게 하는 법

해납백천(海納百川)
바다는 청탁(淸濁)을 가리지 않고 모든 하천을 받아들인다. 즉, 다른 사람의 잘못을 탓하지 않고 받아들이면 언젠가는 바다와 같은 마음을 지닌 현자가 될 수 있다.

— 『통감절요(通鑑節要)』 중

스스로 희생자라고 생각하지 마라.

상사를 적으로 만드는 것도, 지지자로 만드는 것도 다 나에게 달려 있다. 우리가 누군가를 좋아할 때 꼭 분명한 이유가 있는 것은 아니다. 확실한 것은 "상대방이 내가 관심을 가질 수밖에 없도록 만들었다."는 사실이다. '강력한 자석처럼 끌어당기는 매력.' 이는 무의식적으로 리더십의 바탕을 이루기도 한다.

리더십은 높은 지위를 가진 사람들만의 전유물이 아니다. 누구에게나 열려 있다. 조직에서 가장 중요한 리더는 바로 '나'다. 나를 이끄는 사람은 나 자신이어야 한다. 상황이 주어지기 전까지는 우리가 얼마나 많은 능력을 가지고 있는지 잘 모른다. 장애물을 만났을 때 비로소 자신이 무엇을 할 수 있는 사람인지 어느 정도 리더십이 있는지도 알게 된다.

잘 따르는 사람이 잘 이끌 수 있다. 우리는 지위와 상관없이 리더도 되고 팔로워(follower)도 된다. 상황에 따라 발휘되는 능력이 다르기 때문이다. 리더십은 리더와 팔로워 간의 역동적 관계 속에 있으며 때때로 그 역할이 자연스럽게 뒤바뀌기도 한다. 리더는 영웅적이며 독립적인 존재가 아니라 '다른 사람의 열정과 노력에 의존하는 존재'임을 깨달아야 한다.

이끄는 것과 따르는 것은 상반된 개념이 아니다. 우리의 에너지는 밀고 끄는 것처럼 하나의 목표를 향해 있다. 다른 사람을 도와주면 나도 그들에게 도움을 받을 수 있다. 다른 사람이 성공해야 나도 성공할 수 있다. 그러므로 혁신적인 조직에서는 리더와 팔로워, 리더십과 팔로워십의 순환이 원활하다. 조직을 위해 일하고 헌신하고 다른 사람의 성공을 돕는 사람이 훌륭한 팔로워이자 리더인 것이다.

상사와 잘 맞지 않으면 최소한 상사가 나를 거부하지 않도록 나아가 나를 좋아하도록 완충 지대를 확장해라. 먼저 상사의 업무 스타일과 태도를 이해하라. 상사가 중요하게 생각하는 부분은 더 관심을 기울이고 신경 써라. "나는 중요한 사람으로 대우 받고 있는가?"라고 묻지 말고 "어떻게 하면 그에게 중요한 사람이 될 수 있을까?"라는 주제로 고민하라.

나와 상사 사이의 완충 지대까지는 기꺼이 상사를 마중 나갈 준비가 되어 있어야 한다. 내가 변한다고 중심을 잃는 것이 아니다. 나의 허용 가능한 경계의 범위를 넓혀 관대해지는 것이다.

직장에서 나에게 가장 큰 영향을 미치는 사람은 가장 가까운 상사다. 직속상사, 그들을 놓치지 마라. 그가 바람직한 리더가 아니라는 이유로 최선을 다하지 않는 것은 비겁하다. 이는 가장 중요한 자신에 대한 리더십을 잃는 것이나 마찬가지다.

회사가 좋아하는 인재의 조건

정보의 바다에 배를 띄우고 낚싯대를 걸고 유영하다 보면 생각지 못한 월척을 낚을 때가 있다. 그날도 그랬다.

"이 땅의 샐러리맨으로 태어난 이상, 결코 피해 갈 수 없는 상사 문제! 전문가들이 조언하는 '상사에게 예쁨 받는 법' 20가지를 알아본다!"

이 우스꽝스러운 제목의 글은 지금도 인터넷을 검색하면 찾을 수 있다. 그런데 정작 나를 웃긴 것은 익명의 직장인 네티즌이 써 놓은 자기 평가식의 댓글이었다. 매우 인상적이어서 메모장에 옮겨 저장해 두기까지 했는데 댓글을 단 네티즌은 다시 찾을 수 없었다. 만일 그 직장인이 이 책을 본다면 나에게 연락하길 바란다. 나는 맛있는 점심을 사고 싶다. 여기에 그 일부만 소개한다.

- 하루에 10분, 상사에게 순도 높은 관심을 기울여라. 철 지난 유머를 해도 웃어 줘라.

    RE : 성격상 못한다.

- 상사의 말투와 옷차림을 조금씩 흉내 내라. 직원들에게 영향을 준다는 사실에 뿌듯해할 것이다.

    RE : 절대로 하지 않음. 재수 없게.

- 회식 장소를 정할 때 가급적 상사가 좋아하는 메뉴와 장소를 선택하라.

    RE : 그럴 생각 없음. 먹는 것까지 눈치를 봐서야, 원. 회식에 잘 참석하지도 않음.

- 상사가 언짢아할 때, 그 기분을 이해할 것 같은 표정을 지어라. 물론 많은 연습이 필요하다.

    RE : 하기 싫음! 연습? 그럴 시간 있으면 잠이나 자야지. ^^

- 출장을 다녀와선 작은 것이라도 꼭 상납하라. 그러나 성의 없는 품목은 피하라.

    RE : 군대도 아니고. 이런 바보 같은 짓을 왜 해!

- 사소한 것이라도 상사에게 조언을 구해 정신적으로 의지하고 있음을 보여 줘라.

    RE : 그냥 혼자서 꿍하고 알아서 판단하면 됨. 조언을 구하면 꼭 뒷북 침.

- 사적인 자리에서라도 상사에게 농담하지 마라. 상사는 꼭 복수한다.
  RE : 원래 윗사람이랑 사적인 자리를 갖지 않으려고 노력하거니와 농담은 무 슨. 체질상 못함.

- 상사에게 가끔 싫지 않은 술주정을 하라. 그러나 술김에 기어올라선 안 된다.
  RE : 상사와의 술자리? 절대로 피함! 술주정은 하지 않음.

- 차돌이, 차순이가 되길 꺼리지 마라! 커피나 차 심부름에 자존심을 걸진 마라.
  RE : 미쳤는가? 내가 왜 차돌인가? 지 손은 화장실 밑 닦을 때만 쓰나?!

- 상사와 친한 다른 상사에게도 위와 같이 행동하라.
  RE : 절대 그렇게 못함! 상사와 친하면 적으로 간주.

그리고 맨 마지막에 적은 말이 압권이다.

"가만 보니 난 왕싸가지 직딩이네."

사실 이 방법들은 일과는 거리가 먼 가벼운 일상의 처세술이다. 며느리가 시어머니에게 귀여움을 받기 위한 노하우랄까? 한국의 직장 문화가 지독하게 관계 중심적이라는 사실을 증명하는 사례이기도 하다.
내가 주목한 부분은 그 네티즌의 댓글이었는데, 결국 스스로 '왕싸가지 직딩'이라고 평가했다. 20가지의 충고에 따라 처신하기가 힘들었던 모양이다. 성격상 못하고, 두드러기 나서 못하고, 무가치해서 못하고, 분개해서 못하다 보니 충고대로 할 수 있는 것은 몇 개 안 되었던 모양이다.

더욱이 이 조언을 그대로 따랐다가는 동료로부터 오해를 사기 십상이다. 온라인 취업 사이트 '사람인'이 직장인 2,197명을 대상으로 실시한 설문 결과를 봐도 그렇다. '직장 생활을 하면서 가장 보기 싫은 동료'에 대해 묻자 응답자의 약 4분의 1(25.1퍼센트, 551명)이 '상사에게 아부하는 동료'라고 답했다. 이어 '잘난 척하는 동료(20퍼센트)', '업무를 미루고 핑계만 대는 동료(19.8퍼센트)', '입만 열면 남을 험담하는 동료(14.4퍼센트)' 등의 순이었다. 이 자료에 따르면 앞에서 말한 20가지의 조언은 상사에게 아부하고 잘난 척하는 사람으로 인식될 위험을 지니고 있다.

과연 회사는 어떤 사람을 좋은 인재라고 생각할까?

「매경 이코노미」가 삼성전자, 현대건설, SK텔레콤, 기아자동차 등 62개 대기업 임원 200명을 대상으로 '임원이 되기 위한 자질'에 대하여 2주간 설문 조사를 실시한 적이 있다. 다음은 그 조사 결과이다.

임원이 되기 위한 10대 자질

❶ 리더십(인재육성, 투명성, 장기적 안목, 비전 제시 등 포함)
❷ 열정
❸ 추진력(문제해결 능력, 성과 등 포함)
❹ 전문지식
❺ 원만한 대인관계 능력(커뮤니케이션, 이해조정 능력 등 포함)

⑥ 성실성

⑦ 폭넓은 네트워크

⑧ 믿을 만한 사람이라는 평판

⑨ 논리적이고 설득력 있는 언변

⑩ 뛰어난 외국어 실력

10대 자질에는 포함되지 않은 기타 조건은 다음과 같다.

- 상사의 생각을 파악하고 교감하는 능력
- 현재보다 몇 단계 위를 내다보는 행동
- 임원 심사에 떨어져도 원망하지 않는 표정관리
- 열린 마음
- 윤리성
- 문화적 소양
- 원칙이 있는 융통성

우리가 인재 조건으로 자주 거론하는 '창의력'과 '상상력'은 빠져 있다. 톡톡 튀는 개인의 매력보다는 '집단과 관계'라는 키워드로 읽히는 우리나라의 문화적 취향이 반영된 것으로 보인다.

상사가 부하직원을 좋아하는 진짜 결정적 이유

임원이 되기 위한 자질을 가만히 들여다보니 한 가지 의문이 생겼다.
"회사가 공식적으로 지향하는 인재의 조건과 현장에서 일하는 상사가 칭찬하는 부하직원의 조건은 일치할까?"

나는 먼저 그동안 기회가 있을 때마다 만났던 중간관리자들의 피드백을 정리했다. 미국의 말콤 볼드리지(Malcolm Baldrige) 국가품질경영 모델을 IBM 아시아태평양 지사에 적용하는 국제 심사관으로 활동하면서 인터뷰한 중간관리자들의 의견도 종합했다. 그 결과 중간관리자들은 부하직원의 다음과 같은 능력을 매우 중요하게 생각하고 있었다.

상사가 중요시하는 부하직원의 자질

- 일에 깊은 애정을 가지고 몰입하는 열정

- 최고의 목표를 설정하여 차별화를 시도하는 창의적 실험 정신과 혁신성
- 늘 고객에게 감동적인 서비스를 제공하려는 정신
- 자기 분야의 전문가가 되기 위해 새로운 지식으로 무장하는 평생학습의 자세
- 상사와 동료를 중요한 스폰서로 인식하고 깊은 관계를 유지하려는 겸손한 대인관계 능력

얼핏 봐도 이런 사람은 누구나 탐낼 만한 인재다. 그중에서 열정, 전문성, 대인관계 능력 등은 임원이 되기 위한 자질과 정확하게 일치한다. 다만 임원들에게는 조직을 이끄는 능력, 즉 리더십, 폭넓은 네트워크, 추진력 등이 강조되고 있는 반면, 직원들에게는 고객감동 정신이나 혁신성처럼 담당자로서 서비스 품질과 연관된 자질이 요구되고 있다.

결국 인재에 대한 기준은 공식화되어 있다. 회사와 상사는 '능력'을 원한다. 이 '능력'이라는 공식적이고 표면적인 기준의 어딘가에 상사가 좋아하는 부하직원의 '진짜 이유'가 숨어 있다.

상사는 여러 능력을 갖춘 부하직원을 데리고 있으면 천군만마를 얻은 듯 든든하기도 하지만 위협을 느끼기도 한다. '능력'이라는 공식적이고 의례적인 조건 말고 진짜 상사의 마음을 움직이고 그들을 열광하게 하는 비밀은 무엇일까? 분명한 것은 그것이 능력이 아니라 관계의 영역에 속해 있다는 것이다.

상사에 대한 진정성을 갖춰라

대답은 의외로 간단하고 핵심적이다. 상사에 대한 진정성은 앞서 언급

한 임원의 자질 중 '상사의 생각을 파악하고 교감하는 능력'과 통한다. 신뢰는 능력만으로는 얻기 힘들다. 물론 능력이 뛰어나면 일에 대한 신뢰를 얻을 수 있지만 진정한 믿음을 얻으려면 또 하나의 요소가 필요하다.

"내가 원한다면 언제라도 그 직원의 능력을 빌려 쓸 수 있다. 그는 나에게 불리한 일이나 내가 원하지 않는 일은 하지 않을 것이다."

상사로부터 이러한 마음을 얻으려면 그를 전적으로 따르며 배반하지 않을 것이라는 믿음을 주어야 한다.

상사든 부하직원이든 친밀감을 형성하는 핵심은 관심과 배려를 담은 진정성이다. 상사와 잘 지내려고 성급하게 얄팍한 처세술을 적용하는 것은 좋지 않다. 친밀감은 감정적인 요소이기 때문에 조심스럽게 접근해야 한다.

우리는 나에게 관심을 가지고 위해 주는 사람을 좋아한다. 상대의 꿈이 이루어지도록 사심 없이 도와주는 사람은 좋아하지 않을 수 없다. 상사를 이렇게 대하는 사람은 당연히 그의 마음을 얻게 될 것이다.

아무리 관심을 가지고 노력해 봐도 좋은 감정이 생기지 않는다면 '중립적 관계'에 머무르는 것이 좋다. 잘 맞지 않는 사람에게 억지로 다가가려는 것 자체가 고통이고 스트레스일 것이다. 너무 그 부분에 노심초사하다가 일과 내 삶의 균형을 잃을 수도 있다. 감정이 자연스럽게 흐르도록 놔두자.

스스로 이렇게 질문해 보라.

"지금 내 상사는 평생을 같이 가도 괜찮은 좋은 파트너인가?"

만일 그렇다면 전력을 다해라. 혼자 할 수 없는 일을 함께 해내면서 시너지를 일으키는 훌륭한 관계로 발전할 수 있을 것이다.

상대를 끌어당기는 매력을 지닌 사람이 되어라

스스로 매력적인 사람이 되어야 한다. 이 부분에 대해 자세히 설명하기 전에 먼저 인간의 심리를 자세히 들여다보자.

부모는 아이들을 모두 똑같이 사랑해야 한다고 생각한다. 그러나 아이를 키우다 보면 특히 어떤 아이를 편애하고 있다는 사실을 깨닫게 된다. 그 아이에게 특별히 더 마음이 쓰이고 더 관심을 가지게 되는 것이다.

머리와 가슴이 따로 논다. 이때 늘 이기는 것은 감정이다. 공평한 태도를 취하며 한쪽으로 쏠리는 마음을 숨겨 보려 하지만 애정의 밑바닥에서 솟는 감정의 농도는 분명히 다르다. 그 아이가 아직 어리기 때문일 수도 있고 유난히 공부를 잘하거나 영리하기 때문일 수도 있다.

편애의 이유는 복잡하고 다양하지만 가장 큰 원인은 아이 자신에게 있다. 부모가 편애를 유발(cause)하는 것이 아니라 아이의 차이에 대응(react)하는 것이다. 아이 스스로 부모가 더 자신을 사랑하도록 만드는 것이다. 나는 이를 '아이가 부모에게 미치는 영향(child-to-parent effect)'이라고 정의했다(개념은 다르지만 주디스 해리스(Judith Rich Harris)의 『개성의 탄생(No Two Alike)』에서 이 단어를 차용했다).

연애를 해 본 사람만이 알게 되는 진실이 있다. 상대가 매력적인 이유는 외모, 성격, 경제력 등 수없이 많지만 공통된 이유는 "그냥 좋다."는 것이다. 이는 "내가 어쩔 수 없이 그 사람을 좋아하도록 만든다."는 말과 같다. 이 어쩌지 못하는 불가항력이 없으면 사랑에 빠지지 못한다. 이를 '연인이 연인에게 미치는 영향(lover-to-lover effect)'이라고 한다.

물론 상사는 부모나 애인과는 다르다. 상사와 부하직원의 관계는 공적이며 사회적이다. 그리고 이해타산적이다. 하지만 그럼에도 불구하고 위에서 말한 관계의 법칙이 적용된다.

　리더십 책에서는 직원들을 차별하지 말라고 하지만 대부분의 상사는 그렇게 하기 힘들다는 것을 잘 알고 있다. 상사는 당연히 일을 잘하고 자신과 좋은 관계를 유지하려는 직원을 선호한다. 여기서도 마찬가지로 상사가 그 직원을 선호하는 진짜 이유는 "그 직원 스스로 상사가 좋아하지 않을 수 없도록 일한다."는 것에 있다. 이를 '부하가 상사에 미치는 영향(subordinate-to-boss effect)'이라고 한다.

　그렇다면 어떻게 해야 상사가 나를 편애할까? 답은 스스로 매력적인 직원이 되는 것이다. 상사의 신임을 얻고 성공의 기회를 먼저 잡는 직원은 세 가지 매력 요소를 지니고 있다.

　첫 번째 요소는 열정이다. 앞의 임원의 자질을 조사한 사례에서 설문조사팀이 임원에게 직접 물었을 때 열정은 9위에 머물렀다. 하지만 보기를 주고 다시 선택하게 하자 2위를 차지했다. 열정은 냉정한 경영의 세계에 등장한 지 얼마 되지 않은 키워드인데, 나는 이것이 매력의 가장 중요한 원소라고 생각한다.

　기질적으로 열정적인 사람이 따로 있는 것은 아니다. 열정은 적절한 대상을 필요로 한다. 좋아하는 사람이나 일을 만나면 누구나 열정적으로 변한다. 다만 그 표현 방법이 다를 뿐이다. 스타일에 따라 심지어 차갑고 푸른 열정도 있다. 그러나 대부분 열정은 빨간 매혹이다.

　열정처럼 선동적인 것은 없다. 열정은 우리를 눈에 띄게 하며 사람을 빠져들게 한다. 열정보다 설득력이 강한 것은 없다. 그러므로 열정은 스스로 이끈다. 열정이 없으면 다른 사람을 끌어당길 수 없다.

　따라서 좋은 리더는 열정적이다. 위로 올라갈수록 권위적이고 폐쇄적이며 고집스러워지는 사람은 이미 열정을 잃은 사람이다. 그 사람의 권위 때문에 고개를 숙이지만 뒤돌아서면 다시는 곁에 가고 싶지 않다. 권위는 있지만 매력은 없기 때문이다.

매력의 두 번째 원소는 성실함이다. 요즘 사람들은 성실함을 대수롭지 않게 생각하는 것 같다. 열정이 붉은 드레스를 입고 자태를 뽐내는 화려한 여인이라면 성실은 수수하지만 깨끗하고 단정한 옷을 입은 부인이라 할 수 있다. 성실함으로 조직에서 두드러지기는 힘들지만 성실하지 않은 사람은 어디에도 쓸모가 없다.

어떤 사람은 "내가 더 좋은 직장에 다닌다면 근무 시간에 하품하지 않고 더 열심히 일할 수 있어."라고 말한다. 그러나 하품이나 하며 게으름을 피우는 사람에게 좋은 직장을 얻을 기회는 오지 않는다. 또 어떤 사람은 "난 청소부에 불과해. 여기에 무슨 비전이 있어? 더 품위 있고 급여가 많은 일이 주어진다면 밤새워 일할 수도 있어."라고 말한다. 성공하고 싶다면 먼저 그 동네에서 최고의 청소부가 되어라. 그러면 이내 어떤 CEO가 관심을 가지게 되어 언젠가는 원하는 일을 하게 될 가능성이 높아질 것이다. 먼저 씨를 뿌리고 기다려야 탐스러운 열매를 얻을 수 있다.

성실함은 가장 기본적인 조건이다. 성실한 사람은 시간이 갈수록 은근한 광휘에 휩싸이게 된다. 오래될수록 가치가 높아지는 앤티크 가구처럼 매력을 오래도록 유지하는 힘이 바로 성실함이다. 재능이 넘쳐도 성실함이 없으면 위험하다. 신뢰와 평판 그리고 실력은 모두 성실함의 결과다.

성실함에는 적이 없다. 열정은 우리를 너무 많이 몰고 가기도 하는데, 성실함은 완충 역할을 하며 적정한 페이스를 유지하게 한다. 성실함은 물과 공기처럼 있을 땐 잘 모르지만 없으면 위험을 초래할 수 있는 요소다.

일등 사원의 마지막 매력 요소는 타고난 강점이다. 누구든지 하나쯤은 강점을 지니고 있다. 대가의 솜씨가 감탄을 자아내듯 남보다 뛰어난 강점은 상사를 움직이는 아름다운 힘이다. 힘이 있어야 관계를 주도할 수 있다.

권위주의 사회에서는 강력한 카리스마가 관계를 주도했지만 지식사회에서는 재능이 힘을 가진다. 강점을 가지고 있으면 자기 분야에 더 몰입할 수 있고 그때 그 사람의 매력은 더욱 빛을 발하게 된다.

정리해 보자. 이제 우리는 인간관계에서 가장 핵심적인 사실을 알게 되었다. 상대에게 호감을 갖게 되는 원인은 '어쩔 수 없는 매력'과 '사람에 대한 진정성'이다. 매력적인 사람이지만 나와 교감하지 못하면 짝사랑에 그치게 된다. 더욱이 그가 다른 사람과 가까워지면 질투하고 증오하게 된다.

상사도 마찬가지다. 열정적이고 성실하고 재능을 겸비한 매력적인 부하직원을 가지고 있다는 것은 얼마나 좋은 일인가! 어떤 일이 터지더라도 문제를 처리할 수 있는 부하직원이 있다는 것은 얼마나 다행스러운 일인가! 어떤 경쟁에서도 지지 않을 힘센 부하가 있다는 것은 또 얼마나 든든한가!

그러나 그 직원이 내 밑에 있기는 하지만 어떤 진정성도 없고 충성을 바치지 않는다면 아무 소용이 없다. 오직 일로만 맺어진 관계일 뿐 그 유능한 부하가 내 통제를 벗어나 언젠가 적이 된다면 어떻게 되겠는가? 승진과 기회를 놓고 서로 다투어야 한다면 어떻게 할 것인가?

겉으로는 훌륭한 인재의 조건이 자질과 능력이라고 말하지만 비공식적으로는 상사에 대한 진정성과 매력이다. 유능한 상사는 능력에 따라 매력적인 직원을 쓴다. 성과를 내는 것이 가장 중요하므로 개인적 친밀감을 기준으로 인력을 배치하지 않는 것이다. 일을 할 때는 오직 매력으로 판단해야 한다. 원만한 대인관계 능력, 친화력, 네트워크 능력 등 관계의 능력도 모두 매력이다.

상사가 오래갈 사람을 고를 때 진정한 관계에 있지 않은 사람은 발탁되지 못한다. 매력과 진정성을 겸비한 인재만이 경쟁 사회에서 살아남을 수 있다.

상사를 늘 나와
한 팀으로 묶어 두어라

한 아이가 엄마를 따라 식료품 가게에 갔다. 엄마가 물건을 사는 동안 아이는 가만히 서서 상자 안에 가득히 담긴 빨간 앵두를 바라보았다. 그러자 주인 할아버지가 말했다.

"앵두가 먹고 싶니? 한 줌 집어 먹으렴."

그러나 아이는 말없이 할아버지를 보며 가만히 서 있었다.

아이의 엄마도 거들었다.

"그래, 할아버지가 허락하셨으니 한 줌 집어도 돼."

아이는 움직일 생각을 안 했다.

그러자 할아버지는 앵두를 한 움큼 집어 아이에게 내밀었다.

그제야 아이는 고맙다고 말하며 두 손으로 앵두를 받았다.

집으로 돌아가며 엄마는 아이에게 할아버지가 집어 줄 때까지 앵두를 먹지 않은 이유를 물었다.

아이는 빙그레 웃으며 대답했다.

"할아버지 손이 내 손보다 크니까요."

이 이야기는 철강왕 앤드루 카네기(Andrew Carnegie)의 일화로 유명하다. 상사의 손은 내 손보다 크다. 상사가 가지고 있는 지위와 힘이 필요한 시점에는 상사의 존재감을 부추기고 도움을 청해라. 대개 상사는 기쁜 마음으로 큰 손을 빌려 줄 것이다. 적절할 때 도움을 요청하는 센스를 갖춰라.

내가 중간관리자가 된 지 얼마 되지 않았을 때 우리 팀에는 성격이 무던한 직원이 하나 있었다. 친절하고 겸손하며 배려심이 많은 사람이었다. 시간이 지나면서 나는 이 사람에게서 치명적인 약점을 발견했다. 시간 개념이 명확하지 않은 것이었다. 5분이나 10분씩 지각하는 일도 잦고 마감일을 지키는 일은 드물었다. 당연히 고객과 약속한 기한도 맞추지 못했다.

나는 그때마다 그를 불러 추궁했는데 변명은 다양했다. 하지만 그 일로 고객들의 불만 사항이 늘어났기 때문에 더 이상 묵과할 수 없었다. 그에게 다시는 이러한 일이 일어나지 않도록 엄중하게 경고했다.

그 후 그가 왜 약속한 시간을 지키지 못하는지 관찰해 보았다. 먼저 그는 일의 우선순위가 없었다. 중요한 일에 시간을 많이 쓰지도 못했고, 긴급한 일을 먼저 해내지도 못했다. 하나의 일을 끝내지 않고 대충 해 둔 상태로 이 일 저 일 옮겨 다니고 있었다. 모든 일이 불완전한 상태로 뒹굴고 있었던 것이다.

기질적 약점 때문이기도 했고 근무 집중도가 떨어지기 때문이기도 했다. 나는 일의 우선순위를 정하도록 했고, 중요한 일은 적당한 때에 진척 사항을 보고하도록 했다. 나는 그가 보고할 때마다 내가 도와줄 일이 무엇인지 물었다. 사전에 도움을 청하지 않고 최종 기일을 준수하지 못하는 경우 어떤 변명도 용납되지 않을 것임을 분명히 해 두었다.

그 후 중요한 일에서는 실수가 많이 줄었지만 일일이 챙길 수 없는 일상적 부분에서는 여전히 문제가 반복되었다. 그렇다고 그 직원에게 더 많은 시간을 쓸 수도 없었고 그러고 싶지도 않았다. 나는 중요한 일을 놓치지 않는 것만으로 만족했다. 그 역시 그 점에서는 안심했으나 다른 일상적 업무에 대해서는 자신감을 갖지 못했다. 초보 관리자였던 나는 매우 바쁘게 지냈고, 내게 주어진 일만으로도 쫓기고 있었다. 시간이 흘러 내가 경영혁신실로 발령받으면서 그 직원과는 헤어지게 되었다.

몇 년이 지나 그는 나를 찾아와 상담을 요청했다. 지금 상사와 관계가 좋지 않다는 것이다. 관계가 나빠지면서 제때 중요한 업무의 진도 보고를 하지도 못하고 도움을 요청하기도 어려웠다고 한다. 그는 소심한 사람이었기 때문에 더욱 그랬을 것이다. 일의 진행 상황을 보고 받지 못했던 상사는 일이 터진 다음에야 잘못된 것을 알고 크게 당황하곤 했다. 그런 일이 반복되면서 관계는 더욱 악화되어 갔던 것이다.

그 직원은 결국 자신의 적성에 맞는 인사부서로 옮겨 간 다음에야 안정을 찾은 듯했다. 그러나 적절한 때 상사에게 진도를 알리고 필요한 도움을 요청하여 최고의 성과를 만들어 내는 일에는 여전히 서툴렀다. 그는 자신의 적성에 맞는 일을 찾았고, 좋은 사회성과 남을 배려하는 선한 마음을 가지고 있었지만 일에 대한 열등감에서 벗어나기 어려웠다. 그는 여전히 "괜찮습니다. 혼자 할 수 있습니다. 염려 마세요. 다음 주까지 끝내겠습니다."라는 말을 반복했다. 결국 회사에 오래 남을 수 없었다.

보고와 피드백을 적극 활용하라

적절한 순간에 상사에게 일의 진척 사항을 알리고, 피드백을 구하고, 필요한 경우 도움을 요청하는 것은 대부분의 상사가 기본적으로 요구하는 일이다. 보고와 피드백은 일과 관계의 증진 모두에 잘 활용될 수 있는 좋은 전략적 방법이다. 적어도 다음과 같은 이익을 얻을 수 있다.

- 상사를 내 프로젝트에 끌어들여 우리가 한 팀이라는 강한 메시지를 전달한다.
- 긍정적인 것이든 부정적인 것이든 상사가 마음속에 품고 있는 피드백을 받아 내라. 중간 중간 필요할 때 제공되는 피드백은 나중에 발생할 수 있는 오해와 문제를 사전에 방지한다. 그 과정에서 서로 적정한 기대 수준을 맞춰 갈 수 있다.
- 상사가 나를 지지해 주면 생산성도 향상되고 심리적으로도 건강해진다. 실제로 상사의 우호적인 지지를 받으면 업무 스트레스가 대폭 줄어든다.
- 상사의 존재감을 부각시켜 좋은 관계의 기초로 삼을 수 있다.
- 일을 하다 장애물을 만났을 때 상사의 조언과 지원을 받는 것은 고통을 공유하는 것과 같다. 지원 요청을 부끄러워하거나 어려워할 이유가 없다. 일을 잘 마치는 것이 훨씬 더 중요하다. 따라서 최상의 결과를 만들어 내기 위해 필요한 자원을 요청하는 것은 '상사와의 공동 작업'을 성공적으로 완수하기 위한 투자인 것이다.
- 일이 생각보다 잘 진행되고 있을 때도 보고한다. 보고 시간은 즐거움을 나누는 시간이 될 것이다. 즐거움은 직장의 웰빙(office well-being)을 만들어 낸다.
- 자연스럽게 자신의 성과를 자랑할 수 있는 좋은 자리가 된다.
- 상사에게 개인적으로 자연스럽게 다가갈 수 있는 기회로 활용할 수 있다.
- 나와 상사 그리고 회사 공동의 이해를 따라가다 보면 공동체 의식을 가질 수 있다.

최대한 상사와 마주치지 않으려는 사람들이 있다. 하지만 프로젝트나 일을 맡아 진행할 때는 보고를 부담스러워하거나 불필요한 것으로 생각해서는 안 된다. 어떤 경우는 상사의 도움 없이 혼자 할 수 있다고 생각할 수도 있다. 그렇다 하더라도 가벼운 도움과 지지를 요청하는 것이 훨씬 현명하다. 그것이 나의 프로젝트에 상사를 개입시킴으로써 상사의 관심과 지원을 확보하는 방법이다. 상사와 나를 하나의 팀으로 묶으면 위험을 분산시키고 공을 나누는 협업의 기초를 다질 수 있다.

헌신하되 공을 돌리고
리드하되 지배하지 마라

누구든 자신의 공을 빼앗기면 분개한다. '나의 노고로 만들어 낸 업적을 가로채고, 내 아이디어를 마치 자신의 아이디어인 양 떠벌리는' 상사는 파렴치한 인간이다. 나는 땀 흘려 재주넘는 곰에 불과하고 상사는 돈만 챙기는 장사꾼 같다는 생각이 들면 더 이상 그를 위해 일하고 싶지 않을 것이다.

그렇다고 그 일로 다시는 상사의 얼굴도 안 볼 것처럼 행동하는 것은 어리석다. 여기저기 하소연하고 다닐 일도 아니다. 상사는 부하직원의 힘이 뒷받침되어야만 성공을 이룰 수 있다. 따라서 내가 참여한 일에서 상사가 성과를 거뒀다는 것은 내가 더 중요한 사람으로 부각되었다는 뜻이다.

"나는 이만큼 대우받아야 하는 사람이다."라는 생각을 버려라. 진정한 대우를 받기 위해서는 "내가 어떻게 조직에서 중요한 사람으로 인식될 것인가?"를 고민해야 한다. 내가 최선의 노력을 다해 끝마친 일의 공을 상사에게 돌리고 그의 성공을 돕겠다는 인식의 전환이 필요하다. 그것이 현명한 전략이다.

나에게 돌아오는 보상은 "점점 내가 상사에게 필요한 사람, 중요한 인재가 되고 있다."는 사실이다. 내가 없이는 획기적인 아이디어도 얻을 수 없고, 내 도움 없이는 공을 세울 수 없다고 생각하게 만들어 상사를 장악해야 한다. 그러므로 공을 뺏겼다고 화만 내고 있을 것이 아니라 "상사가 내 공을 빌려 갔을 뿐이다. 이는 내가 조직에서 핵심적인 인재가 되고 있다는 증거다."라는 진취적인 태도를 취해야 한다.

> 무술년 9월 21일 계묘. 맑음.
> 아침부터 진격해서 활을 쏘고 화포를 놓으며 종일 싸웠지만 바닷물이 너무 얕아서 다가가 싸울 수 없었다. 남해의 적이 경쾌선(가벼운 배)을 타고 들어와 정탐하려 하자 허사인(許思仁) 등이 추격했다. 적들은 배에서 내려 육지를 타고 산으로 도망갔다. 적의 배와 그 안에 있던 여러 가지 물건을 빼앗아 도독 진린(陣璘)에게 보냈다."
>
> — 이순신의 『난중일기』 중

무술년(1598년) 7월 16일 임진왜란 때 명나라 수군도독 진린은 조선을 돕기 위해 수군 5,000명을 이끌고 내려와 공동 작전을 수행했다. 진린은 11월 19일 노량해전에서 이순신이 전사하기 직전까지 함께 싸우며 그의 천재성과 인품을 간파한 유일한 외국인이었다.

사실 진린은 거칠고 오만한 인물이었다고 전해진다. 하지만 이순신에

매료된 그는 지휘권 대부분을 양보했다. 이순신 역시 전리품과 수급을 진린에게 양보하여 그의 명분과 공로를 세워 주었다.

이순신이 가장 중요하게 생각한 것은 적을 격파하여 나라를 구하는 일이었고, 진린은 명분과 공로를 원했다. 이순신은 진린이 원하는 바를 정확히 간파했다. 해전에서 승리를 거두면 그에게 명분과 공을 돌림으로써 명의 수군이 확실하게 조선의 수군을 지원하도록 했다.

마지막 해전이었던 노량해전에서 진린은 퇴각하는 왜선과 싸우고 싶지 않았을 것이다. 왜장 고니시 유키나가가 뇌물로 유혹하며 퇴로를 보장해 달라고 했을 때 못 이기는 척하며 받아들이고 싶었을 것이다. 굳이 무리하며 남의 나라에서 피를 흘릴 필요가 없었기 때문이다. 하지만 그는 결국 이순신의 판단력과 언변에 설복되어 왜군의 퇴로를 차단하는 작전에 합세했다.

이순신은 원군의 대장과 작은 일로 대립되는 일을 피했다. 그러나 중요한 사안에서는 소신을 가지고 진린을 설득했다. 아니 중요한 일에서 그의 도움을 확보하기 위해 작은 일에서 양보하고 모든 공을 그에게 돌렸던 것이다.

후에 진린은 "이순신은 천지를 주무르는 재주와 나라를 바로잡은 공이 있다."고 최고의 찬사를 바쳤다. 그는 이순신의 죽음을 그 누구보다도 슬퍼했다. 이순신은 큰 싸움이든 작은 싸움이든 모든 공을 자신에게 돌려준 훌륭한 파트너였던 것이다. 진린은 싸우면 싸울수록 더 많은 공이 자신에게 돌아온다는 것을 알게 되었다. 이순신의 목적은 그를 싸움으로 끌어들여 빈약한 조선의 해상장악력을 강화하는 것이었다.

진린이 인격적으로 훌륭해서 힘껏 이순신을 도운 것이 아니다. 그는 거만하고 참기 어려운 성격을 지닌 대국의 원정군 사령관이었다. 하지만 이순신은 누구도 감당하기 힘들어하는 그를 충실한 지원자와 파트너로 만들어 냈다. 이순신은 적과 싸우기에 앞서 먼저 함께 싸워야 할 우군의 마음을 사로잡았다. 이것이 바로 이순신이 싸울 때마다 이길 수 있었던 승리 요소 중 하나다.

작은 것은 버리고 큰 것을 얻어라

상사와 공을 두고 다투지 마라. 그가 모든 공을 가로채 버리면 그 누가 내 업적을 알아주고 기회를 줄 것인지 염려하지 마라. 내가 열심히 일했으며 그 일의 숨은 공로자라는 사실을 알 만한 사람들은 다 알고 있다.

그래도 마음이 풀리지 않고 상사가 싫어지며 더 이상 돕고 싶은 생각이 들지 않는다면 이렇게 한번 생각해 보자.

"정말 나 혼자서 이루어 낸 일일까? 상사의 도움이 없었다면, 동료의 도움이 없었다면, 어려울 때마다 나를 도와주고 격려하며 손을 빌려 준 그 많은 사람들이 없었다면 이렇게 성공할 수 있었을까?"

지금 이 성과가 이뤄지도록 힘을 실어 준 크고 작은 도움들을 하나씩 복원시켜 보는 것이다.

우리는 늘 '베너펙턴스(beneffectance)' 현상에 빠지기 쉽다. 이 용어는 beneficence와 effactance를 합성한 단어인데, 바람직한 결과에 대해서는 자기가 관련되었음을 강조하고, 바람직하지 않은 결과에서는 그 인지를 회피하려는 심리를 가리킨다.

인간은 누구나 좋은 결과는 내가 기여한 공로가 결정적이었다고 생각하고, 나쁜 결과는 자신보다는 다른 사람들의 실수와 무능력 때문에 발생했다고 믿어 버리는 인지적 오류를 범한다는 것이다. 내가 다른 사람보다 빨리 승진하면 내 능력이 뛰어나기 때문이고, 다른 사람이 승진하면 아부에 능하거나 줄을 잘 선 정치적 인간이기 때문이라는 논리다.

마찬가지로 상사도 베너펙턴스 현상에서 자유롭지 못하다. 부하직원이 좋은 성과를 내면 자기가 때맞추어 결정적인 아이디어나 지원을 제공했기 때문이라고 믿는 것이다. 이러한 생각을 하는 것은 그 사람이 나쁘거나 야비해서가 아니다. 인간이라서 저지를 수 있는 인지적 오류일 뿐이다. 이러한 사실을 가슴으로 이해하면 더 성숙한 자세로 인간관계를 이끌어 갈 수 있다.

상사가 공을 이루게 하라. 빼앗아 갔다고 여기지 말고 먼저 그에게 공을 돌려 빛내 주어라. 앞으로 지원을 확보하고 상사를 내 일에 묶어 두기 위한 전략적 후퇴라고 생각하라. 상사가 나에게 손을 빌려 주면 반드시 그 공을 얻게 될 것이라는 점을 인식시켜라. 내가 바로 가장 훌륭한 투자처라는 것을 상사가 알게 해야 한다.

작은 공을 아끼지 마라. 작은 공을 상사에게 돌리고 더 커다란 지원을 얻어 내라. 어떤 일을 자신의 의도대로 마음껏 해 볼 수 있는 기회를 얻는 것보다 더 큰 보상은 없다. 사소한 공을 자주 돌려라. 그러면 더 커다란 지원을 얻을 수 있을 것이다.

결정적 장면을 만들어 내는 빛나는 조연이 되어라

 어디서건 조연의 역할을 능숙하게 해내는 사람은 인간관계의 묘를 터득한 사람이다. 사실 조연은 일을 즐기기에 더없이 좋은 자리에 있다. 책임에는 벗어나 있으면서 팀의 허리 역할을 하고 자유롭게 일을 열심히 하기만 하면 된다. 욕심만 비우면 쉽게 차지할 수 있는 자리이기도 하다.
 상사와의 관계에서는 주연을 넘보지 않아야 한다. 여러 사람이 모일 때 훌륭한 조연은 사람들의 사기를 진작시키고 주연이 돋보이도록 만든다. 조연이 주연보다 튀면 위험하다.
 사람의 심리구조는 매우 복잡하지만 의외로 단순하고 간단한 진리에 따라 지배된다. 경영은 권위를 필요로 하고 권위는 직위를 만들며 직위는 상사와 부하라는 역할을 만들어 낸다. 상사는 주연이 되고 싶어 한다. 따라서 부하직원이 자신을 빛내는 조연이 되어 주길 바랄 뿐 자신의 빛을 초라하게 하는 눈부신 빛을 내뿜는 것은 바라지 않는다. 내가 주연의 자리에 오르기 전까지는 주연의 빛을 더해 주는 조연이 되어야 한다.

그렇다고 조연이 쉬운 것도 아니다. 상사를 돋보이게 하고 팀을 성공으로 다가서게 하는 '2인자가 지켜야 할 5가지 법칙' 은 다음과 같다.

새도 나무를 가려 앉는다

조연은 영광과 포상이 모두 주연에게 돌아가는 것을 견딜 수 있어야 한다. 다른 사람의 무관심과 냉담을 받아들일 수 있어야 한다. 저우언라이는 오랜 세월 동안 마오쩌둥에 대한 충성심과 우정을 유지했다. 옆에서 양보하고 희생하기만 하는 저우언라이를 보고 몇몇 당원들은 '마오쩌둥의 가정부' 라고 놀리기도 했다. 그러나 그는 비굴하지 않았다. 소신을 지켰으며 마오쩌둥이 자신의 가치관과 다르게 행동하면 당당하게 직언했고 반목도 두려워하지 않았다.

조연은 양보하는 것이지 희생을 해야 하는 것은 아니다. 마땅히 맡은 일에 대한 심리적 보상을 받아야 한다. 그러므로 상사를 선택하는 것이 매우 중요하다. 사실 내가 상사를 선택할 수는 없지만 관계를 어떻게 정립할지는 스스로 계획할 수 있다.

정보 공유를 싫어하는 상사, 책임조차 나누고 싶어 하지 않는 상사 그리고 비윤리적인 상사. 이런 사람을 파트너로 선택해서는 안 된다. 그들이 먼저 다가오더라도 중립적인 관계를 유지해라. 시간을 두고 관찰한 후에 좋은 파트너가 될 것 같다는 믿음이 생기면 그때 밀접한 공생의 관계를 시도하는 것이 낫다.

상사는 물론 회사가 원하는 것을 먼저 제시하라

좋은 인재는 맡은 일만 하기보다는 한 발 더 나아가 필요한 일을 찾아서 수행한다. 가끔씩 상사가 하려는 일이 팀의 이해와 다를 수 있다. 이때는 솔직하게 비판하고 대안을 제시해야 한다. 적절한 순간에 "아니요."라고 말할 수 있어야 나와 상사 그리고 동료들을 구할 수 있다.

이처럼 상사가 듣고 싶어 하지 않는 어두운 진실을 말해야 할 때도 있다. 이는 상사와의 관계를 개선하는 데 매우 중요한 역할을 한다. 이 부분은 제5장에서 자세히 설명하겠다.

언제나 새로운 지식으로 무장하라

사다리의 위로 올라가는 것은 두 가지 의미를 지닌다. 내가 다른 사람들을 더 잘 볼 수 있는 위치로 이동하는 것이자 다른 사람들의 눈에 더 잘 띄는 장소로 옮겨 가는 것이다.

여러 사람들에게 영향을 주고 그들이 지켜보는 가운데 더 많은 일들을 지혜롭고 능숙하게 풀어 가기 위해서는 전문가로 우뚝 서야 한다. 끊임없는 배움이 업무와 병행되어야 한다.

MBA 스쿨에 입학하고, 자격증을 따고, 오랜 경력을 바탕으로 집필한 책을 출간하고, 중요한 커뮤니티 모임에서 주제발표를 하는 것 등 모두 자기 분야에서 전문가로서의 기량을 높이는 방법이다. 어떤 배움의 길을 걷든지 중요한 것은 독학, 즉 스스로 배우는 것이다. 독학의 기초는 책을 읽고 현장에서 적용할 수 있는 자신의 생각을 구체화시키는 것이다.

배움을 통해 자신의 전문성을 키워 가면서 자신을 자랑하는 방법에는 여러 가지가 있다. 은근하게 나를 표현하라. 너무 드러내면 천박하여 적이 생기고 너무 감추면 다른 사람이 찾아내기 힘들다. 은근한 노출, 이 섹시한 비법을 터득해야 한다.

밥을 먹거나 술을 마실 때 혹은 담소를 나눌 때 자연스럽게 지식과 경험이 새어 나오도록 하는 것이 좋다. 일상 속에서 시도한 새로운 모험과 실험에 대하여 이야기하라. 그 실험에 다른 사람들이 관심을 가지고 참여할 기회를 주는 것도 좋다. 그러면 동지가 생긴다. 기회를 기다렸다가 포착하여 그동안 쌓은 실력을 발휘하는 것도 확실한 자기표현법이다.

성공을 추구하되 영혼을 팔지는 마라

우리는 승리와 명예와 부에 몰두하는 사회에 살고 있다. 그것들은 누구에게나 매혹적인 유혹이다. 그러나 모두가 같은 곳을 바라보고 달리기 때문에 경쟁은 과열되어 있다. 내가 성공하려면 누군가는 피를 흘려야 할지도 모른다.

"성공하기 위해 애쓰기보다는 가치 있는 사람이 되기 위해 노력하라."

성공지향적인 사회에서는 앨버트 아인슈타인(Albert Einstein)의 이 말이 더 이상 설득력이 없는지도 모른다. 하지만 나는 이 말을 믿는다. 삶이 고갈되면 진정한 행복도 존재하지 않는다. 스스로 가치를 추구하는 사람이라는 긍정적인 이미지를 창조하라. 가치를 중요하게 여기는 사람이 적을수록 가치를 따르는 사람은 더 빛난다.

특히 기회주의적인 태도로 승진하려는 마음이 조금이라도 있다면 당장 버려야 한다. 부하직원이나 동료들 사이에서는 '자기만 알고 인정머리 없는 냉정한 사람'이라고 욕먹고 있는데, 윗사람에게서는 '따뜻하고 남을 배려할 줄 아는 사람'이라고 평가 받고 있다면 잘못된 것이다. 부하직원이나 동료들이 나쁘거나 윗사람이 둔한 것이 아니라 나에게 문제가 있다는 뜻이다.

운 좋게 한 번 상사의 마음을 움직여 승진을 했거나 좋은 부서로 이동을 했다 해도 그것을 '세상의 법칙'으로 인정해서는 안 된다. 지위는 얻었을지 모르지만 인간으로서는 실패했기 때문이다. 영혼을 팔아 권력을 쥔 것뿐인데 모든 인간을 조작 가능한 시시한 상황의 종속물로 취급하는 것은 위험하다.

어쩌다 최고위직까지 도달했다 하더라도 절대 위대한 리더는 될 수 없다. 그때도 여전히 자신에게 아부하는 소인배들을 데리고 정치적 장난이나 즐기고 있을 것이다. 하지만 그러한 유희도 잠깐이다. 그 사이 능력 있는 인재는 이미 다 떠나고 없을 것이기 때문이다.

머물 때와 떠나야 할 때를 알라

주연과 조연은 의존관계에 있지만 서로 믿고 의지할 수 있으려면 가치관도 맞아야 하고 진정성도 있어야 한다. 그러나 상황이 변하면 역할도 바뀐다. 지혜로운 자는 파트너십이 변하는 시점을 잘 감지한다.

가끔씩 상사가 잘못된 선택을 할 때도 있고, 그가 가려는 길이 나의 길과 달라 갈림길에 이르는 순간도 맞게 된다. 과도한 업무에 시달려 건강을 해칠 때도 있다. 혹은 지금 하고 있는 일에서 벗어나 다른 기회를 찾고 싶을 때도 있다. 그때가 바로 좋은 기억을 가지고 헤어질 때다.

나에게도 그런 선택의 순간이 찾아왔었다. 아무도 '경영혁신'이라는 업무를 맡으려 하지 않을 때 나는 상사의 제안을 덥석 받아들였다. 사실 경력관리 차원에서 봤을 때 그 자리는 아끼는 부하직원에게 권하기는 어려운 자리였다. 힘이 있는 부서도 인기 있는 곳도 아니었고 미래를 보장할 수도 없는 곳이었다.

그래도 나는 해 보고 싶었다. 내 기질에 매우 적합한 일이라고 생각했기 때문이다. 지금 생각해도 이때의 선택은 내 인생 최고의 선택이었다. 나는 열심히 일했고 다른 사람보다 더 인정받았다. 회사 내 경력을 확장하여 '변화경영'을 내 후반기 인생의 가장 중요한 화두로 삼았다. 결국 내가 '변화경영전문가'로 성장할 수 있었던 것은 그때 그 선택의 결과였다.

떠나는 것을 두려워하지 마라. 선례가 없고 비교대상도 없으니 열심히 하고 성과를 내면 그 분야에서 단 하나의 일인자로 성장할 수 있는 기회다. "이 일에 대해서는 내가 곧 모델이니 누구라도 나에게 물으러 올 것이다."라는 자부심을 가지고 일해라. 그러나 반드시 내 적성에 잘 맞아 힘껏 해 볼 마음이 있을 때만 받아들여야 한다는 기본 전제를 잊어서는 안 된다.

어디에나 길게 보면 건강한 게임의 룰이 있게 마련이다. 먼저 스스로 준비하고, 기회가 주어지면 최선을 다해 보답하고, 기회가 주어지지 않는다면 조용히 물러나 묵묵히 자신의 일을 하면 된다. 그것이 기다림의 미학이다. 다행히 우리가 사는 동안 결국 어떤 것이 건강하고 좋은 자세인지 증명될 것이다. 동시에 인생은 아주 짧기 때문에 일단 한번 기회가 주어지면 마치 내일이면 죽을 사람처럼 열정으로 몰아쳐 가야 한다.

이런 삶의 패러독스에 익숙해지면 의식이 넓어져 점차 높은 차원의 인간으로 성장할 것이다. 어디에나 주연 같은 조연이 있게 마련이다. 결국 빛나는 2인자가 모두의 성공에 기여한다.

누구나 칭찬을 좋아한다

없는 것을 있다 하고 잘못된 것을 좋다 하는 것은 아부다. 하지만 있는 것을 있다 하고 좋은 점을 좋다 하는 것은 솔직함이다.

아부도 기술이고 성장의 조건이며 관계의 묘술이라고 강변하는 파렴치한들의 말엔 귀 기울이지 마라. 아부로 좋은 자리를 꿰찬 사람들이 우리의 역사를 지배한 적이 있기는 하지만 그 역사는 단죄해야 할 대상이 되었다. 윗사람의 비위를 잘 맞추는 능력이 뛰어난 사람들이 요직을 다 차지하고 있는 조직도 존재한다. 그러나 절대 위대한 조직으로 성장하지 못할 것이다.

손을 비비고 허리를 굽혀 아부하지 마라. 치사한 짓이다. 잠시 상사의 측근이 될 수 있을지는 모르지만 영원히 동료들의 적이 되고 말 것이다. 아부하는 사람들의 미소 속에는 잔인함이 숨어 있다. 아부하는 자의 옆에 서 있지 마라. 그들은 웃고 있지만 당신의 등을 밟고 오를 기회만 노리는 자들이다.

칭찬에는 진실한 힘이 있다. 하지만 누군가를 칭찬하는 것이 어떤 이들에게는 용기가 필요한 일일 수도 있다. 나 역시 칭찬을 잘 못하는 편이다. 이심전심의 비법을 좋아하고 그렇게 서로 통해야 깊게 사귈 만하다고 여기는 사람이다. 그러나 세월이 흘러 나이가 들어 가는 동안 더 많이 칭찬하는 것이 필요하다고 느꼈다. 감정을 표현하지 못해서 놓치게 된 아까운 관계들이 많았기 때문이다.

나의 성향에 맞는 칭찬의 기술에 대한 개발이 절실했다. 나의 기질에 반하지 않으면서 즐거운 마음으로 진심을 전하는 방법이 필요했던 것이다.

칭찬에도 훈련이 필요하다. 그냥 되는 것이 아니다. 다음과 같이 효과적이면서 마음을 얻는 칭찬의 기술을 익혀 두면 인간관계가 훨씬 수월해질 것이다.

적절한 거리를 유지해라

적절한 거리를 확보해라. 너무 가까이 가면 그 사람 전체를 조망하기 어렵고 너무 멀리 있으면 관심을 잃게 된다. 따라서 상사와 나 사이의 정신적 거리를 잘 유지해야 객관적으로 상사를 관찰할 수 있다.

아무리 눈 씻고 봐도 그 사람은 당최 칭찬할 거리가 없는 경우는 상대와 너무 가까이 있기 때문이다. 너무 가까이 있으면 결점이 더 크게 보이며 그럴 때마다 내가 더 민감하게 반응하니 불협화음도 더 커질 수밖에 없다.

부모가 아이들의 장점보다 말썽에 더 많은 신경을 쓰는 것과 같다. 가끔 만나며 잘 지내는 친한 친구와 여행을 떠나면 꼭 싸우게 되는 이유도 같다. 서로의 결점들이 만들어 내는 생활의 불협화음 때문이다. 겉으로 매우 훌륭해 보이는 사회적 명사들 중에 아내에게 진정으로 존경받는 사람은 매우 드물다. 섞여 부대끼다 보면 볼 것 못 볼 것을 다 보게 되기 때문이다.

반대로 너무 멀리 떨어져 있으면 좋은 점이 보이지 않는다. 관심의 렌즈가 멀리 있기 때문에 그 사람의 존재 자체를 확인하기 어렵다. 무관심은 우리를 장님으로 만든다. 관심이 없기 때문에 결국 그 사람에게 어떤 칭찬할 만한 것이 있는지 찾으려 하지 않는다. 관심의 렌즈를 적절한 거리에 둘 수 있어야 상대의 강점을 볼 수 있다.

상사도 마찬가지다. 상사와 내가 너무 가까이 붙어 있어 객관적 거리를 잃게 되면 그 사람을 잘 관찰하기 힘들다. 객관화가 가능할 만큼 정신적 거리를 유지하라. 그리고 그의 강점이 무엇인지 객관화해 보라. 강점을 알게 되면 그의 단점이 내게 가하는 일상의 압박 역시 합리적 과정을 통해 완화시킬 수 있다.

양면을 보는 지혜를 갖춰라

사람의 눈이 두 개인 이유는 두 개의 시선을 확보하여 피사체의 균형을 잡기 위해서다. 상대의 단점만 알고 있다면 장점을 찾으려 노력해야 한다. 다음과 같은 질문을 염두에 두고 있으면 상대의 장점 찾기가 더 수월해질 것이다.

"상사와 내가 같은 점은 무엇이며 다른 점은 무엇일까?"

서로의 차이는 오해를 불러일으키기 쉬운 요소다. 그러나 익숙하지 않다고 하여 나쁜 것은 아니며 나와 다르다고 하여 틀린 것이 아니다. 그러므로 상사의 여러 특징 중에서 나와의 관계에 중대한 영향을 주는 요소, 즉 나와의 차이점에 대하여 눈여겨볼 필요가 있다. 예를 들어, 다음과 같이 몇 가지 기준을 미리 정해 질문하는 습관을 가지면 쉽게 차이점을 발견할 수 있다.

- 나와 가치관이나 직업관이 비슷한가, 완전히 다른가?
- 사람과 자주 어울리기를 좋아하는 외향적 인물인가, 아니면 홀로 있을 때 창의력이 발산되는 내향적 인물인가?
- 의사결정이 빠른 사람인가, 아니면 충분한 자료가 모일 때까지 기다렸다가 신중하게 결정하는 사람인가?
- 논리적인가, 아니면 감성적인가?
- 감각적인가, 아니면 직관적인가?
- 세부적이고 꼼꼼한가, 아니면 전체의 윤곽을 잡아 그린 밑그림을 중요시하는가?
- 미리미리 준비하고 시작하는 조기 착수형인가, 아니면 마감에 즈음하여 피치를 올리는 임박 착수형인가?
- '맞다, 틀렸다'를 중요시하는 판단형인가, 아니면 '좋다, 싫다'가 중요한 느낌형인가?
- 결과가 좋으면 다 좋게 여기는가, 아니면 과정을 더 중요시하는가?

여기 나와 있는 질문의 유형은 상대와 나의 다른 점을 쉽게 발견하기 위해 들어 본 보기에 지나지 않는다. 얼마든지 질문의 내용과 항목 수를 상황에 맞게 조정할 수 있다. 일단 다양한 관점으로 상대를 관찰하라. 나와 다른 점 중에서 내가 특히 부러워하고 좋아할 수 있는 특성을 상대가 지니고 있다면 그의 강점을 정리해 두자. 예를 들면 이렇다.

나는 갈림길에 서게 되면 의사결정을 잘하지 못해 꾸물대는 편이다. 필요한 정보가 다 모이지 않으면 판단을 내리지 않는다. 회사의 일이란 매일 크고 작은 의사결정의 연속인데 그때그때 선택을 하지 않으면 대단히 우유부단해 보인다.

반대로 나의 상사는 최소한의 정보만 있어도 신속하게 의사결정을 한다. 물론 그 선택이 틀릴 때도 있다. 그러나 그 선택이 좋은 결과로 이어질 때도 있었다. '신속한 결정력'이라는 강점이 놀라웠고 부러웠다. 상사를 경박한 사람이라고 오해하고 신속한 의사결정이 만들어 낸 오류에 집착하여 비난한 것을 반성한다. 신속한 의사 결정의 단호함과 발 빠름을 그 사람의 강점으로 인식하게 됐다.

이때 상사의 강점이 발휘된 구체적 사례를 함께 기억하면 좋다. 예를 들어, 나는 마음에 의심이 들어 갈팡질팡하고 있는데 상사가 "이쪽으로 가자."고 결정했을 때 그 결과가 좋았다면 그 상황을 기억해 두는 것이다. 그 일은 상사가 나보다 의사결정 역량이 뛰어나다는 것을 증명하는 구체적 사례가 될 것이다.

한편 슬픈 일을 당한 직원을 위로하는 모습을 보고 자상한 사람이라고 생각했다면 그 일도 자세하게 기록해 두어라. 상사를 파악할 때 말만으로 판단하지 말고 구체적 행동과 함께 이해하고, 그 바탕 위에서 평가를 하는 것이 중요하다. 상사 역시 구체적인 사례를 들어 자신을 좋게 평가해 주는 직원에게 신뢰를 가질 것이다.

타이밍을 제대로 잡아라

명장면을 포착하려면 제때 셔터를 눌러야 한다. 하지만 우리는 타이밍을 놓쳐 아까운 장면을 놓친 적이 얼마나 많은가! 앞에서 예를 든 신속한 의사결정이 좋은 결과로 이어졌다면 그때가 바로 칭찬을 할 절묘한 타이밍이다.

머뭇거리지 마라. 머리는 그래야 한다고 생각하는데 지나치게 부끄러워하거나 꾸물거리는 기질을 가지고 있는 사람들은 뒷북만 치기 쉽다. 본인도 그것을 알기 때문에 적절한 순간에 칭찬을 하지 못하면 그냥 넘어가 버린다. 그러면 결국 반응 없는 사람이 되고 만다. 이런 부정적 사이클에서 벗어나려면 다음과 같은 의식적인 훈련을 해야 한다.

먼저 상사도 칭찬을 바라고 있다는 사실을 늘 자신에게 주지시켜 두어야 한다. 상사 역시 부하직원의 격려와 지지 속에서만 자신의 일을 제대로 해낼 수 있는 조직의 일원이다. 스스로 잘했다고 여길 때, 그것을 알아주고 박수쳐 주는 사람이 있다면 반갑고 기쁠 것이다.

무반응이야말로 사람을 지치게 한다. 내가 상사의 칭찬과 격려를 필요로 하듯이 상사도 그렇다. 이 사실을 인지하고 있어야 한다. 이 부분을 이해해야 진심으로 칭찬해 주고 싶은 마음이 생긴다. 정신적으로 준비가 되어 있으면 칭찬할 순간이 닥쳤을 때 주저하지 않게 된다.

어느 때 무엇을 어떻게 칭찬할 것인가에 대한 시나리오를 구상해라.

구체적 결과물들이 만들어지는 과정에서 결정적인 순간에 상사를 칭찬하라. 상사가 중요한 프레젠테이션을 훌륭하게 마쳤을 때, 숙원사업의 예산을 따냈을 때, 프로젝트를 완성했을 때 등이 바로 결정적인 순간들이다.

칭찬 멘트를 준비하라

칭찬을 해야 하는데 그 적절한 표현 방법이 준비되어 있지 않으면 어설픈 칭찬을 늘어놓게 되거나 주저하다 말할 기회를 놓치기 쉽다. 사람들을 즐겁게 하는 칭찬의 방법은 다양하다. 모든 사람에게 다 적용되는 동기 부여의 방식이 있다고 생각하지 마라. 사람마다 감동하는 지점이 다르듯이 적절한 칭찬의 방식도 달라야 한다.

다음과 같은 칭찬 요령을 몇 개 확보해 두자.

1. 질문형 칭찬

"프레젠테이션이 참 인상적이었습니다. 저도 배우고 싶어요. 프레젠테이션의 가장 중요한 기법 한 가지만 꼽는다면 어떤 것이 있는지요?"

칭찬과 그 핵심 요령을 연계하여 질문한다. 대부분 질문받은 사람은 매우 즐겁게 그 요령을 가르쳐 줄 것이다. 칭찬과 더불어 그 요령 하나를 얻을 수 있으니 나에게도 매우 생산적인 일이다.

2. 클리닉형 칭찬

"그때 신속하게 의사결정하시는 것을 보고 놀랐습니다. 저는 그렇게 못했을 겁니다. 좀 우유부단한 형이기 때문에 결정적인 순간에 망설이는 편입니다. 저도 제게 화날 때가 많습니다. 결정할 때 너무 많은 생각을 하는 저 같은 사람들에게 조언을 해 주신다면 어떤 것이 있을까요?"

역시 대단히 신이 나서 조언을 해 줄 것이다.

3. 미소와 제스처를 곁들인 단문형 칭찬
"부장님, 오늘 멋지셨어요."

평소에 과묵한 사람들은 미소를 짓거나 제스처를 취하며 이렇게 간단하게 한마디만 덧붙여도 효과는 괜찮다.

물론 어떠한 방식이든 진심이 담겨야 한다. 진심이 빠져 있다면 아부가 되거나 진부한 형식어에 지나지 않게 된다. 누구도 진심이 없는 칭찬에 빠져들지 않는다. 그러려면 상사의 강점을 찾아 지원하는 일에 인색해서는 안 된다. 상사의 강점에 주목하고 그 점을 잘 발휘하여 좋은 장면을 연출할 때는 진심으로 축하하고 칭찬해 주는 연습을 하자.

선의의 배려를
두려워하지 마라

직장 생활을 하면서 내가 가장 후회스러운 일이 있다면 내가 좋아하는 상사에게 최선을 다하지 못한 점이다. 개인적으로 여러 가지를 챙겨 더 잘해 줄 수 있었을 텐데 나는 그렇게 하지 않았다. 아니, 거부했다는 표현이 더 적합할 것이다. 지금은 훨씬 나아졌지만 나는 상사에 대한 사회성이 좀 떨어지는 사람이었다. 그러니까 내 속에는 기질과 함께 굳어진 자기합리화가 하나의 가치관처럼 자리 잡고 있었다.

"힘 있는 사람에게 붙어 아부하지 마라. 그 대신 밑에서 땀 흘리는 낮은 사람들에게 잘해라."

나는 이 말이 멋있었다. 지금 생각해 보면 나는 부하에게 잘 대해 주기 위해 상사와의 마찰도 불사하는 매우 의협적인 상사상을 가슴에 품고 있었던 것 같다. 만화 속 주인공처럼 힘 있는 악당에 대항하여 약한 사람들을 보호하는 정의의 사도 같은 이미지가 중간관리자로서의 내 모델이었던 셈이다.

그러니 상사에 대한 내 태도는 당연히 뻣뻣했다. 무례하다고 생각하는 상사도 있었을 것이다. 좋아하는 상사에게 더 많은 애정을 쏟지 못한 이유는 동료들에게 내가 아부하는 사람으로 비칠까 두려웠기 때문이다.

운 좋게도 20년 동안 상사와 갈등을 빚은 적은 없었지만 조직 내에서 크게 출세하지도 못했다. 내가 위를 탐구하고 상사에게 선의를 베푸는 것에 조금 더 용감했다면 나는 더 성공했을지도 모른다.

애정과 관심을 적극적으로 표현하라

세월이 지나 이제 나는 나에 대하여 좀 더 잘 알게 되었고 사람에 대해서도 더 많이 알게 되었다. 이는 내게 많은 것을 생각하게 했다. 상사 역시 다른 관계와 마찬가지로 애정과 관심을 적절하게 표현해 줄 것을 바라고 있다. 특히 자신의 감정의 표현에 인색한 사람들은 다음과 같은 점을 돌아보고 보완하면 후회가 없을 것이다.

첫째, 부하직원에게 잘하는 것은 리더로서 훌륭한 행위다. 그러나 훌륭한 리더는 상사에게도 잘한다. 종종 의협심이 강한 부류의 사람들은 부하만을 잘 챙기는 '골목대장형' 모델을 선호하기도 한다. 이들은 부하직원들과는 잘 지내지만 상사와의 관계는 부드럽지 못한 경우가 태반이다.

이는 최선의 모델이 아니다. 나중에는 상사의 신뢰를 얻어 내지 못해 부하직원들을 돌보기 어려운 지경에 처하기도 한다. 반대로 상사만을 챙기고 부하직원은 잘 돌보지 않는 중간관리자들도 있다. 소위 '예스맨'들이다. 그들은 보신에 연연하고 사내 정치에 많은 시간을 쓴다. 대체로 아부에 강한 사람들이고 한마디로 리더라 불리기 어려운 사람들이다. 둘 다 좋은 리더는 아니다.

상하 관계는 수로와 같다. 위가 막히면 아래로 흐를 물이 서서히 고갈된다. 아래가 막히면 흐름을 막아 물이 고이고 썩는다. 모두 수로 관리에 실패한 경우다.

둘째, 표현해라. 애정과 관심은 제때 표현하는 것이 현명하다. 대부분의 사람들은 상사에게 관심을 표현하는 일을 꺼려한다. 동양적 가치관에서는 이심전심의 그윽함이 관계의 향기라고 생각했다. 마음을 줄 때는 야단스러울 필요가 없다는 것이다. 감정은 절제되어야 하는 것이고, 관심을 가지면 표현하지 않아도 결국은 상대가 알아줄 것이라고 생각했다. 너무 표현에 치우치면 경박하고 가벼운 사람이라는 생각을 떨쳐 내기 어려울지도 모른다. 하지만 이 원칙에 갇혀서는 안 된다.

나는 특히 상사와의 관계에서 이런 그윽한 관계를 선호했었다. 때문에 상사와 더 많은 좋은 관계를 만들어 내고 더 많은 관심과 지원을 얻어 내는 데 소극적이었다. 그러나 관심을 표현하고 지원을 받아 훌륭한 성과로 보답하는 것이 직장인의 자세다.

그윽하다는 것이 아름답지 않다는 것이 아니다. 다만 그런 깊은 관계에 이르려면 먼저 서로를 잘 알고 신뢰할 수 있어야 하는데, 그 단계까지 가기 위해서는 관심을 표현하고 선의의 배려에 적극적이어야 한다는 말이다.

셋째, 자연스럽게 관심을 표현하는 나만의 방식을 만들어라. 관심의 표현은 사람마다 그 효과가 다르다. 어떤 사람은 말로, 어떤 사람은 글로, 선물로 혹은 이벤트로 표현한다. 사랑의 고백 역시 사람마다 어울리는 방식을 찾아가듯이 상사에 대한 관심의 표현도 자기다울 때 진심을 보여 줄 수 있다. 자신을 표현하는 천편일률적인 방법에 묶이지 마라.

웃음 하나로도 응원할 수 있다. 미소도 좋고 큰 웃음도 좋고 손뼉을 치는 박장대소도 좋다. 내향적이면 담담한 방법으로, 외향적이면 크고 화려하게 자신의 기질에 따라 상사가 잘한 일에 호응하는 것이 함께 즐기는 방법이다. 눈짓 하나로도 지지와 성원을 보낼 수 있다. 학예회에서 아이들이 가장 용기를 얻는 것은 부모나 선생님의 힘을 실어 주는 눈짓 하나다.

마찬가지다. 늘 기억하라. 상사 역시 지원과 지지와 응원을 필요로 한다는 것을 말이다. 눈은 진실을 말하기 좋은 도구다. 수많은 말보다 눈빛 하나에 모든 진실이 담겨 있다. 눈은 말보다 열 배는 훌륭하고 효과적이다.

이제 이 세상에 계시지는 않지만 나에게는 아주 특별한 인연의 상사가 한 분 계셨다. 그분이 면접에서 나를 뽑아 주었다. 그리고 그분은 미국 본사에 근무하기 위해 2년 정도 떠나 있다가 복귀한 후, 부산에서 신임 관리자가 되어 일하고 있던 나를 서울로 불러올렸다. 그리고 우리는 경영혁신실을 만들어 함께 일했다.

나는 이 상사 덕에 IBM에서 새로운 인생을 시작하게 되었다. 입사한 지 4년 만에 경영혁신과 개혁이라는 내 본업을 찾아 16년 동안 일하게 된 것이다. 그러니까 그는 나를 두 번이나 새로 인생을 시작하도록 만들어 준 은인이다. 그러니 당연히 그 인연이 가볍지 않다.

우리는 함께 일했지만 성격과 가치관은 매우 달랐다. 나는 원칙론자에 가까웠고 그는 매우 유연한 사람이었다. 늘 나에게 "머리카락을 뽑아 제 구멍에 다시 박아 넣으려는 답답한 인간"이라며 놀리곤 했다. 또 그는 종종 근무시간에 농땡이를 부리는 사람이었고, 나는 그 농땡이를 불편해하는 사람이었다. 말하자면 그는 좀 설렁설렁형이었고 나는 재수 없는 모범생형이었다. 그래서 처음에는 무척 불편했다.

그의 최대 강점은 인간관계에 매우 능하다는 것이었다. 그는 머리가 좋은 사람도 아니고 일을 잘하는 사람도 아니고 논리가 정연하여 말을 잘하는 사람도 아니었다. 오히려 그런 면에서는 뒤처지는 편이었다. 하지만 사람들은 그의 약간 엉뚱한 면을 좋아했다.

그가 여러 개인적 약점에도 불구하고 엘리트 조직에서 초창기 경력을 아주 잘 관리해 나갈 수 있었던 것은 그의 뛰어난 사회성과 인간관계라는 강점 때문이었다. 그는 사람의 능력과 강점을 잘 파악하고 있었다. 누구에게 무슨 일을 맡겨야 할지 잘 알고 있는 사람이었고, 사람의 마음을 제대로 파악해 주무를 수 있는 타고난 재주를 가지고 있었다.

나 역시 그와 여러 가지가 다른 사람이었지만 미워할 수 없었다. 우리는 종종 부딪히기도 했다. 그러나 언제나 나를 달래 주고 부추겨 주고 나에게 기회를 준 사람은 그였다. 나는 열심히 일했고 그는 내가 열심히 일할 수 있도록 열심히 놀았다.

이상하게 내 상사는 경영혁신에 관해서는 아무런 관심도 없었다. 경영혁신은 골치 아픈 일이었고 욕을 바가지로 퍼먹어야 하는 일이었고 성과는 미약하여 공을 이루기 어려운 일이라고 생각한 것 같았다. 실제로 고위관리자들 모두 그렇게 생각했다. 그러나 나는 그 일이 여간 재미있지 않았다. 그러니 그 사람에게 나는 꽤 괜찮은 인재, 그러니까 다른 화려한 경력을 기웃거리지 않으면서 경영혁신에 딱 맞는, 구하기 어려운 보물로 보였을 수도 있다.

어쨌든 나는 일에 만족했고, 내 상사는 하기 싫은 일을 열심히 해 주는 부하직원을 얻게 된 것에 만족했다. 내가 종종 일에 시달리고 다른 중간 관리자들을 괴롭히고 또 괴롭힘을 당하게 될 때 그는 그 사이에서 조정 역할을 훌륭하게 해 주었다. 이상적인 역할 분담이었다.

조촐한 부서였던 우리는 시간이 날 때마다 어울려 많이 놀러 다니기도 했다. 대부분 내 상사가 주도한 것이었다. 그는 노는 것을 좋아했다. 내가 풍광이 좋은 곳을 안내하면 그는 거기서 먹고 마시고 놀았다. 내 앨범에는 아직도 강원도 설악산 계곡 어딘가에서 웃통을 벗고 그와 함께 찍은 사진이 있다. 홍천강 아래 긴 모래밭에서 텐트를 치고 놀던 사진도 여러 장 있다.

그를 회상하면 함께 술집에 가서 뒤집어질 듯이 유쾌하게 웃었던 기억들이 몰려들고, 미국에서 돌아와 당장 살 집을 함께 구하러 다닌 때도 생생하다. 내 기억으로 그가 우리 집에 온 것은 몇 번 되지 않지만 나는 늘 그의 집으로 놀러 갔다. 그는 집을 잘 가꾸어 두었고, 사람을 초대하는 것을 즐겼다.

한국에서도 함께 어울려 잘 놀았는데 해외 출장에서는 또 얼마나 잘 놀았겠는가! 우리는 저녁마다 해외에서 만난 동료들과 섞여 즐거운 시간을 보냈다. 그와 나 사이에 일에 대한 기억은 별로 없지만 함께 인생을 즐겼다. 생각해 보니 직장에서 일로 만나 일에 대한 기억보다는 웃고 떠들며 지낸 기억들이 훨씬 두드러진다는 것은 신기한 일이기도 하다. 그러나 나와 그 상사 사이를 채우는 즐거운 기억들은 전부 관계와 어울림에 대한 추억들이다.

이 즐거운 장면들을 만들어 낸 것은 주로 내 상사였지만, 내게도 매우 인상적인 직장 생활의 순간들로 남아 있다. 그가 떠난 지 오래되었지만 가끔씩 그의 부재가 아쉽다. 하는 일과 처한 환경이 다르기는 하지만 그가 살아 있었다면 아직도 즐거운 일들을 계획하고 함께 인생을 나누는 친밀한 관계로 남아 있을 것이다.

사적인 관계를 위해 할 수 있는 작은 일들

이렇게 오래 기억으로 남는 것은 일이 아니라 사적인 관계다. 그리고 그 사적인 관계가 이야기를 만들어 낸다. 나는 그 속에서 배운 교훈을 잊지 않으려고 한다. 나는 이제는 자유로운 1인 기업가로 일하고 있으니 내 위에 상사는 없다. 그러나 내가 어디에 있든지 나는 그에게서 배운 '사적인 순간'을 활용하려고 애쓴다.

내 앞에 앉아 있는 사람이 싫은 사람이 아니라면, 그리고 어찌 되었든 매일 시간을 함께 보내야 할 만남이 되었다면 이야기가 있는 개인적인 교류를 할 필요가 있다.

방법은 많다. 나의 기질과 잘 어울리는 방식을 찾는 것이 중요하다. 내가 먼저 관계를 주도적으로 이끌어 갈 수 있는 몇 가지 방법을 소개하겠다.

첫째, 나는 간혹 누군가에게 접근하는 방법으로 편지를 택한다. 이메일을 활용하는 경우도 있지만 가끔은 불편한 고전적 방식을 쓰기도 한다. 편지를 쓰면서 혹은 다 써서 우체국으로 들고 가는 동안 이 사람에 대하여 좀 더 긍정적인 생각을 떠올릴 수 있다.

그동안 그 사람과 있었던 특별한 일에 대하여 혹은 아쉬웠던 점에 대하여, 그 사람이 했던 말의 어떤 뉘앙스에 대하여 생각해 보는 것이다. 그러면 그 사람과 나 사이에 어떤 관계의 진보가 이루어진 것처럼 느껴진다. 말하자면 편지 속에 우리가 더 가까워질 수 있는 주술적 힘을 불어 넣는 기분이 되는 것이다. 이런 긍정적인 소원은 어느 정도 상대방에게 전달되는 것 같다. 편지를 받은 사람도 처음에는 다소 의아하게 생각하지만 자신에게 매우 특별한 호의가 있다는 것을 알게 된다.

둘째, 소박하지만 고르느라고 애쓴 흔적이 있는 작은 선물을 주는 것도 좋다. 선물을 고른다는 것은 매우 힘든 일이다. 특히 나같이 충분한 자료가 모여야 결정을 내리는 종류의 사람에게는 빨리빨리 결정하는 것이 고역이다. 그러나 선물을 고를 때 몇 가지 원칙을 정해 두었더니 매우 요긴했다. 선물을 고를 때 가장 중요한 원칙은 "세월과 함께 돋보이는 선물을 해라. 세월이 지나서 짐이 되는 선물은 하지 마라."는 것이다. 그러려면 두 가지가 전제되어야 한다.

먼저 생명이 짧은 것이 좋다. 가장 단명하는 선물은 당연히 먹는 것이다. 선물로 받지 않으면 먹어 보기 힘든 것은 그 자체로 좋은 선물이다. '희귀성'이 차별성의 기준이다. 나는 우연히 럼이나 위스키가 들어간 캔디와 초콜릿을 먹어 본 적이 있는데 매우 특이해서 기억에 오래 남았다. 다른 사람들에게 선물했을 때도 반응이 아주 좋았다. 그러나 그런 특이한 것이 그렇게 많겠는가? 희귀성으로 승부를 못 내면 그 다음은 그 부류의 가장 맛있는 대표 상품을 고르는 것이 무난하다.

다음으로 시간이 갈수록 선물의 가치가 높아지는 것이 좋다. 따라서 어떤 종류가 되었든 가장 좋은 것을 고르는 것이 좋다. '하이엔드(high-end)의 법칙'에 따라 동종 상품 중 최고를 고르라는 뜻이다. 최고의 제품을 찾다 보면 고가의 명품들이 대부분이기 때문에 우리가 선택할 수 있는 분야는 소품류 정도다. 예를 들어, 넥타이를 하나 고르려고 마음먹었다면 최고의 브랜드를 선택해라. 열쇠고리도 나쁘지 않다. 대신 최고를 골라라. 간단한 동전 지갑이라도 최고의 제품이어서 받는 순간 오래 간직하고 싶다는 느낌을 일으켜야 한다.

선물에 이야기를 담아 두는 것 역시 훌륭하다. 그 자체로 이야기를 많이 품고 있는 것은 바로 사진이다. 상대가 사진을 부담 없이 오래 간직하려면 아이러니하게도 함께 찍은 사진보다는 독사진이 낫다. 물론 상대를 감동시키려면 상대의 표정과 자태가 아름답게 나온 것을 골라야 한다. 그리고 고급스러운 느낌의 액자에 넣어 선물하면 좋다.

변화경영연구소의 연구원 중 사진 찍기를 좋아하는 아마추어 사진작가 수준의 친구가 나에게 내 사진 두 장을 담은 액자를 선물한 적이 있다. 나는 그 사진들이 참 마음에 들어 책장 사이에 놓아두었다. 가끔 이 사진에 시선이 머물거나 누군가가 "그 사진 참 좋다."라는 말을 해 줄 때면 그 친구가 떠오른다.

또 하나의 부담 없는 선물은 책이다. 책은 그 안에 이미 선물한 사람의 수준을 말해 주는 내용을 담고 있다. 책은 스스로 말할 수 있는 유일한 선물이다. 아주 좋은 책을 골라라. 베스트셀러보다는 고전이지만 너무 어렵지 않은 것을 몇 권 마음에 담았다가 관심의 영역과 난이도를 고려하여 상사에게 어울릴 만한 책을 골라 선물하는 것이 좋다. 모든 선물은 관심의 표시이며 선물은 보낸 사람의 얼굴이다.

관계란 결국 연결이다. 한쪽만의 관계를 가지고는 하나의 날개밖에 없는 새와 같아 하늘로 비상할 수 없다. 부하의 힘을 얻어 내지 못하는 상사는 리더로서 실패한 사람이다. 상사의 지원을 얻지 못한 부하는 재능과 힘을 힘껏 발휘할 수 없다. 기회를 얻지 못하면 직장이란 내 노동력에 대한 품삯을 지불하는 곳 이상이 될 수 없다.

5
불편한 진실을 훌륭하게 전달하는 법

애꾸눈도 볼 수 있고, 절름발이도 밟을 수 있다. 그러나 이런 사람이 자기 분수를 모르고 함부로 호랑이 꼬리를 밟으면 호랑이가 그를 물어 흉하다.

— 『주역(周易)』 중

아무리 바른 말이라도 그 사람을 앞에 두고 하기는 힘들다. 특히 그 사람이 자신보다 높은 지위에 있는 상사거나 나에게 강한 영향력을 가지고 있는 경우는 더욱 그렇다. 바른 말, 즉 직언은 매우 위험한 일이다. 때로는 자신의 자리까지 걸어야 할 때도 있다.

『주역(周易)』에서는 직언을 리호미(履虎尾, 호랑이 꼬리를 밟는 일)라고 비유했다. 호랑이 꼬리는 내리고 있으면 항문, 즉 구리고 냄새나는 것을 덮을 수 있고, 바짝 세우면 맹수다운 용맹과 힘을 자랑할 수 있다.

직언이란 상사의 잘못이나 부족한 점 심지어 비리를 지적하고 바로잡아야 하는 과정에서 권위에 도전하게 되는 것이니, 호랑이 꼬리를 밟는 일처럼 대단히 위태로운 일이라는 뜻이다. 쉽게 할 수 있는 일이 아니다. 그래서 늘 힘을 가지고 있는 사람의 주위에는 직언하는 사람보다 좋은 말로 아부하는 사람들이 더 많은 것이다. 역사는 쓴소리와 충언을 아끼지 않은 사람들의 충절을 기리기도 하지만 직언이 받아들여지지 않아 어려움을 겪거나 목숨을 잃은 사람들의 수많은 사례도 보여 준다.

"감히, 능히 그리고 훌륭하게 직언했다."

중국 최고의 태평성대를 꼽으라면 당태종이 다스리던 '정관의 치'를 들 수 있다. 당태종 이세민(李世民)을 도운 양신은 많았지만 그중 가장 뛰어난 사람은 위징(魏徵)이었다. 그의 가치관을 한마디로 표현하면 이렇다.

"감히, 능히, 훌륭히 직언을 할 수 있었다."

『구당서(舊唐書)』의 「위징전」에서는 위징을 "용모는 보잘것없지만 담력과 지식이 남달라 거침없이 간언했다. 황제의 심기를 불편하게 할지라도 정작 자신은 낯빛 하나 바꾸지 않았다."고 기록하고 있다. 그가 '감히' 직언을 할 수 있었던 것은 바로 이런 대담한 기질과 자신의 직무에 충실한 태도 때문이었다. 그는 문하성의 간의대부였다. 직언이 바로 의무인 자리니 어떤 경우도 그릇된 일이 있으면 바로잡아야 할 책임이 있었다.

그러나 책임이 주어진다고 '능히' 그 일을 해내기가 쉬운 것은 아니다. 그만한 역량이 있어야 한다. 그는 멀리 볼 수 있는 안목을 가진 사람이었다.

태종이 즉위한 원년, 국가의 병력이 모자란다 하여 18세 이상의 남자들을 징병하기로 결정하였다. 보통은 스무 살이 넘어야 성인으로 인정하여 정(丁)이라 부르고 그때가 지나야 병역의 의무를 지운 것인데, 연령을 내려 징집하게 된 것이다. 그러나 위징이 반대하였다. 황제가 칙령을 세 번 내렸으나 위징은 서명을 거부했다. 화가 난 황제가 위징을 불렀다.

"나이가 어리지만 건장하고 힘이 세다면 당연히 출병을 해야 한다. 왜 반대하느냐?"

위징이 대답했다.

"못의 물고기를 말려 고기를 잡으면 다음 해에는 물고기를 잡을 수 없습니다. 젊은이들을 모두 징병하면 부역과 세금은 누가 내겠습니까? 훗날 다시 징병하게 되면 어쩌시렵니까? 백성의 힘을 한꺼번에 쓰려 하면 안 됩니다. 무릇 정치란 먼 곳을 보아야 하며, 절대 눈앞의 이익을 따져서는 안 됩니다."

잘못된 정책이 실행된다면 수많은 사람들에게 돌이킬 수 없는 폐해를 주게 마련이다. 직언을 할 때는 남들이 보지 못하는 것을 보는 안목이 있어야 한다. 그만한 능력이 있고 난 다음에야 '능히' 직언할 수 있다. 또한 조언과 직언의 지혜와 요령이 있어야 한다. 그러나 위징은 후세 사람들이 말한 것처럼 '감히 그리고 능히' 조언을 했는지는 모르지만 '훌륭히' 조언한 사람은 못 되는 것 같다. 그는 언제나 상사의 심기를 긁기 일쑤였다.

위징과 관련된 또 하나의 유명한 이야기가 있어 소개한다.

어느 날 위징이 당태종에게 간언을 하자 화가 치민 태종이 자리를 박차고 나가 버렸다. 화가 난 채로 중궁전으로 오니 장손황후가 맞이하며 그 이유를 물었다.

"또 그 시골뜨기 위징 때문이오. 늘 짐을 괴롭힐 궁리만 하는 자이니 내 조만간 이 자를 처치해 버리고 말겠소."

장손황후는 아무 말 없이 조용히 안으로 들어가 잠시 후 조복(朝服)을 차려 입고 황제에게 하례를 드렸다. 조복이란 정식으로 황제를 알현할 때 입는 옷이다. 태종이 놀라자 황후는 차분히 말했다.

"역사책을 읽으니 군주가 어질고 현명해야 그 신하들이 충성스럽다 했습니다. 위징이 거리낌 없이 직언을 한 것은 폐하가 어질고 현명하다는 증거가 아니고 무엇이겠습니까? 훌륭한 지아비를 두었으니 경하드리는 것입니다."

장손황후는 태종을 추켜세움으로써 위징을 보호해 주었다. 그녀가 황제의 속 좁음을 나무랐어도 태종쯤 되는 사람은 아마 웃으면서 받아 주었을지도 모른다. 그는 현무문의 변을 일으켜 형제를 죽이고 아비를 유폐시키고 왕이 된 인물이지만 도량이 커 인재를 널리 모아 빛나게 한 사람이니, 그 정도야 참을 수 있었을 것이다.

그러나 밖에서 난 화를 안에서 또 참아야 하니 군주로서 그 스트레스가 만만치 않았을 것이다. 황후는 그것을 알고 있었고, 그를 높이고 충신을 보호하여 마음을 편안케 했다. 그것이 그녀가 태종 못지않은 훌륭한 황후로 중국인들에게 추앙받아 온 이유일 것이다.

  직언은 그 자리에서 그 말을 해야 하는 사람이나 듣는 사람 모두에게 껄끄럽고 피곤한 일이다. 자칫 오해하고 분노하게 될 수도 있다. 황후는 그 역할을 '아주 훌륭히' 소화했다. 직언은 위험 부담이 매우 크다. 하려면 반드시 '감히, 능히 그리고 훌륭하게' 해야 한다.

불편한 진실을
말하기 위한 3가지 조건

　춘추전국 시대 한비자는 아랫사람이 윗사람을 설득할 때의 어려움을 『세난(說難)』에서 다음과 같이 설파했다.

　상대가 명예를 중히 여기는데 이익에 대하여 말하면 비천한 자라 생각하여 받아들이지 않을 것이다. 반대로 이익을 중히 여기는데 명예에 대하여 말하게 되면 세상 물정을 모르고 융통성이 없다는 이유로 배척을 당하게 된다. 속으로는 이익을 바라면서 입으로는 명예를 중히 여기는 사람에게 명예에 대하여 이야기한다면 겉으로는 받아들이는 체하다 결국 버리고 말 것이다.

　이처럼 인간의 심리를 파악하기는 어렵다. 그러므로 설득에 성공하려면 호흡을 살펴 상대의 의중을 파악해야 하는 것이다. 직언이 어려운 일이라 하여 잘못된 것을 그대로 두고, 비리를 묵인하고, 과거의 관행에 절어 산다면 삶은 나아지지 않는다. 상식이 통하는 깨끗한 세상을 만들기 위해 직언은 반드시 필요하다. 다만 조심스러운 데다 위험을 감수해야 하기 때문에 요령과 기술이 있어야 한다는 말이다. 설불리 움직였다가는 직언이 받아들여지지 않을 뿐더러 관계만 악화될 것이다.

진심을 전하기 전에 갖춰야 할 조건

먼저 불편한 진실을 말하기 전에 할 일이 있다. 지금부터 소개할 세 가지 조건을 갖추고 있는지 점검하는 것이다. 이 조건들을 갖추고 나면 잘못된 점을 지적해도 잘 받아들여질 수 있으며 그렇지 않다 해도 오해가 없다.

첫째, 불편한 진실을 말할 수 있는 관계인지 아닌지 분별해야 한다. 상사와 나 사이가 직언이 가능한 거리인지 판단해야 한다는 뜻이다. 직언의 거리는 신뢰의 거리와 동일하다. 『한비자』를 보면 이런 이야기가 나온다.

어떤 마을에 아버지와 아들이 살고 있었다. 어느 날 비가 많이 와서 담이 무너져 내렸다. 담이 무너진 것을 보고 아들은 담을 고치지 않으면 밤에 도둑이 들지도 모른다고 아버지에게 말했다. 잠시 후 같은 동네의 다른 사람이 똑같은 말을 했다. 공교롭게도 그날 밤 도둑이 들어 많은 물건들을 훔쳐 달아났다. 아버지는 아들의 말이 맞은 것을 대견해하며 아들의 현명함을 칭찬했다. 그러나 똑같은 충고를 해 준 이웃 사람은 의심하였다. 두 사람은 같은 내용의 조언을 했지만 한 사람은 현명하다는 칭찬을 듣고 또 한 사람은 의심을 받게 되었다.

사실 이런 일은 비일비재하다. 이것은 직언이 그 내용보다 관계에 더 민감한 함수임을 보여 준다. 따라서 상사와 적절한 신뢰의 관계 속에 있을 때만 직언을 하는 것이 현명하다.

만일 적절한 신뢰의 범위 안에 있지 않다면 직언은 통하지 않을 것이며 오해를 불러일으켜 두 사람은 함께하기 어려운 관계로 치닫게 될 것이다.

가깝지 않다면 아무 말도 하지 마라. 신뢰를 확보하지 못했는데 바른 말을 하는 것은 위험하다.

둘째, 직언을 할 만한 자격을 갖춰야 한다. 『주역』에서는 직언의 자격 요건에 대해 다음과 같이 풀이했다.

> 애꾸눈도 볼 수 있고, 절름발이도 밟을 수 있다. 그러나 이런 사람이 자기 분수를 모르고 함부로 호랑이 꼬리를 밟으면 호랑이가 그를 물어 흉하다.

입 달린 자들이 모두 중구난방 떠들게 되면 불길하다는 것이다. 마키아벨리(Niccolo Machiavelli)는 "현명한 자를 골라 그들에게만 직언을 할 수 있는 자유를 주라."는 말을 남겼다. 스스로 돌아보고 직언을 할 자격이 있는지 냉철하게 판단하라.

천하의 명궁이 활을 잡으면 내 머리 위에 과녁이 놓여도 두렵지 않다. 그러나 어린 아이가 활을 쏜다면 그 어머니라도 과녁 들기를 피해 방 안으로 숨어 버릴 것이다.

그러므로 직언을 하기 위해서는 자신의 일에 누구보다 밝은 전문성과 윤리를 갖추고 있어야 한다. 자신이 깨끗하지 않은데 비리를 지적하기 어렵고, 일을 잘 모르면서 잘못을 따질 수 없으며, 사건을 잘 파악하지 못하고 있는데 쓴소리를 하기 어렵다. 스스로 자격을 갖춘 후에야 상사를 위해 바른 말을 할 수 있다. 그런 의미에서 직언은 스스로 깨끗해지고 전문가로 성장해야 한다는 숙제를 남긴다. 이것이 직언의 생산성이다.

감히 직언을 할 수 있게 만드는 세 번째 조건은 사심이 없어야 한다는 것이다. 가장 중요한 대목이다. 가장 어려운 부분이면서 가장 안전한 장치이기도 하다. 직언은 순수해야 한다. 자신의 이익을 위해 감추어진 딴 보따리가 들어 있으면 안 된다.

직언이 정의롭고 순수하다면 비록 받아들여지지 않더라도 후환이 없다. 사심이 없다는 것, 이것이 직언의 어려움 속에서도 몸을 다치지 않는 가장 안전한 그물이다. 그러나 직언의 얼굴을 한 정치적 설득은 가장 중요한 신뢰의 바닥을 뒤엎는 것과 같다. 거래는 가능할지 모르지만 가장 중요한 관계의 자산인 신뢰는 악화될 가능성이 높다.

상사에게 사심 없는 직언을 할 수 있다는 것은 어려운 일이다. 하지만 그것이 현명하게 받아들여진다면 인재들이 모여들고 조직이 크게 성장할 수 있다. 자신을 알아주고 받아들여 주는 조직과 상사를 위해 모든 힘을 쏟아 내는 것은 신나는 일이다. 직언이 받아들여져 통하면 아랫사람은 혼신의 힘을 바치게 마련이다. 나를 알아주었기 때문이다. 이것보다 더 큰 동기부여는 없다.

이처럼 불편한 진실이 상사에게 긍정적으로 도달하여 받아들여지게 만드는 세 가지 조건은 매우 오랜 세월 동안 인류 역사의 곳곳에서 증명되고 입증된 것들이다. 단순하지만 위대한 진리다. 내가 아직 조건이 갖추어져 있지 않다면 때를 기다려야 한다.

직언의 기술

상사에게 불편한 진실을 말할 수 있을 만큼 자격을 갖추었다면 이제 때가 되었다. 그런데 자신의 뜻을 어떻게 전달할 것인가라는 문제가 남았다. 효과적인 결과를 얻으려면 재치와 요령을 익히는 것이 좋다. 위징의 직언은 잘 받아들여지기는 했지만 직설적이었기 때문에 당태종의 마음에 늘 불쾌감과 분노를 남겼다.

생각해 보면 그럼에도 그가 살아남은 이유는 당태종이 훌륭한 리더였기 때문이다. 화가 치밀어도 '자격을 갖춘 믿을 만한 사람의 사심 없는 직언'을 받아들일 수 있을 만큼 열려 있었기 때문이다. 그러나 우리가 만나는 대부분의 상사는 평범하다. 위징보다는 장손황후의 기지와 부드러움이 필요하다. 직언을 하되 '훌륭하게' 해야 한다.

이제 다음과 같은 몇 가지 요령을 익혀 두자.

첫째, 과거의 사례가 어땠는지 조사해 봐야 한다. 상사에게 가장 잘 통하는 적절한 설득의 방식을 찾아내는 것이다. 함께 지내다 보면 상사가 불쾌한 진실에 반응하는 여러 가지 모습을 목격할 수 있다. 속까지 알기는 어렵지만 특별히 민감하게 반응하는 단어나 싫어하는 태도는 파악할 수 있다. 상사가 수용할 수 있는 방식을 만들고 전략을 짜는 데 도움이 될 것이다.

둘째, 업무의 세밀한 부분까지 살펴서 문제의 원인을 명확하게 알고 있어야 한다. 또한 지적만 할 것이 아니라 여러 가지 대안을 제시하며 깊이 고민했음을 표현해야 한다. 그런 다음 각각의 제안에 대한 장단점을 분석하여 상책, 중책, 하책으로 나누어 우선순위를 매겨라.『주역』에서는 이를 고상(考祥)이라 부른다. 아주 오랜 세월 동안 활용된 고전적인 방식인데 매우 효과적이다. 이 부분이 잘되면 상사는 나를 크게 신뢰하며 불편한 진실을 수용할 자세로 전환하게 된다. 이것이 바로 '대안을 갖춘 직언'의 힘이다.

셋째, 각자의 기본 입장에 대한 이해가 필요하다. 중간관리자와 일반 사원은 처한 입장이 다르다. 입장과 이해관계가 다르다는 것은 커뮤니케이션 환경이 출발할 때부터 다르다는 것을 의미한다. 이것이 의사소통의 과정을 어렵게 할 수 있다. 따라서 먼저 상대의 입장을 이해하고 그 입장에서 이야기를 시작하는 것이 좋다.

최대한 그 입장을 보호하면서 함께 갈 수 있는 방향을 제시하는 것이 바람직하다. 어느 경우든 상사를 맞서 싸울 대상으로 삼는 것은 바람직하지 않다. 함께 가야 할 파트너라는 기본적 공감 아래서 건설적인 직언과 조언이 행해져야 한다.

넷째, 이해하기 쉽게 말해야 한다. 실제 사례나 은유를 빌어 명확하게 표현하는 것이다.

1940년 제2차 세계대전 당시 미국의 시어도어 루스벨트(Theodore Roosevelt) 대통령은 막대한 군수물자를 영국에 조달하기 위한 법안, 즉 '전시 연합국 무기대여법'이 필요하다는 것을 절감했다. 그는 이 법안에 대해 국민으로부터 지지를 받기 위해 다음과 같이 설명했다.

이웃집에 불이 났습니다. 저는 호스를 가지고 있습니다. 옆집 사람이 제 호스를 소화전에 연결하여 화재 진압을 하면 저도 진화에 도움을 준 셈입니다. 그가 호스를 빌리려 하는데 그때 제가 이런 말을 하면 어떨까요?
"이봐요. 이 호스 가격은 15달러예요. 그러니 15달러를 지불하고 가져가세요."
이렇게 말할 수는 없습니다. 저는 15달러를 요구하지 않겠습니다. 불을 끈 다음에 호스를 다시 가져오면 되니까요.

절대 어렵게 말하지 마라. 핵심 메시지를 전달할 수 있는 쉬운 이야기나 이미지를 연구해 두면 큰 효과를 거둘 것이다.

마지막 요령은 자신을 내세우지 않는 것이다. 『주역』에서는 이를 유인(幽人)이라 한다. 글자 그대로 풀이하면 '어지러운 세상을 피하여 조용한 곳에 숨어 사는 사람'이라는 뜻이다. 직언을 할 때 자신의 정당함, 전문성 그리고 정직함을 부각시키려 하는 욕망은 자신을 내세운다는 뜻이다. 이때 상대는 당연히 불쾌해지기 마련이다.

아랫사람이 오만불손하고 자신을 대상으로 통쾌한 직언을 하고 있다고 생각하면 속이 뒤집히지 않을 사람이 있겠는가? 직언이 비난과 질책으로 오해되는 가장 결정적인 이유는 바로 자신을 숨기는 과정이 모자라기 때문이다. 커뮤니케이션의 제1원칙은 설득이 아니다. 상대가 스스로 그렇게 생각하여 깨달았다는 기분이 들어야 한다.

그러므로 듣고자 하는 대답이 나올 만한 적절한 대목에서 쉽고 간단한 질문을 던지는 것이 매우 효과적이다. 얻고 싶은 대답이 나오면 성공한 것이다. 상사는 자신의 대답을 통해 설득당했다기보다는 스스로 '그렇게 결정했다'는 느낌을 가지면 명쾌해진다. 그러므로 자신을 드러내지 않고 상대의 입장에서 감정을 살펴 부드럽고 균형 잡힌 겸손한 태도로 직언이 이루어져야 한다.

커뮤니케이션은 말이기 이전에 감정의 공유라는 것을 이해해야 한다. 커뮤니케이션은 논쟁에서 이기는 것이 아니라 상대의 입장을 이해하고 솔직하고 분명한 메시지로 동의와 지원을 얻기 위한 것임을 명심하자.

나로부터 좋은 순환고리를 만들어라
: 거울신경세포

말은 늘 오해의 소지가 있다. 불완전하기 때문이다. 내뱉는 순간 "이게 아닌데." 하는 느낌이 들었다면 십중팔구 해명하느라 비지땀을 흘리게 될 것이다. 인간은 오랫동안 '말과 사람을 분리하는 방식'을 찾기 시작했다. 공자 역시 이 부분에 대한 방법을 모색했던 것 같다.

"군자는 말만 듣고 사람을 쓰지 않으며, 사람을 보고 말을 버리지도 않는다."

말을 논리적으로 잘한다고 해서 그 사람이 훌륭한 인재라고 할 수는 없다. 그래서 말만 듣고 사람을 쓸 수는 없다. 반대로 평판도 나쁘고 내가 미워하고 싫어하는 사람이지만 일에 대해서만큼은 옳은 이야기를 한다면 그 말을 귀담아 듣고 활용할 수 있다. 따라서 사람이 나쁘다고 그의 옳은 말까지 버리지는 말아야 한다.

　말이 불완전하기 때문에 상사에게 불편한 진실을 말하기는 더욱 어렵다. 하지만 상사와 아직 직언을 할 수 있을 만큼 가까워지지도 않았고 전문적인 견해도 부족하지만, 상사에게 불편한 진실을 알려 더 좋은 조직이 되게 하고 싶을 때는 어떻게 하는 것이 좋을까? 오해를 낳을 수 있는 불완전한 말보다는 안전한 방법이 있다. 바로 행동으로 직접 보여 주는 것이다.

거울 신경세포를 활용하라

　최근 뇌과학의 발달은 경영학과 리더십의 새로운 지평을 열어 주고 있다. 뇌과학의 연구 성과가 리더십 역량 강화에 크게 도움을 준다는 논문들도 발표되고 있다. 그중 가장 대표적인 이론이 거울 신경세포(mirror neurons)의 발견이다.

　거울 신경세포는 이탈리아 파르마 대학의 연구팀이 1993년 원숭이의 뇌에서 처음 발견했다. 한 연구원이 아이스크림을 들고 원숭이 앞에 서 있자 원숭이 뇌의 일부가 매우 활발하게 움직이기 시작했다. 이는 원숭이가 직접 제 손에 아이스크림을 쥐고 있을 때의 뇌반응과 일치하는 것이었다.

　거울 신경세포는 실제 행동하지 않더라도 그저 바라보는 것으로도 자신이 직접 경험할 때와 똑같이 따라 움직이는 세포다. 그 후 이 세포는 신경과학자들의 연구에 의해 사람의 뇌에도 존재하는 것이 증명되었다. 아이들이 부모의 표정을 그대로 따라 하는 이유는 바로 거울 신경세포 때문이다. 거울 신경세포는 이미지에만 반응하는 것이 아니라 목소리에도 반응한다. 다른 사람들의 감정을 느끼고 공감하고 이해하는 것 모두 거울 신경세포의 기능이다.

상사가 스트레스를 받은 상태에 있거나 처져 있으면 부하직원들의 뇌가 이것에 반응해 사무실 분위기도 어둡고 침울해진다. 반대로 상사가 밝고 잘 웃으면 조직도 활발해지며 결속력이 높아진다. 그래서 어떤 상사는 사무실에 들어서는 순간 주위를 환하게 만들지만 어떤 상사는 늘 어두운 먹구름을 몰고 다니는 것이다.

주도적이라는 것은 내가 먼저 시작하는 것이다. 상사의 기분에 감염되는 종속적 존재에서 벗어나 내가 먼저 상사에게 활동적인 바이러스를 전염시켜야 한다. 상사의 표정과 감정에 수동적으로 따를 이유가 없다. 내가 웃어야 비로소 세상도 웃는다. 내가 노래하면 다른 사람들도 덩달아 흥겨워진다. 거울 신경세포를 좋은 관계로 가기 위한 주도적인 도구로 활용하자.

상사 역시 감정이 복잡한 인간이다. 아내와 다투고 출근했다면 기분이 상해 있을 것이고, 아이가 아프다면 일을 하면서도 걱정의 꼬리를 달고 앉아 있을 것이다. 그 상태에서 윗사람에게 깨지기까지 했다면 마음의 평화를 기대하기는 힘들 것이다. 상사의 부정적 감정에 수동적으로 당하지 말고 오히려 리드해라. 나의 밝은 기운과 긍정적인 에너지를 모방하게 만들어야 한다.

이제 좀 더 구체적인 상향 리더십을 발휘하기 위한 방법이 무엇인지 생각해 보자.

- 가끔 일과 관계없이 상사와 영화나 휴가 혹은 음식 이야기를 나누며 일의 스트레스에서 잠시 벗어난다.
- 필요할 때는 도움을 요청한다.
- 완벽한 인간처럼 보이려고 하지 않는다.
- 힘들어 보일 때는 힘을 보태 준다.
- 공식적인 칭찬 외에도 비공식적인 긍정적 피드백을 제공한다.
- 그 사람의 기여를 그가 원하는 방식으로 인정하고 감사해한다.
- 혹시 나보다 약한 부분이 있다면 친절하게 배움의 기회를 제공한다.
- 경력 관리에 대해 함께 상의하고 도와 달라고 부탁한다.

이와 같은 몇 가지 생각과 행위들은 대부분의 부하직원들이 상사에게 기대하고 있는 내용이다. 물론 좋은 상사는 이러한 기대에 부응하지만 나쁜 상사는 그렇지 않다. 바로 이 점이 상사와 나와의 관계를 늘 힘들고 어렵게 하는 주원인이다.

이런 이야기를 할 만큼 가깝지 않은 사이라면 더욱 기대하기 힘들 것이다. 이때는 내가 주도적으로 시도할 수 있는 방법이 없는지 생각해 보라. 내가 상사를 이끄는 것이다. 앞서 언급한 내용들은 지위에 상관없이 누구든 실천할 수 있는 작은 일들이다.

내가 먼저 시작하자. 그리고 상사가 나를 따르게 하자. 이런 태도와 행동이 바로 상사와의 관계를 증진시킬 수 있는 효과적인 상향 리더십이다. 나의 긍정성이 상사에게 좋은 영향을 미치고, 이것이 거울 신경세포들에 의해 활성화될 때 상사와의 관계는 바람직한 선순환 경로를 만들어 내기 시작할 것이다.

비난하고 맞서면 악순환만 반복될 뿐이다. 나로부터 좋은 순환 고리가 시작되도록 프로세스를 재배치하면 상사와 나의 전쟁은 곧 종식될 것이다.

6

상사와 한번 나빠진 관계를 회복하는 법

'눈에는 눈으로' 대응하는 방법은 시력 상실을 가져올 뿐이다.

— 마하트마 간디(Mahatma Ganhdi)

지금 나에게 다음과 같은 증세가 있지는 않은지 점검해 보자.

- 만성 피로가 눌어붙어 떨어지지 않는다.
- 의욕이 나를 떠나고 나른한 우울함이 일상을 지배한다.
- 원인을 알 수 없는 두통과 더부룩함에 시달리며 간혹 가슴이 답답하여 한숨을 쉰다.
- 작은 일에 화를 주체할 수 없고 짜증은 가장 가까운 친구가 되고 말았다.
- 일을 앞에 두고 손가락 하나 까딱하기 싫다.
- 이 일 저 일을 잡아 보지만 이내 끝을 보지 못하고 내버려 둔다.
- 무능력과 무기력이 밀려들어 알 수 없는 심연에 포위된 듯하다.
- 의심에 휩싸여 불안하고 조급해지고 소심이 극에 달한다.
- 대책 없는 자포자기로 깊이 잠들지 못하고 어깨는 천근 같다.

현재 이러한 증세가 하나라도 있는가? 그렇다면 이제 인생과 화해할 때다. 일과 직장과 상사와 화해할 때다. 살면서 결코 피할 수 없는 것들이 있다. 죽음, 세금 그리고 갈등. 누구도 죽음을 피한 사람은 없다. 생명을 받은 순간 죽음도 함께 시작된다. 세금 역시 결국 내게 되어 있다. 스스로

납부하느냐 추징당하느냐의 문제일 뿐이다.

또한 모든 인간관계에는 갈등이 있다. 특히 우리나라의 직장 내 최고 스트레스 1위는 '상사와의 관계'다. 갈등을 겪지 않고 사는 방법은 혼자 사는 것뿐이다. 그 방법밖에 없다. 혼자 사는 것은 현실적으로 불가능하니 우리는 갈등을 즐기며 창조적인 방안을 탐구해야 한다.

나와 나쁜 관계에 있는 상사는 내가 반드시 지나가야 할 문 앞에 서 있는 고약한 문지기와 같다. 그가 문을 막아 버리면 답답한 지경에 처하게 된다. 신세를 한탄하고 때때로 시시하게 저항하고 화내고 불평하고 비난하고 뒤에서 욕을 해도 문지기는 문을 열지 않는다.

문을 열게 하는 가장 좋은 방법은 문지기를 나의 친구로 만드는 것이다. 그러니 처음부터 문지기와 좋은 관계를 맺는 것이 최선이다. 하지만 이미 관계가 나빠져 버렸다면 회유하고 설득하여 내 편이 되게 하든지 급소를 걷어차 무릎 꿇게 만드는 수밖에 없다. 그리고 설득과 화해는 일전을 불사하는 위험한 방법을 쓰기 전에 반드시 모색해야 하는 수순이다.

화해를 위한 마음의 자세

　키가 크고 덩치가 커다란 사내가 자리에서 일어나 말했다.
　"다섯 해 전에 나는 아버지와 심하게 다투었습니다. 그 후로 우리는 그 감정을 안은 채 살아왔습니다. 우리는 크리스마스처럼 불가피한 가족 모임을 제외하고는 만나지 않았고 그때조차 서로 마주치기를 꺼려했습니다. 그런 상태가 좋은 것이 아니었기 때문에 나는 화해하고 싶었습니다. 그러나 쉽지 않았습니다. 나는 아버지께 가서 사랑한다는 말을 해야 한다고 자신을 설득했습니다. 일단 결정을 내리자 마음의 무거운 짐이 덜어지는 듯했습니다.
　나는 아내에게 제 계획을 말했습니다. 그러자 아내는 눈물을 흘리면서 나를 껴안는 것이었습니다. 나는 결혼 후 처음으로 아내가 우는 것을 보았습니다. 그날 밤 우리는 화해에 대하여 많은 이야기를 나누었습니다. 다음 날 오전 9시에 아버지께 전화를 걸었습니다. 아버지께서 전화를 받으셨습니다.

"아버지, 오늘 저녁 퇴근길에 잠시 들르겠습니다. 드릴 말씀이 있어서요."

"무슨 일이냐?"

아버지는 마지못해 승낙을 하셨습니다. 저녁 때 아버지의 집으로 가 초인종을 눌렀습니다. 아버지가 문을 열고 나오시기를 기도하면서 말입니다. 어머니가 나오시면 금방 겁쟁이가 되어 어머니에게 대신 아버지께 사랑한다고 전해 달라고 하고 뒤돌아설까 봐 겁이 났던 것이지요. 다행히 아버지가 문을 여셨습니다. 나는 시간을 끌 필요가 없었습니다. 곧장 문 안으로 들어가 아버지께 말했습니다.

"아버지, 사랑한다는 말씀을 드리러 왔습니다. 전 아버지를 누구보다도 사랑합니다."

그 순간 아버지의 내면에 커다란 변화가 일어난 듯했습니다.

얼굴이 부드러워지더니 두 팔을 벌려 나를 껴안으며 말씀하셨습니다.

"나도 널 사랑한단다, 얘야. 그러나 여태까지 그 말을 할 수가 없었구나."

난 한 발도 움직일 수 없었습니다. 감동이 밀려와 먹먹해진 가슴으로 아버지와 나는 그렇게 잠시 껴안고 있었습니다. 어머니는 어느새 나오셔서 기쁨의 눈물을 흘리고 계셨습니다. 지금껏 오랫동안 난 그런 감동적인 순간들을 느끼지 못한 채 살아왔습니다.

이틀 후 아버지는 심장 마비로 쓰러지셨고 언제 의식이 돌아올지 모르는 상태입니다. 심장병을 심하게 앓고 계셨지만 내게는 아무 말도 안 하신 것입니다.

해야만 하는 일이 있다면 미루지 마십시오. 만일 내가 아버지께 사랑한다는 말을 지금까지 하지 않고 미루었다면 아마도 난 두 번 다시 기회를 얻지 못했을 것입니다. 해야만 할 일이 있다면 지금 당장 하세요. 지금 당장 말입니다.

성인을 위한 워크숍을 진행하는 데니스 매너링(Dennis E. Mannering)은 어느 날 참가자들에게 숙제를 내줬다.
"다음 일주일 동안 사랑하는 사람에게 가서 사랑한다고 말하세요. 하지만 조건이 있습니다. 전에 사랑한다는 말을 한 번도 해 본 적이 없거나 오랫동안 하지 않았던 사람에게 하셔야 합니다."
워크숍 참가자 중 한 사람이 발표한 이 이야기는 화해에 대한 진실을 모두 담고 있다. 누구와의 화해인가에 관계없이 화해의 어려움과 화해의 기적 모두를 잘 담고 있다. 직장에서 상사와 나쁜 관계에 있다는 것은 불행의 연속을 의미한다. 아무리 나쁜 상사라도 최소한 중립적인 자리에는 가 있어야 한다.

일반적인 화해의 기술

앞의 이야기에서 우리가 화해를 위해 실천할 수 있는 일들은 다음과 같다.
첫째, 화해는 언제나 두 사람을 대상으로 한다. 나와 사이가 나빠진 사람 그리고 나 자신, 이렇게 두 사람이다. 언제나 먼저 화해해야 할 대상은 상대가 아니라 바로 자기 자신이다. 가장 먼저 자신을 설득해야 한다. 화해할 결심에 이르게 하라는 것이다.

서로 다투고 안 좋은 일이 생기는 것은 누구에게나 생길 수 있는 일이다. 매일 만나서 일해야 하는 사람과 불편한 관계에 있는데도 아무런 노력도 하지 않는 것은 무능력함이고 오만이다. 화해를 해야 나도 짐을 덜 수 있다. 이 불편하고 껄끄러운 관계를 끝내겠다는 결심, 그것이 화해의 첫걸음이다.

둘째, 나를 설득하는 과정에서 화해의 제스처가 무시당하지 않을까 걱정될지도 모른다. 이때는 화해의 기쁨을 먼저 상상해 보자. 잘못되면 자존심을 구길 것이라는 두려움 대신 어려운 일을 주도적으로 해냈다는 행동에 초점을 맞춰라.

생각해 보라. 갈등과 긴장의 관계가 '서로 존중되는 중립적 관계'가 되도록 노력한 사람이 바로 나다. 내가 먼저 관대하게 손을 내밀었다는 것, 그것은 진정한 용기가 없으면 할 수 없는 일이다.

셋째, 도와줄 사람이 있는지 찾아보자. 나와 상대가 화해하도록 격려해 주고 지지해 주는 사람이 있다면 일이 훨씬 쉬워진다. 앞의 이야기에서 남자가 용기를 낼 수 있도록 도와준 사람은 바로 아내였다. 결심을 뒤로 미루지 않고 바로 실행할 수 있도록 힘이 되어 준 것이다.

먼저 화해를 청하는 것은 사실 어려운 일이다. 어렵게 결심을 했으니 내면의 저항을 이겨 내고 실천할 수 있도록 도움을 받자. 가깝게 지내는 동료도 좋고 이 일에 발 벗고 도와주려는 선배도 좋다. 꼭 필요한 사람의 응원을 받도록 하자.

넷째, 결심이 서면 단번에 실천해야 한다. 마음이 흔들리기 전에 당장 찾아가거나 전화를 해라. '지금 당장' 해야 한다고 스스로를 재촉하라.

다섯째, 단번에 본론으로 들어가는 것이 좋다. 어색함이 분위기를 압도하지 않도록 진심을 담은 말로 돌진하라. "아버지, 사랑한다는 말을 드리러 왔습니다. 전 아버지를 누구보다도 사랑합니다."라는 아들의 말이 "나도 널 사랑한단다. 얘야. 그러나 여태까지 그 말을 할 수가 없었구나." 라는 즉각적이고 놀라운 공명을 일으킨 것을 보라.

성공적인 화해를 위한 원칙

그렇다면 상사와 화해를 시도할 때는 어떻게 해야 할까? 일단 화해하기로 결심을 했다면 어떻게 성공시킬 것인지에만 몰두해야 한다. 먼저 다음과 같은 마음의 짐을 벗으면 성공 확률이 더 높다.

첫째, 현실을 직시해라. 그냥 아무 일도 없었다는 듯 지내는 것은 지뢰밭을 걷는 것과 같다. 이미 어떤 일이 발생했으며 그것이 문제를 일으키고 있다. 높은 벽을 쌓고 나 혼자 그 안에 숨어 버리면 아무것도 해결할 수 없다. 불편한 것이 있으면 고치고 풀어야 할 것이 있으면 풀고 가야 한다.

둘째, 기필코 이겨야겠다는 생각을 버려라. 서로의 성공에 기여하려는 자세를 가져라.

내가 직장에 다닐 때 유치할 정도로 승부에 집착하는 사람이 있었다. 나와 비슷한 경력의 중간관리자였는데 모든 일에서 이기지 않고는 못 배겼다. 스스로도 지나치다고 생각하는 것 같았지만 결국 고치지는 못했다. 병적으로 작은 승부에 집착하는 호전성이 그의 다른 우수한 능력을 가리고 있었다. 그는 매우 잘생겼고 명료한 논리를 가지고 있었지만 그것이 오히려 불행한 처세론을 만든 듯이 보였다. 세월이 지나 우연한 자리에서 그를 다시 만났다. 10년 만이라 반갑게 악수를 나눴는데, 그 짧은 순간에도 여전히 그의 호전성이 손을 타고 전해지는 것 같았다.

오랜만에 만나 나눈 첫마디, 첫 웃음조차 싸움의 신호탄처럼 느껴졌다. 오랜만에 만난 사람에게 보일 수 있는 가벼운 반가움조차 따뜻하게 표현하는 법을 잊은 듯했다. 나도 얼른 그 자리를 떠나고 싶은 생각뿐이었다. 매우 불행한 일이 아닐 수 없다.

셋째, 잘잘못을 잊지 않고 점수까지 매기는 태도는 곤란하다. 내가 그 사람에게 잘못한 것이 몇 번이고 그 사람이 내게 잘못한 것이 몇 번이라고 기억하는 사람들이 의외로 많다. '눈에는 눈, 이에는 이'로 대응해 왔기 때문이다. 이는 화해하지 못하게 하는 가장 큰 이유다. 조목조목 따지기 시작하면 새로운 출발을 할 수 없다.

넷째, 앞에서는 아무 말 못하면서 뒤에서 불평하고 투덜거리는 자세 역시 버려야 한다. 투덜대는 사람들은 대체로 사고가 바르고 지식수준이 높은 편이다. 적당히 비판할 줄 알고 자신의 의견도 있기 때문에 생각처럼 전개되지 않는 현실에 대하여 못마땅해하는 것이다. 그리고 스스로 희생양이라고 생각한다. 그러나 이런 태도로는 갈등을 치유할 수 없다. 대안이 없는 불평은 신뢰를 갉아먹을 뿐이다.

화해하러 가기 전 두려움을 이기는 법
: 두 뿔 사이로 빠져라

나를 괴롭혔던 상사와 막상 화해하려 하니 못마땅하거나 걱정되는 마음이 꿈틀댈지도 모르겠다.

"거절당할지 몰라. 내 진의를 파악하지 못해서 오히려 놀림감이 될 수도 있어. 긁어 부스럼을 만들어 더 분위기가 나빠지면 어쩌지? 잠자코 있었으면 자존심은 지켰을 텐데 먼저 나섰다가 자존심마저 뭉개진 상황이 벌어질까 봐 걱정돼."

이런 두려움과 고민들이 한꺼번에 엄습할 수도 있다. 망설이기만 하다 결국 화해의 문 앞에서 되돌아온 경우도 있었을 것이다. 하지만 이때가 바로 확신을 가져야 할 순간이다. 부정적인 결말의 시나리오들이 머릿속을 들락거려 이러지도 못하고 저러지도 못할 때 쓸 수 있는 도구가 있다. 바로 딜레마를 극복하기 위한 '시나리오 매트릭스(scenario matrix)'다.

시나리오 매트릭스는 아메리칸 텔레캐스트(American Telecast)의

시나리오 매트릭스 – 화해를 시도할 때 생길 수 있는 일들

두려움	최악의 시나리오	최고의 시나리오	적정 시나리오
거절당할지도 모른다	상사가 화해를 거부하고 나의 승진 기회를 박탈하며 험한 일을 시킨다.	상사가 나를 반기고 화해를 시도한 내 용기를 칭찬하며 기쁘게 받아들인다.	상사가 내 이야기를 다 수용한 것은 아니지만 의미 있는 대화를 나누어 나를 이해시키는 계기가 된다.
상사로부터 놀림감이 되고 말 것이다	동료와 다른 관리자들 사이에 내가 상사에게 비굴하게 빌러 왔다는 소문이 퍼진다.	쌓여 있던 오해를 풀게 되고 서로를 더 잘 이해하게 되어 즐겁게 근무하게 된다.	상사가 먼저 화해를 시도한 나에 대해 전보다 좋은 감정을 가지게 된다.
긁어 부스럼을 만들지도 모른다	사이가 나쁘다고 생각했던 것에 대해 상사가 불쾌해한다. 거부당한 초라한 외톨이가 되어 동료에게조차 무시당한다.	상사는 부하직원의 고충을 더 잘 이해하게 되고 내가 더 즐겁게 일할 수 있도록 격려하고 더 적합한 업무를 배정해 준다.	상사가 나를 싫어하는 이유를 알게 되고 그중에서 내가 잘못 생각하고 있던 것들을 고칠 수 있게 되어 최소한 '중립적 관계'로 가는 전기를 마련하게 된다.
자존심을 짓밟힐지도 모른다	버티고 있던 자존심 때문에 불이익을 참고 있다가 그것마저 잃게 되어 잠이 안 올 만큼 원통하다.	화해를 먼저 시도한 내 용기가 좋은 결과로 이어져 비슷한 어려움을 겪는 다른 직원들에게도 좋은 전례로 남게 된다.	상사와의 화해가 만족스럽지는 않지만 동료가 내 고민과 화해 노력을 이해하고 도와주려 한다.

설립자이자 CEO인 스티븐 스콧(Steven Scott)의 저서 『백만장자 이력서(A millionaire's notebook)』에서 소개된 것인데 나는 이 멋진 아이디어에 내 생각을 더해 아주 요긴한 기대수준 설정 모형으로 만들었다.

  방법은 간단하다. 지금 머릿속을 휘젓고 있는 두려운 생각들을 하나씩 적어 본다. 그리고 그것을 바탕으로 최악의 시나리오와 최고의 시나리오를 작성해라. 이를 각각 딜레마의 두 뿔이라고 부르자.

  실제로 최고의 시나리오나 최악의 시나리오가 발생할 확률은 얼마나 될까? 지극히 낮을 것이다. 아주 나쁘지도 않고 무척 훌륭하지도 않은 보편적인 일이 발생할 확률이 더 높다. 적정한 기대 수준이 반영된 시나리오를 만들고 나면 비교적 쉽게 의사결정을 할 수 있다.

이 매트릭스를 보면 주도적으로 화해를 시도할 때 어떤 결과를 얻게 될지 가늠해 볼 수 있다. 화해의 기대 수준이 잠정적으로 만들어지는 것이다. 상사가 아주 악질이거나 어떻게 할 수 없이 나쁜 관계가 아니라면 화해를 시도했을 때 최악의 시나리오로 끝날 가능성은 희박하다.

어쩌면 심리적으로 두려움을 느끼고 있던 것들 중에서 한두 가지는 가장 좋은 결과를 얻게 될 수도 있다. 이처럼 화해를 시도하면 중간 수준 이상의 소득을 얻게 될 확률이 높으니 내 쪽에서 먼저 주도하는 것이 좋다.

글로 쓰다 보면 상황이 더 분명하게 정리된다. 화해하러 가기 전에 마음속에 이는 수많은 두려움과 의심의 정체들을 생각나는 대로 하나씩 적어 보면 어떤 것은 지나친 기우라는 것을 깨닫게 될 것이다. 설령 그런 일이 벌어진다 하더라도 예상된 상황 아래서 발생되는 것이기 때문에 어느 정도는 마음의 준비를 갖추고 화해에 임할 수 있다.

두려움은 어둠 속에 있을 때 가장 무섭다. 일단 햇빛 아래로 끌어내면 그 크기가 줄어들기 마련이다. 이 간단한 매트릭스는 누구나 쉽게 자신의 심리적 두려움을 따뜻한 양지에 내놓도록 만들기 때문에 나는 수시로 활용하여 덕을 보고 있다.

기억하자. 대부분의 일은 양 극단 사이에서 발생할 확률이 가장 높다. 최악의 시나리오에 시달리지 말자. 그러나 최고의 시나리오에 현혹되지도 말자. 현실을 직시하라. 언제나 그 안의 희망을 보자. 그리하여 낙관적 현실주의자가 되자.

무엇을 어디까지
화해하는 것이 좋을까?

　가족 간에는 누군가 먼저 진심으로 사랑한다는 말을 하면 두터운 갈등의 벽도 순식간에 무너져 내린다. 머뭇거릴 것 없다. "당신을 사랑합니다. 이 말을 전하고 싶어 왔습니다." 이것이 단도직입적으로 화해로 뛰어드는 법이다. 하지만 직장에서 갈등을 가지고 있는 상사와 부하직원 사이에는 유감스럽게도 이러한 강한 애정의 바탕이 없다. 따라서 "당신을 사랑합니다." 하며 뛰어들어 껴안을 수도 없을뿐더러 역효과만 날 것이다.
　그렇다면 도대체 무엇을 어떻게 화해하는 것이 좋을까? 관계가 악화된 원인에 따라 화해 방법과 범위가 결정된다.

나에게 책임이 있다면 분명하게 사과하라

　관계가 악화된 계기가 내 책임이 큰 사건 때문이라면 당연히 먼저 사과해야 한다. 말하자면 '딱 걸린' 경우다. 예를 들어, 상사가 동료에게 심한 말로 지적한 것에 대해 열을 올려 비난하고 있는데, 우연히 그 자리를 지나던 상사가 들은 것이다.

이런 경우도 있을 것이다. 앞으로 절대로 지각을 하지 말라는 경고를 받았는데 그 다음 날부터 연거푸 두 번이나 보란 듯이 지각했다. 그것도 특별한 이유를 들어 설명하기 매우 곤란한 이유로 말이다. 머피의 법칙일 수도 있지만 그 일 때문에 필요 이상으로 질타를 당하고 그 후 서로 나쁜 감정을 갖게 된 것이다.

이때 화해는 그 특정한 사건에 대한 이해와 재해석에 초점을 맞추어야 한다. 감정이 악화된 상황이 일방적인 한 가지 이유만을 가지고 있는 경우는 드물다. 대부분 복합적이다.

우선 뒤에서 욕하다 들킨 경우, 상사가 너무 심한 말을 했고 본인이 없는 곳에서 비난한 것은 내게 잘못이 있지만 원인 제공은 상사가 했다고 합리화할 수도 있다. 이런 경우 화해를 시도할 때는 내 잘못에 대해 진심으로 사과해야 한다. 사과는 강력하다. 물론 사과의 범위는 분명하게 정하는 것이 좋다.

예를 들어, 상사가 없는 곳에서 필요 이상으로 과격하게 비난한 태도는 분명하게 진심으로 사과할 수 있어야 한다. 그러나 비난의 대상이 되었던 상사의 행동이 객관적으로 문제가 있는 행동이었다면 그것까지 용인하고 받아들이는 모양새가 되어서는 안 된다.

상사의 잘못에 대한 나의 느낌을 말하라

나쁜 관계에 대한 책임이 상사에게 있는 경우에는 사실 부하직원이 주도적으로 화해를 시도하기는 어렵다. 그러나 주도적이라는 뜻을 다시 생각해 보라. 중요한 것은 서로의 관계가 나빠져 있어 일상이 불편하다는 사실이다. 이 경우는 상대의 잘못을 공격하지 않으면서 나의 주장을 펼쳐야 한다.

예를 들어, 열심히 일해 팀에 공헌한 나 대신 납득하기 어려운 이유를 들어 다른 사람을 승진이나 포상의 대상으로 선정했다면 나는 상사에게 화가 나고 실망할 것이다. 이 사건이 계기가 되어 근무 의욕이 꺾이고 상사와의 서먹한 관계가 나쁜 관계로 고착화되고, 나쁜 관계는 다시 나쁜 사건으로 이어질 수도 있다. 부정적 사이클이 작동하게 되는 것이다.

의식이 있는 상사라면 문제가 되는 행동에 대해서 사과하거나 해명할 것이다. 상사가 사과하면 좋지만 하지 않아도 다그칠 필요는 없다. 다만 문제의 그 사건이 나에게 어떻게 보였고 어떤 상처를 주었는지 내 입장에서 느낌을 말하는 것이 좋다.

상대를 비난한다는 느낌을 갖게 하거나 고쳐야 할 일처럼 조언하는 태도는 상사의 자존심을 건드려 자신의 입장을 강변하게 만들거나 주제와 별로 관계없는 나의 약점을 들추어내게 함으로써 관계를 오히려 악화시킬 수 있다는 뜻이다. 성인은 스스로 깨달아야 반성할 수 있다. 상대를 코너에 몰지 않고 그 사건을 말할 수 있는 좋은 방법은 '나의 느낌을 전하는 것'이다. 그 일이 내게 어떤 어려움과 혼란과 상처를 주었는지를 이야기함으로써 상대가 스스로 자신의 행동을 돌아보게 하는 것이 현명하다.

긍정적인 면을 보려 노력하라

세상에는 무작정 미운 사람도 있게 마련이다. 알 수 없는 일이다. 우리는 알 수 없는 것에 끌리고 알 수 없는 것 때문에 혐오한다. 상사가 아무 이유 없이 나를 미워하거나 신뢰하는 경우도 있다. 마찬가지로 이유 없이 미운 상사도 있게 마련이다.

사실 따지고 보면 이유가 전혀 없는 것은 아니다. 그 사람이 싫은 것은 인상이 험악하거나 교활해 보이거나 왠지 무언가 숨기고 있는 듯이 보이거나 느글거리기 때문이다. 그러나 다른 사람과 달리 특히 그렇다는 뚜렷한 증거는 없다. 그저 우리의 무의식이 직관의 이름으로 강요할 때가 있다.

이것은 공자처럼 수양이 고도에 이른 사람도 피해 가기 쉽지 않은 모양이다. 공자의 제자 중에 담대멸명(澹臺滅明)이라는 사람이 있었다. 자는 자우(子羽)라 하는데 외모가 추해서 공자마저 처음에 그를 봤을 때 재주가 모자라는 사람으로 여겼다. 그러나 자우는 가르침을 받으면 곧 실천하여 덕행을 쌓았고 제후들 사이에 그 이름이 널리 알려졌다. 공자는 "생김새를 보고 사람을 가리다가 자우에게 실수했다."고 탄식하며 미안해했다. 완벽하지 않은 인간인지라 우리는 사람을 잘못 보는 실수를 할 수밖에 없는데, 그 실수가 반복되거나 고착되어서는 안 될 것이다.

뚜렷한 사건이 없이 그저 처음부터 눈 밖에 났다면 어떻게 관계를 개선하는 것이 좋을까? 이 경우는 상대의 좋은 점을 적극적으로 찾아내고 칭찬을 해 주면서 편견을 깨고 새로운 이미지를 구축하는 것이 좋다.

대부분의 상사들은 냉정을 가장하고 있다. 부하직원이 자신을 어떻게 생각하든 개의치 않는다고 호기롭게 말하기도 한다. 그저 중간관리자로서 할 일을 할 것이라고 말한다. 그러나 그 말은 진심이 아니다. 사람은 누구나 사랑받기를 원한다. 자신의 언행을 다른 사람이 어떻게 생각하는지 신경 쓰지 않는 사람은 이미 패배자다. 사회 속의 비사회인이기 때문이다. 상사 역시 부하직원들에게 관심을 받고 싶어 한다. 다만 그것이 유약한 사람으로 보일까 염려하는 것뿐이다.

실제로 콜로라도 크리에이티브 리더십 센터(CCL)는 연구를 통해 기업의 최고위직으로 승진하는 데 가장 중요한 성공 요소 3가지 중 하나는 '부하직원과의 관계'라는 사실을 밝혀냈다. 리더들은 부하직원의 온정과 호감을 원하고 있는 것이다. 온정과 호감을 줄 수 있는 좋은 기회를 찾아 칭찬하고 관심을 가져 주면 관계는 개선된다.

기억하자. 우리가 아무리 관심과 애정은 받을 때보다 줄 때 더 고귀하다고 주장해도 받는 것 이상으로 주는 사람들은 많지 않다. 특히 대부분의 상사들은 받은 것 이상을 주려고 하지 않는다. 관심을 가지고 인간적인 호감을 표시하고 공을 인정하고 적절한 칭찬을 아끼지 말자. 우리가 상사에게 기대하던 '바로 그것'을 먼저 제공하자. 직위의 벽이 이 건강한 흐름을 막지 못하게 하자.

물은 아래를 향해 흐르지만 따뜻한 공기는 위를 향해 오른다. 우리가 상사의 감정과 영혼 속으로 스며들 수 있다는 사실을 또한 잊지 말자. 이 주도성, 이 자부심, 인생을 내가 원하는 방향으로 이끌 수 있다는 이 열정에서 누구에게도 뒤지지 말자.

화해의 현장에서 활용할 수 있는 커뮤니케이션 기술

성공적으로 화해하기 위해서는 "갈등과 오해는 묵히지 않는다."는 원칙을 지켜야 한다. 시간이 지나면 관계를 회복하기가 더 힘들어진다. 관계를 악화시키는 어떤 갈등의 발단이 생겨나면 그 과정에서 생긴 오해의 싹을 그때그때 제거하는 것이 가장 좋다.

예를 들어, 무심코 농담을 던졌는데 상사가 매우 불쾌해한다거나 나의 좋은 의도와는 달리 상황이 완전히 빗나가고 있다고 느낀 경우에는 그 자리에서 혹은 실수가 벌어진 직후 적절한 순간에 오해를 덜어 내는 것이 좋다. 사과보다 좋은 것은 없다. 하지만 미안하다는 말처럼 하기 어려운 말이 또 없다. 그럼에도 불구하고 절대로 오해를 묵히지 마라.

"아, 그 정도야 이해하겠지. 그저 단순한 농담이었으니까. 그것도 이해 못하면 리더로서 자격이 없는 것이지."

이렇게 책임을 전가하거나 스스로 무마하려 하지 마라. 중요한 것은 상대가 그 일로 상처를 입었을지도 모른다는 것이다. 특히 내 실수로 생긴 일이라면 최대한 빨리 사과하는 것이 마음의 짐을 더는 지름길이다.

어쩔 수 없이 때를 놓쳐 묵은 갈등을 안고 있다면 화해의 현장에서 활용할 수 있는 기술을 익혀 두는 것이 효과적이다.

화해 분위기를 조성하라

첫 번째 단계는 두 사람의 새로운 출발을 위해서 의식을 준비하는 것이다. 먼저 특별한 장소로 그를 불러내라. 서먹서먹하게 사무실에서 말을 꺼내는 것보다는 상사가 긴장을 느낄 수 있는 장소를 선택하는 것이 좋다. 술집도 좋고 카페도 좋다. 혹은 개인의 이야기가 묻어 있는 어디여도 좋다.

장소가 결정되면 상사를 찾아가 잠시 시간을 내 달라고 요청하라. "드릴 말씀이 있습니다. 제가 모시겠습니다. 시간을 많이 빼앗지 않겠습니다." 정도의 짧은 초대가 좋다. 당장 그날 저녁이어도 좋다. 시간이 안 된다면 상사가 편한 날을 택해 약속을 잡도록 한다.

상사가 거부할지도 모른다. 바쁘다거나 여기서 이야기하라고 대응할 수 있다. 그러나 사무실에서는 하지 않는 것이 좋다. 꼭 긴히 하고 싶은 말이라고 강조하며 정중하게 초대하자. 그래야 상사가 나를 쉽게 무시하지 못한다.

정해진 장소에서 상사를 만나게 되면, 초대한 이유를 담담하게 말하면 된다. 특히 장소에 대한 사연으로 이야기를 시작하는 것도 좋다.

"여기는 제가 힘들 때마다 가끔 오는 곳입니다. 아내하고 다투고 화해했던 곳이기도 합니다. 그날 우리는 힘겹게 화해를 했습니다. 내게는 매우 특별한 곳입니다. 와 주셔서 감사합니다."

화해는 담판이 아니다. 그저 상대방에게 나라는 사람을 조금 더 진솔하게 보여 줌으로써 상대가 내게 가지고 있는 어두운 그림자를 덜어 내게 하고 나를 매력적인 사람으로 재인식하게 만드는 것이다. 그러므로 화해의 시작은 서로에 대한 이해를 목적으로 하라. 조금 더 잘 이해하기 위해 이 자리를 마련한 것이라 생각하라.

링컨은 인간관계가 매우 뛰어난 사람으로 알려져 있다. 그의 탁월한 관계의 기술은 시간 배분에서 매우 극명하게 나타났다. 링컨은 누군가를 설득할 때 자신이 무슨 말을 해야 할 것인가에 치중하지 않았다. 그는 이렇게 비법을 전수한다.

> 누군가와 논쟁을 할 때, 나는 시간의 3분의 1은 나 자신과 내가 말할 내용을 구성하는 데 할애한다. 나머지 3분의 2는 상대방이 어떤 사람인지 그리고 그가 무슨 이야기를 할지 생각하는 데 할애한다.

관계를 새롭게 정립하기 위해 상대를 설득하는 과정에 있는 사람에게는 매우 훌륭한 조언이다. 상사가 어떤 사람인지 그가 나에 대하여 어떤 생각을 하고 있으며 이 만남에서 무슨 이야기를 하려고 할까를 이해하는 것이 내가 할 말보다 훨씬 더 중요하다.

대부분의 사람들은 상대를 설득하기 위해 상대를 이해하려는 마음보다 자신이 해야 할 말을 준비하는 데 훨씬 더 많은 시간을 쓴다. 그러면서 남의 마음을 얻는 것이 쉽지 않다고 하소연한다. 상대에 대하여 많이 생각하고 조사한 사람만이 이 대면에서 주도권을 쥘 수 있다.

부하직원은 상사에 비해 지위의 힘이 떨어지기 때문에 가능한 자신의 모자라는 힘을 여러 가지 방식으로 보완해서 일방적 열세에 처하지 않도록 해야 한다. 상사가 나를 아는 것보다 내가 상사에 대하여 더 많이 생각하고 준비해 두었다는 것은 지위의 열세를 보완하는 중요한 장치다. 상대를 알고 나를 알아야 한다. 상사에 대하여 많이 탐구해 두는 것은 나의 힘을 강화시키는 가장 중요한 장치다.

나의 입장을 분명하게 전하라

두 번째 단계는 서로의 관계에 영향을 미치는 전체적인 사건에 대하여 분명하게 내 입장에서 설명하는 것이다. 다음과 같은 중요한 요소들을 기억했다가 나만의 패턴을 만드는 것이 좋다.

첫째, 내가 본 것에 대한 내 생각만 설명한다. 결론을 짓거나 상대방의 의도나 동기에 대해서는 말하지 마라. 서로 인정할 수 있는 '사실'에 대하여 말하고 그것에 대한 내 생각을 말하는 객관적 태도를 견지하는 것이 좋다.

링컨은 "이해하기 전에 어떤 선입견을 가지는 것은 극히 자연스럽고 인간적인 것이지만 이해하기 전에 판단을 내리는 것은 바보들이나 하는 짓이다."라고 조언했다. 내가 보고 내가 이해한 것에 대하여 판단을 보류한 채 객관적으로 이야기하라.

둘째, 그 사건으로 나의 감정이 어땠는지 이야기한다. 특히 그 일에 대하여 상사의 행동이 내게 어떤 감정적 반응을 일으켰는지 '나'를 중심으로 이야기하라. 그러나 절대로 상대를 비난하거나 책임을 추궁하는 인상을 주어서는 안 된다. 그저 내가 받은 상처와 좌절 혹은 슬픔과 당황에 대하여 말하라는 뜻이다.

상대의 행동에 대한 책임 추궁이 아니라 나의 감정을 상대에게 이해시키는 것이 목적이다. 누구든 추궁당하면 마음속으로 반발하게 된다. 그러나 내가 받은 상처를 이야기하면 자신이 한 행동이 누군가의 마음을 아프게 했다는 것에 대해 미안함을 느끼는 것이 인지상정이다.

또한 감정을 다룰 때에는 목소리 톤에 매우 주의해야 한다. 감정의 기복을 좌우하는 것은 전달 내용이 아니라 톤이다. 갈등은 내용보다는 그 내용을 상대에게 어필하는 과정에서 더 증폭된다.

예를 들어, 자동차 접촉 사고가 나면 곧 누구의 책임이 더 큰지 가려야 한다. 거기서 끝나면 사실 싸울 이유가 별로 없다. 그러나 꼭 싸움이 일어나 흥분이 고조된 현장을 보면, 그 원인은 '상대방의 무례' 때문이라는 것을 알 수 있다. 무례함은 상승작용을 일으킨다.

"그건 그렇고 네가 날 언제 봤다고 반말이야? 왜 말투가 그 따위야!"
"뭐, 그 따위? 왜 욕을 하고 지랄이야!"
"뭐, 지랄?"

이런 소모적인 말들로 긴장이 강화되고 무례가 점증되면서 결국 추한 장면이 연출되는 것을 많이 보았을 것이다. 사고의 원인을 밝히는 건 뒷전이고 감정 싸움만 하게 되는 것이다.

톤을 낮추고 차분하게 그동안 겪은 나의 괴로움과 좌절을 전하되 원망과 비난의 톤은 절대 피해야 한다. 비난은 확실한 공격의 표현이기 때문에 당연히 상대는 방어할 것이다. 결국 불신의 벽은 더 두꺼워지고 만다.

셋째, 갈등을 빚은 그 사건이 나에게 얼마나 중요한 일인지를 설명한다. 혹은 상사가 시킨 그 일을 상사가 원하는 방법으로 수행한다는 것이 왜 그렇게 어려웠는지 전한다. 어떤 일이 가장 중요한 나의 우선순위라는 것을 이해하게 되면 상사는 권위의 힘이 제대로 작동되지 않았던 것에 대한 감정적 불쾌함을 누그러뜨릴 것이다.

반항과 항명이 아니라 우선순위의 문제였음을 알게 되면 감정적인 문제는 가치나 효율성의 문제로 전환되기 때문이다. 효율성의 문제는 훨씬 더 해결하기 쉽다.

나는 해결책이 없는 문제는 없다고 믿는다. 고민하고 의견을 묻고 모색하면 답을 찾을 수 있다. 해결할 마음이 없는데도 문제가 풀렸다면 그것은 우연일 뿐이다. 해결을 막고 있는 가장 치명적인 걸림돌은 바로 '해결할 마음이 없다'는 것이다.

상대의 해명을 경청하라

세 번째 단계는 상대에게 충분히 해명할 기회를 주는 것이다. 나의 이야기를 마친 후에는 상대의 응답에 귀를 기울여야 한다. 마음을 다해 듣고 이야기를 끊지 마라. 그의 진심이 무엇인지 이해하기 위해 노력해야 한다. 반박하지 마라. 모호하거나 잘 이해되지 않는 부분에 대해서만 질문하면서 이야기가 더 잘 풀리도록 도와라. 동의할 대목이 나오면 강하게 동의하는 것이 대화를 유쾌하게 하고 상대에 대한 존중감을 표현하는 길이다.

지금 당장 합의 사항을 실천하라

　네 번째 단계는 동의가 이루어진 몇 가지 사안에 대하여 즉각적으로 실천에 옮기는 것이다. 화해는 실천을 통해 긍정적 효과를 창출한다. 이 때 상사는 이러한 변화를 즐기고 잘 받아들일 것이다.

　예를 들어, 상사는 출근 시간을 엄수하는 것을 성실성의 가장 중요한 기준으로 생각하는데, 나는 일을 잘 처리하는 것이 성실성의 기준이라고 생각한다고 하자. 나는 내 기준에 따라 늦게까지 일한 다음 날 아침 한 시간 정도 느긋하게 지각했다. 당연히 상사는 자신의 기준에 따라 나를 성실하지 못한 사람, 지각과 관련된 경고를 수시로 어기는 불쾌한 직원으로 낙인찍었을 것이다.

　화해의 과정에서 이런 사실이 밝혀지면 상사는 내가 불성실한 사람이 아니라 우선순위가 다른 기준을 가지고 있다는 것을 이해하게 된다. 그러나 여전히 자신의 기준을 중요하게 생각할 것이므로 상사의 방식을 존중하겠다고 다짐해라. 늦게까지 일을 해야 할 경우에는 사전에 양해를 구하고 출근 시간을 늦추어 줄 것을 제안할 수도 있다. 필요할 때 상사의 허락을 받고 늦게 출근할 수 있다면 나쁠 것 없다. 또한 서로가 인정할 수 있는 합의가 이루어지면 잊지 않고 반드시 지켜야 한다.

최악의 시나리오가 발생하더라도 당황하지 마라

　화해를 위해 찾아갔으나 상사가 아직 진심으로 화해하고 싶은 준비가 되어 있지 않아 오히려 신랄하고 무차별적으로 모욕적인 말을 던지는 상황도 발생할 수 있다. 이렇게 최악의 시나리오가 펼쳐지더라도 당황하지 말자. 이미 우리는 최악의 시나리오 역시 예상하고 있었기 때문에 차분하게 대처할 수 있다. 다시 만나지 않을 사람이라면 모르지만 늘 함께해야 할 상사라면 다음과 같이 내면적 평온을 견지하는 것이 좋다.

　첫째, 예기치 않은 공격을 받았을 때는 어떻게 반격할까를 궁리하는 것보다는 어떤 차선책을 써야 할지 고민해야 한다. 무엇이 최선인지를 찾아내는 데 몰두하라.

　둘째, 긴장이 되었을 때 그 순간적 격랑을 이겨 낼 수 있는 자기 이완법을 익혀 둔다. 혈압이 오르고 뒷목이 뻣뻣해질 때는 아무 말 없이 앞자리에 놓인 물컵을 들어 가능한 아주 느린 속도로 물을 마시는 것도 방법이다. 가슴에 가득 찬 공기를 천천히 내뿜고 반쯤 나갔을 때 아랫배를 등뼈 쪽으로 밀어붙이고 항문을 끌어올려 아랫배의 공간을 최소화시키면서 입으로 조용히 공기를 토해 내면 자연스럽게 깊이 들이마시는 심호흡이 된다. 먼저 완벽하게 내 속의 탁한 공기를 토해 내야 새로운 공기가 들어간다. 그렇게 세 번 정도하면 마음이 편안해질 것이다. 분노는 무언가를 태우려고 하는데 잠시 심호흡을 하여 불길을 잠재우면 이내 꺼지게 된다.

셋째, 상대방의 관점과 시선에서 사물을 보면 상대의 진짜 생각에 접근해 갈 수 있다. 왜 상사는 냉정하게 말할까? 냉혹한 경영 스타일이 가장 효과적이라고 생각하기 때문일지도 모른다. 그러나 속마음은 따뜻함을 그리워할 수도 있다. 저 사람은 왜 호통을 쳐 댈까? 자신이 중요한 사람이고 힘이 있다는 것을 표현하기 위한 허장성세일지도 모른다. 속이 허하거나 단순한 기질적 특성일지도 모른다. 왜 상대를 과소평가하여 불쾌하게 하거나 주눅 들게 할까? 아마 자신이 작게 보이게 될까 봐 그런 것은 아닐까?

상대방의 관점에서 들여다보는 이른바 '시선전이(viewpoint shift)'가 일어나면 상대가 어지간한 불쾌감을 던져도 견딜 만하다. 때때로 재미있어 지기도 한다. 그러나 표정관리는 해야 한다. 나의 너무 느긋한 태도가 마음에 들지 않을 수도 있으니까 말이다.

넷째, 어떠한 경우에도 감정과 의견을 앞세우기보다는 사실에 기초하려는 자세를 지녀야 한다. 특히 싫어하는 사람과 화해를 시도하는 경우, 감정에 따르거나 편견으로 얼룩진 의견으로 대응하면 그렇지 않아도 불편한 관계가 더 꼬일 수 있다.

최악의 시나리오가 발생했어도 스스로 자제하고 현명하게 대처했다는 생각이 들면 최소한 나의 자부심은 잃지 않게 될 것이다. 결과와 관계없이 스스로 최선을 다했다는 느낌이 들면 자존감은 오히려 높아진다. 결과도 중요하지만 어떤 상황에 잘 대처하지 못한 자신에게 훨씬 더 많이 분개하는 것이 사람이다. 당당하게 대처할 수 있었으니 전보다 더 나빠질 것은 없다. 따라서 두려워 말고 화해를 시도하는 것이 현명하고 용기있는 일이다.

복원된 관계를 유지하기 위한
필수적 장치

예의의 필수 요소는 적절한 거리다. 사람 사이의 불편함을 제거하기 위한 훌륭한 공적 태도라도 불러도 좋다. 복잡한 것도 아니다. 내가 말하는 예의는 생활 속 예의다. 지켜지면 일상이 부드럽게 흘러가지만 지켜지지 않으면 오해와 불화가 끊이지 않는다.

예의는 좋은 관계를 만드는 가장 강력한 원칙이다

대부분의 사람들이 쉽고 간단한 예의를 지키지 못해 불필요한 갈등을 만들어 낸다. 다음 세 가지만 지켜도 기본적인 생활 예의는 완성된다.

첫째, 만나면 인사하라. 특히 상사를 만나면 반드시 인사하라. 목례여도 좋고 웃음이어도 좋고 간단한 인사말을 던져도 좋다. 내가 상사를 좋은 사람으로 생각하든, 꼴도 보기 싫은 사람으로 생각하든, 방금 전 상사에게 심한 꾸지람을 들었든 간에 복도를 지나다 마주쳤을 땐 인사하는 것을 잊지 마라. 이때 간단한 기준을 마음속으로 정해 두는 것이 좋다.

하루에 몇 번을 만나든 인사한다. 화장실 갈 때 만나고 회의실에서 만나고 복도에서 다시 우연히 마주친다 해도 그때마다 인사해라. 조금 전에 만나 인사했는데 또 인사하는 것이 어색할 수도 있다. 하지만 두 번 세 번 만나더라도 인사하는 것이 좋다. 미소를 띠거나 "부장님, 또 만났네요." 하면 된다. "오늘 이사님 다섯 번 만났어요. 가장 많이 만난 날이네요." 해도 좋다.

둘째, 아무리 먼 곳에서 마주쳐도 인사하라. 인사할 때는 거리를 따지지 않는 것이 좋다. "저 사람이 나를 보았을까? 보지 못했을까? 서로 눈이 마주쳐야 인사를 하는 것 아닐까?"라고 복잡하게 생각할 것 없다. 꽤 거리가 멀더라도 서로 눈이 마주친 듯한 느낌이 들면 고개를 간단히 숙여주는 것이 좋다. 내가 상대를 확인하는 순간 고개를 숙여 그 신호를 보내는 것도 요령이다.

상대가 나를 못 봤다고 해도 고개 한 번 숙였다고 해가 될 것은 없다. 만일 보았다면 상대는 감동할 것이다. 거리가 먼 곳에서 우연히 지나치다 서로 얼굴이 마주쳤는데도 알아보고 고개를 숙여 인사해 주면 그 사람을 다시 보게 된다. 인사한 사람의 친밀감이 훈풍을 타고 불어오는 것을 느끼게 된다.

셋째, 목소리에 반응하라. 일을 열심히 하고 있는데 옆자리에서 상사의 목소리가 난다면 어떻게 할까? 그냥 모른 척 하던 일에 더욱 열심히 몰두하는 척할까? 상사가 내게 볼일이 있어 찾아온 것이 아니기 때문에 내 일을 계속하면 된다는 생각이 나를 지배할 때도 있다.

인사 한마디가 일의 흐름을 깨지는 않는다. 현장에 나타난 상사를 환영해 주는 것 역시 함께 일하는 좋은 방법이다. 꽤 많은 사람들이 모른 척 일을 계속하는 경향이 있지만 옆자리에서 상사의 목소리가 들렸다면 일에 대한 몰입이 깨졌기 때문에 돌아서 가볍게 인사를 건네는 것이 좋다. 긴 농담이나 여담을 나눌 필요는 없다. 상사가 원하는 것이 아니라면 인사 이상의 이야기를 나누는 것은 피하는 것이 좋다. 오히려 일에 몰두하지 못하는 사람이라는 인상을 줄 수 있다. 곧바로 다시 할 일을 하면 된다.

언제나 먼저 배려하라

아주 간단한 일이다. 어느 경우든 상사가 우선순위에 있음을 느끼게 하라. 만일 부서가 함께 놀러 갈 일정을 잡는다면 먼저 상사의 일정이 가능한지, 선호하는 곳이 있는지, 어떤 음식이 좋은지 간단히 물어보는 것이다. 식당에서 주문을 할 때도 무엇을 시킬지 먼저 물어라. 차를 타든 문을 나서든 상사를 먼저 배려하는 것은 상식이다.

따라서 이러한 상식이 지켜지지 않으면 '권위에 대한 도전'이라고 느끼게 될 것이다. 원칙을 미리 세워 두면 언제 어디서든 당황하지 않고 쉽게 대응할 수 있다. "상사를 앞세운다. 먼저 배려한다." 이것이 전부다.

농담의 수위를 조절하라

대개 우스개는 성(性)을 다룬다. 보편적이기 때문이다. 누구나 이해하고 웃을 수 있다. 그래서 어떤 사람은 "야하지 않은 이야기는 우스개가 아니다."라고 강변하기도 한다. 죽음 역시 농담의 단골 소재다. 역시 보편적이기 때문이다. 죽음과 같은 어이없는 상황이나 통제할 수 없는 상황에서 인간은 웃음으로 반응한다. 이것은 '웃음이 인간성의 표현'임을 의미한다. 인간은 '웃는 동물'이다.

그런가 하면 '조건적'인 농담도 있다. 사전에 배경이나 지식을 공유하고 있지 못하면 함께 웃을 수 없는 농담을 말하는 것이다. 조건적인 농담이 성공하면 농담을 한 사람과 듣는 사람은 같은 공동체의 일원이라는 것을 확인하게 된다.

우스개가 성공하면 친교는 두터워진다. 우리는 그 '어떤 느낌을 공유함으로써' 하나가 될 수 있다. 공동체는 조건적인 우스개가 입 밖으로 나오는 순간, 그리하여 상대방의 공감을 얻어 낼 때 구축된다. 아주 재미있는 이야기를 듣고 나서 다른 사람들에게 말하고 싶어지는 이유는 사람들은 '서로에게 닿기를 원하기 때문'이다. 서로가 조금은 비슷하다는 것을 서로에게 보여 주고 싶기 때문이다.

농담은 주장과는 달리 강요하지 않는다. 상대방의 변화를 억지로 끌어 낼 필요도 없고 썰렁한 반응을 얻었다고 해서 왜 웃지 않느냐고 따질 필요가 없다. 나는 웃었는데 상대방이 웃지 않았다면 공유하는 바가 다르기 때문이다. 이 차이는 우리를 서로 낯설게 한다. 미국의 철학자 테드 코언(Ted Cohen)은 "실패한 우스개는 만남의 실패를 의미한다."고도 했다.

농담을 할 때는 한계를 넘지 않도록 주의해야 한다. 특히 배경 지식이 없으면 함께 웃을 수 없는 '조건적 농담'일 경우 상사를 농담의 소재로 쓰는 것은 좋지 않다. 농담이 통하면 좋다. 그러나 웃자고 한 이야기가 상처로 남을 수도 있다. 특히 상사가 없는 자리에서 상사에 대한 부정적 농담이 동료 사이에서 인기가 있었다면 곤란한 입장에 처할 수도 있다. 언젠가 상사에게 알려지게 될 것이다. 농담이 상사와 서로 인간적으로 닿게 하는 경우는 얼마든지 좋다. 그러나 농담이 서로를 밀어 내는 요인이 되지 않도록 종류와 수위를 조절할 필요가 있다. 술자리에서 한 이야기, 웃자고 한 악의 없는 이야기가 웃음을 만들어 내는 데 실패하고 마음의 앙금으로 남게 되는 일은 의외로 많다.

농담의 원칙은 한 가지다. '어떤 것에 대해 누가 먼저랄 것도 없이, 다 같이 웃을 수 있다는 놀랍고 소중한 일'을 만들어 내는 것이다. 그리하여 서로 기분 좋게 '닿는' 느낌을 공유하자는 것이다. 그러므로 이 목적을 벗어나지 않도록 가려 써야 한다.

7

쓰레기 상사에게 고삐를 채우는 법

누구에게나 상대를 압도하는 한 방은 있다. 비록 그 존재가 아무리 작고 초라하더라도.

곰과 사자와

작은 새 한 마리가 함께 여행을 떠났다. 어느 날 그들은 한 마을에 이르러 사람들이 장례식을 치르는 광경을 목격하게 되었다. 죽은 사람을 담은 관이 파 놓은 땅 속으로 들어갔다. 몇 사람들이 울며 관 위로 꽃을 던졌다. 그 모습을 보고 있던 곰이 말했다.

"곰한테 물려 죽었나? 사람들은 곰을 무서워하지. 내가 숲에서 사람을 만났을 때 벌떡 일어나 소리를 지르면 저 불쌍한 인간들은 꽁지가 빠지게 줄행랑을 놓는단 말이야."

그러자 사자가 가소로운 듯 말했다

"그래? 너는 벌떡 일어나 눈앞에서 겁을 주어야 하지만, 나는 멀리서 포효하기만 해도 사람들은 놀라 기절하지. 나를 보지 않아도 내가 누구인지 알고 두려워해. 나는 호랑이처럼 곶감을 무서워하지도 않아. 그래서 저 인간들은 나를 동물의 왕이라고 부르며 벌벌 떠는 거야."

곰과 사자가 서로 인간에게 얼마나 두려운 존재인지를 다투어 말하고 있을 때 작은 새는 조용히 있었다. 그러다 기침을 한 번 하더니 이렇게 한 마디 했다.

"사람들은 내가 기침을 한 번 하면 천리만리 도망가지. 저 사람은 조류

독감으로 죽은 거야. 그제 죽었지."

　곰과 사자는 입을 다물었다. 작은 새는 승리를 자축하는 듯 하늘을 날아올랐다. 작은 새가 덩치가 크고 사나운 짐승들을 침묵시켰다. 기침 한 번으로. 기침은 작은 새에게 훌륭한 무기였다. 누구에게나 상대를 압도하는 한 방은 있다. 비록 그 존재가 아무리 작고 초라하더라도.

　힘이 있으면 협상에 유리하다. 힘이 없으면 불리하다. 아랫사람은 윗사람에 비해 열세에 있다. 따라서 상대적으로 협상력이 약할 수밖에 없다. 그렇다고 악질 상사에게 매번 당하고만 살 수는 없다. 힘을 얻으려면 자신이 힘을 가지고 있다는 것을 믿어야 한다. 이러한 인식이 있어야 결국 내 쪽으로 힘이 기우는 주도적 방안을 모색할 수 있다.

　잊어서는 안 된다! 싸움에는 반드시 '작은 새의 기침'이 있어야 한다. 곰과 사자를 침묵시킬 수 있는 치명적 기침, 내 안에 숨겨진 강력한 도구를 찾아내야 한다.

　허브 코언(Hurb Cohen)의 『협상의 법칙(Negotiate this!)』에는 다음과 같은 사례가 소개되어 있다.

　독방에 갇혀 있는 죄수를 생각해 보자. 당국에서는 그가 자살하지 못하도록 그의 신발 끈과 허리띠를 거둬 갔다. 이 불운한 작자는 그의 독방에서 구부정한 자세로 왔다 갔다 하고 있다. 그는 왼손으로 바지춤을 움켜쥐고 있다. 벨트가 없을 뿐 아니라 몸무게 15파운드나 빠졌기 때문이다. 철문 밑으로 밀어 넣어 주는 음식은 맛이 없어서 손도 대지 않고 거부하고 있다. 그가 손가락 끝으로 자기 갈비뼈를 쓸어 보고 있을 때, 제일 좋아하는 말보로 담배 향이 코를 자극했다. 그는 문에 달려 있는 작은 창을 통해 혼자 지키고 있는 교도관이 담배 연기를 한껏 들이마셨다가 행복하게 내뿜는 모습을 봤다. 담배가 너무도 피우고 싶어서 죄수는 오른손으로 문을 정중하게 두드린다. 그러자 교도관이 투덜거리며 느릿느릿 걸어 왔다.

"뭐야?"

"저, 담배 한 개비만 주세요. 제발 부탁입니다. 피우고 계신 말보로 한 대만……."

교도관은 죄수를 향해 비웃듯 콧방귀를 뀌고는 등을 돌려 가 버렸다. 죄수는 무시당했다. 무시의 근거는 힘이 없기 때문이다. 죄수는 자신에게 힘이 있다는 것을 믿었다. 그래서 위험을 감수하기로 결심했다. 그래서 이번에는 당당하게 문을 두드렸다. 화가 난 교도관이 담배 연기를 내뿜으며 다가왔다.

"또 뭐야?"

"제발 제게 담배 한 개비를 주세요. 만일 피우지 못하게 하면 나는 벽에 내 머리를 찧어 피투성이가 되게 만들겠습니다. 병원으로 후송되면 당신이 나를 이렇게 만들었다고 말할 것입니다. 물론 그들은 내 말을 절대로 믿지 않겠지요. 하지만 당신이 참석해야 할 모든 청문회와 여러 위원회 앞에서 증언해야 할 것을 생각해 보세요. 세 통씩 작성해야 하는 보고서들을 생각해 봐요. 당신이 겪어야 할 복잡한 행정 절차들을 생각해 보세요. 내게 값싼 담배 한 개비를 안 줘서 이 모든 일을 당하려 합니까? 담배 한 개비만 주면 다시는 당신에게 폐를 끼치지 않겠습니다."

교도관이 작은 창 사이로 담배를 넣어 줄까? 물론 그럴 거다. 왜일까?

교도관은 그 상황에 대한 비용편익분석을 재빨리 끝냈을 테니까. 당신이 어떠한 상황에 처해 있든 간에 당신의 입장은 왼손으로 바지춤을 여미고 있는 그 죄수의 입장보다는 더 나을 것이다. 죄수는 말보로 한 개비를 원했고, 얻었다.

합당한 범위 내에서 당신이 당신에게 주어진 선택 사항들이 무엇이 있는지 알고 있다면, 당신의 생각을 시험해 본다면, 믿을 만한 정보에 입각해서 치밀하게 계산된 위험을 감수한다면, 그리고 당신 스스로가 힘을 갖고 있다고 믿는다면, 당신이 원하는 것은 무엇이든지 가질 수 있다.

상사들은 일 잘하는 부하직원을 챙기기보다는 다루기 쉬운 부하직원들의 충성을 얻어 내는 데 더욱 관심을 가지고 있다. 원하든 원하지 않든 회사 내에는 권력 투쟁이 있게 마련인 것이다. 종종 무모한 편 가르기가 자행되기도 한다.

정말 못 견디게 역겨운 쓰레기 상사가 매일 나에게 스트레스를 주고 있다면 어떻게 해야 할까? 매일 등굣길에서 나의 하루와 인생을 망쳐 버리는 불량배를 만난다면 참고 넘어가야 할까? 아니면 다시는 그러지 못하도록 흠씬 두들겨 패 줘야 할까?

해결책은 상황에 따라 다르다. 그리고 내가 어떻게 결심하느냐에 따라 다르다. 그러나 일단 싸움이 시작되면 반드시 분명하게 경고하고 부당한 대우를 하지 못하도록 차단해야 한다. 그러나 어떤 싸움이든 최고의 병법은 싸우지 않고 먼저 승리를 거머쥐는 것이다. 『손자병법(孫子兵法)』에서는 이렇게 충고한다.

"백 번 싸워 백 번 이기는 것이 결코 최상의 방법이 아니다. 싸우지 않고 적을 굴복시키는 것이 전략의 극치다."

싸우지 않고 적을 굴복시키는 최상의 전략은 '적의 싸우려는 의도와 전략을 사전에 분쇄하는 것'이다. 싸움을 잘하는 사람은 먼저 내가 이길 수 있는 여건이라는 것을 보여 줌으로써 자연스럽게 상대가 싸우려는 마음을 접게 한다.

무능하고 악질적인 관리자가
기업에 떠넘기는 쓰레기 비용

훌륭한 관리자는 훌륭한 팀을 만들어 낸다. 그러나 무능하고 나쁜 상사는 다시 나쁜 직원을 고용함으로써 팀의 무능력과 갈등을 가속화시킨다. 자신만큼의 자질을 가지고 있는 사람만 있어도 위협을 느끼기 때문이다. 무능력하고 나쁜 상사가 더욱 무능력한 부하직원으로 자리를 채우는 현상을 가리켜, 넷스케이프(Netscape)의 공동창업자였던 마크 앤드리슨(Marc Andreessen)은 '무능력하고 조야한 사람들의 법칙(Rules of Crappy People)'이라고 불렀다.

쓰레기 상사가 요직을 차지하고 있을 때 나타나는 사이클은 이렇다. 일단 유능한 부하직원들의 승진 기회는 줄어든다. 희망이 없으니 직원들은 자기계발에 소홀하게 되고 생산성과 효율성의 저하로 성과도 미미해진다. 이내 유능한 직원들의 이탈이 늘어난다. 이런 현상이 조직 전체에 확산되면 유능한 인재는 이 회사에 들어오지 않으려 한다. 결국 '인재전쟁의 시대'에 기업은 쇄락의 길을 걸을 수밖에 없다.

맥킨지 앤 컴퍼니(Mckinsey & Company)가 임원진과 중간관리자들을 대상으로 설문조사를 한 결과 쓰레기 상사 밑에서 일해 본 적이 있다고 응답한 직원들은 다음과 같은 반응을 보였다.

>상사가 회사를 그만두고 싶게 만들었다.(85퍼센트)
>상사가 내가 회사의 성과에 기여할 기회를 박탈했다.(82퍼센트)
>상사가 나의 경력 계발에 해를 끼쳤다.(81퍼센트)

실제로 나쁜 상사를 넘어 쓰레기 수준에 이른 상사는 주변에서 쉽게 찾을 수 있다. 이런 사람들의 직장 내 폭언과 폭력은 매우 광범위하다. 상사와 부하직원 사이의 부정적인 상호작용이 사기 저하에 미치는 영향력은 우리의 예상보다 더 파괴적이다. 테레사 글롬(Theresa Glomb), 찰스 훌린(Charles Hulin) 그리고 앤드루 마이너(Andrew Miner)의 '일지를 통해 본 직장 심리학의 연구'라는 보고서는 눈여겨볼 만하다.

그들은 미국 중서부의 한 생산 공장 직원 41명에게 2~3주간 손바닥만 한 크기의 컴퓨터를 늘 소지하도록 했다. 그리고 근무일 하루 동안 무작위로 네 번씩 개인이 상사와 동료 사이에서 겪은 가장 최근의 일이 무엇인지를 기록하게 했다. 또 그 일이 부정적인지 긍정적인지, 그리고 현재의 기분이 어떤지도 입력하도록 했다. 그 결과 상사의 모욕, 조롱, 폭언, 무시, 경멸 등 부정적인 대우가 당사자의 기분에 미치는 영향은 칭찬, 인정, 존중 등을 받았을 때 느끼는 긍정적 기분보다 무려 다섯 배나 더 치명적인 것으로 나타났다.

스탠퍼드 대학교 경영학 교수인 로버트 서튼(Robert I. Sutton)은 쓰레기 상사들의 가장 대표적인 행태를 다음과 같이 정리했다.

- 인신공격은 기본이고, 개인의 프라이버시를 침범하는 경우가 많다.
- 원치 않는 신체적 접촉을 꾀한다.
- 언어적 혹은 비언어적 위협과 협박을 자행한다.
- 냉소적인 농담과 모멸감을 주기 위한 의도적인 약 올림에 능하다.
- 사회적 지위를 무시하고 수치심을 유발시킨다.
- 공개적인 모욕을 주고 상대방의 지위를 깎아내린다.
- 불쾌한 이메일을 남긴다.
- 무례하게 영역을 넘어 간섭한다.
- 앞에서는 관대한 척하고 뒤에서 공격한다.
- 경멸하는 표정을 짓거나 상대가 마치 투명인간인 듯 무시해 버린다.

실제로 내가 운영하는 홈페이지나 이메일을 통해 전달된 직장 스트레스 상담의 3분의 1은 직장상사와의 갈등에 대한 하소연들이다. 느닷없는 폭언에 의해 씻어지지 않는 감정적 앙금을 가진 사람들, 입사 후 몇 달 동안 회의실과 화장실로 불려 다니며 사수에게 당한 모욕적 언사 때문에 회사를 그만뒀지만 새로운 직장에서 또 그런 일을 당할까 두려워하는 신입 여직원, 앞뒤 가리지 않고 막무가내로 화부터 내고 보는 무능한 상사나 조곤조곤 신경을 갉아먹듯 의도적으로 골탕 먹이는 상사 때문에 회사가 지옥 같다는 사람 등 이러한 불만과 한숨은 매우 흔한 이야기다.

결국 저질 쓰레기 상사는 직원들의 회사에 대한 충성심을 저하시키고 집중력을 현저하게 떨어뜨린다. 직장과 삶에 대한 만족도를 땅바닥으로 끌어내리고 불안, 우울, 스트레스, 피로감을 심화시킨다. 이것은 기업에게 치명적인 것이다. 비용적인 측면에서도 어마어마한 낭비다.

로버트 서튼은 악의적인 저질 상사들이 기업에게 미치는 비용을 '쓰레기 상사 비용(Total Cost of Jerks, TCJ)'이라는 지표로 설명하고 있다. 이것은 쓰레기 상사 밑에서 일하는 부하직원들의 부정적 심리 상태와 그것이 야기한 결과들을 모아 놓은 비용들의 합으로 표시된다. 쓰레기 상사에게서 받은 감정적 상처를 치료하고 삭히기 위해 낭비된 시간, 쓸데없는 일을 강요받아 수행한 시간, 직원들의 분노관리법 교육비 등이 이 속에 포함된다. 조금 더 자세하게 소개하면 다음과 같다.

쓰레기 상사 비용(TCJ) 산정 기준

- 업무의 집중도 상실(업무를 잘하는 대신 비난을 면하는 데 급급하여 본연의 업무가 사라진 데 들어가는 비용).
- 정직은 최선이 아니라는 심리적 확산이 낳은 비리 비용.
- 근로 의욕의 저하가 낳은 낭비 비용.
- 스트레스 등이 야기한 심리적·육체적 비용.
- 왕따 등 지속적인 압력을 통해 피해자가 다시 가해자가 되는 데서 발생하는 비용.
- 쓰레기 상사로 인한 장기 결근 및 퇴직 현상.
- 피해자와 목격자의 보복에 따른 비용.
- 장기적 경력 관리에 미치는 악영향.
- 피해 직원을 돕고 위로하는 데 드는 비용.

- 쓰레기 상사로 인해 발생한 고객 및 관련 업체와의 관계 회복을 위해 투입된 비용.
- 쓰레기 상사의 피해를 줄이기 위한 교육 및 예방 비용.
- 피해자나 가해자가 퇴사를 하게 되는 경우 신규 채용 및 교육에 소요되는 예산.
- 부하직원이 법적인 대응을 함에 따른 변호사 선임료 및 피해 보상액 혹은 중재 비용.
- 쓰레기 상사로 인한 창의성과 혁신성 그리고 자발성의 결여.
- 타부서와의 협력 확보의 어려움.
- 인재의 채용과 보유 비용의 증가.

실로 엄청난 비용이다. 당장 기업에 적용하여 비용을 수치로 산출해 내기에는 어려움이 있지만 TCJ의 개념은 쓰레기 상사들이 주도한 부정적 상호작용이 낳은 비효율성을 경영학의 관리 영역으로 끌어들였다는 점에서 흥미로운 착상이라 할 수 있다.

경영자의 실패
: 왜 회사는 무능한 상사들을 방치할까?

　쓰레기 상사가 기업에 치명적인 악영향을 끼치는 것을 모두 알고 있는데도 그들이 여전히 존재하는 이유는 무엇일까? 이유는 두 가지다. 다른 이유가 있다면 이 원인에서 파생된 것에 불과하다. 하나는 경영자의 의도적 배치고 다른 하나는 무책임한 방기다.
　의도적 배치는 경영자가 충성도를 기준으로 중간관리자를 통제할 때 나타나는 일반적 현상이다. 경영자가 회사 전체를 감시하고 통제하고 싶어 한다는 뜻이다. 따라서 야비하고 증오심이 강하지만 맹목적인 충성심을 가진 저질 중간관리자들을 필요한 자리에 정치적으로 포진시킨다. 이는 히틀러가 친위대와 비밀경찰을 육성했던 방법이다. 이런 회사에 다니는 직원이 선택할 수 있는 길은 하나다. 빨리 나와 다른 회사를 찾는 것이다. 상사를 바꾸기보다는 회사를 바꾸는 것이 쉽다.
　맥킨지의 에드 마이클스(Ed Michaels)는 무능력하고 나쁜 관리자들에 대한 조치가 빨리 이루어지지 않는 결정적 이유는 경영진들이 지난날 회사에 공헌을 했던 사람들이나 오랫동안 함께 일했던 사람을 해고하거나 좌천시키는 것을 즐기지 않기 때문이라고 지적한다. 그들의 경력 전체를 고려할 때 과거의 공헌이 지금의 태만과 무능력을 상쇄한다고 생각하고 묵인하는 쪽을 선택한 것이다. 그러나 나쁜 관리자들을 재배치하거나 해고하여 조직을 활성화시켜야 한다는 당연한 결정을 유보하는 것은 경영자의 무능이다.

말은 부드럽게 하되 몽둥이는 큰 것을 들어라

경영자가 조직에 대하여 가져야 할 책임은 분명하다. 더 이상 동료들의 존경을 받지 못하고 기대되는 성과를 내지 못하는 사람들이 자존심을 잃어 가면서 계속 일하게 하는 것은 오히려 인간에 대한 불경이며 경영자의 직무유기이다. 무능력한 중간관리자들을 다루지 못하는 경영자는 똑같이 무능력한 사람이다. 이는 '경영자의 실패' 다.

그러므로 전문가들은 나쁜 상사들은 신속하고 과감하게 정리되어야 한다고 입을 모은다. 수순은 간명하다. 객관적 기준에 의해 정리가 불가피하다고 판단되면 재빨리 한 단계 낮은 직위로 좌천시키거나 다른 부서로 배치하는 것이다. 이때 중요하게 고려해야 할 기준이 있다.

첫째, 나쁜 상사가 원하는 일이나 적성에 맞는 일을 찾아 주려는 성실한 노력을 해야 한다. 적절치 못한 역할은 신통치 못한 결과로 이어지게 마련이다. 따라서 먼저 그 사람에게 어울리는 제대로 된 자리를 배정해 주는 것이 좋다.

둘째, 중간관리자를 강등시킬 때라도 그들이 가능하면 권위와 위엄을 유지할 수 있도록 최대한 배려해야 한다. 예를 들면, 홈 디포(The Home Depot) 같은 회사는 지역관리자를 점포관리자로 강등시킬 때 그들의 과실이 새로운 부하직원들의 눈에 잘 띄지 않도록 대개는 새로운 지역으로 발령을 낸다.

인생과 마찬가지로 회사에서의 경력관리도 '새롭게 다시 시작할 수 있는' 기회와 함께 적절한 환경을 제공하는 것이 성공률이 높다. 경영자가 확고한 기준과 의지를 가지고 부적절한 중간관리자에게 좌천이라는 분명한 경고의 메시지를 주고 적합한 프로세스를 통해 다시 좋은 성과를 내는 중간관리자로 복귀시킬 수 있다면 그보다 바람직한 결과는 없다. 그러나 계속해서 성과를 내지 못하거나 팀워크를 엉망진창으로 만든다면 해고시키는 방법 외에 달리 쓸 수 있는 카드는 없다.

기업이 좋은 관리자를 양산하지 못하고 쓰레기 상사를 제재하는 데 실패하면 직장은 지옥이 되며, 성과는 바닥을 칠 수밖에 없다. 장기적으로 봤을 때 인재는 떠나고 회사는 문을 닫게 될 것이 불 보듯 뻔하다.

쓰레기 상사의 관리 및 격리는 조직의 커다란 과제다. 쓰레기 상사가 주요 보직을 차지하도록 내버려 두어서는 안 된다. 경영자는 권력의 비밀을 깨달아야 한다.

"말은 부드럽게 하되 몽둥이는 큰 것을 들고 있어야 한다."

이 말은 원래 아프리카 속담이다. 미국 대통령 시어도어 루스벨트가 매우 좋아한 말이기도 하다. 이 말을 가장 미국적인 스타일로 다시 표현한 사람은 바로 1920년대 시카고 암흑가를 휘어잡았던 알 카포네(Al Capone)다. 그는 다음과 같이 표현했다.

"상냥하게 말만 하는 것보다는 무기를 들고 상냥하게 말할 때 훨씬 많은 것을 얻을 수 있다(You will get more with a kind word and a gun than with a kind word alone)."

나폴레옹 역시 권력의 비밀을 잘 알고 있었다.

"사람들은 벨벳 장갑 속의 철의 손에 의해 이끌어진다(Men must be led by an iron hand in a velvet glove)."

차갑고 냉정한 '철의 손'이 있어야 사람들을 이끌 수 있다. 물론 철의 손은 늘 벨벳 장갑을 끼고 있어야 한다. 부드러움은 사람이 모이게 하고 냉정함은 신통치 않은 사람과 훌륭한 사람을 가려내기 때문이다.

쓰레기 상사가 판을 치지 않게 하기 위해서는 경영자가 먼저 변해야 한다. 충성과 감시의 메커니즘으로 조직을 통제하는 대신 능력과 열정을 가지고 이끌겠다는 결심을 해야 한다. 기업 차원에서 쓰레기 상사에 대한 신속하고 적절한 조치를 피하지 않겠다는 의지도 병행되어야 한다.

쓰레기는 쓰레기를 낳는다. 이 악순환이 반복되면 피해자는 이내 또 다른 가해자로 변하면서 경멸, 멸시, 비난, 분노가 전 조직에 산불처럼 퍼지게 된다. 조직 전체가 나쁜 바이러스에 감염되는 것이다.

회사가 쓰레기 상사 문제를 처리하지 못하는 동안, 이들에게서 입는 피해는 고스란히 개인 직원이 입게 된다. 이때 개인이 선택할 수 있는 방법은 크게 세 가지다.

- 회사를 떠난다.
- 지옥이라도 참고 견딘다.
- 쓰레기 상사에 대항하여 나를 지킨다.

더 나은 직장을 찾는 것도 좋은 방법이지만 누구에게나 쉬운 일은 아니다. 또 어느 조직이나 갈등과 긴장과 모욕은 있다. 중요한 것은 어느 때 참아야 하고 어느 때 참아서는 안 되는가를 아는 것이다. 참지 말아야 할 때 어떻게 자신의 입장을 효과적으로 호소해야 하는지 그 방법을 알아야 한다. 이제 쓰레기 상사로부터 자신을 지킬 수 있는 적절한 호신술을 알아보자.

쓰레기 상사에게
존중을 얻어내는 3가지 기술
: 상황적·전략적·무작정 막무가내 다루기

가장 중요한 호신술은 감정적 전투력을 키우는 것이다. 그것은 싸우기 전 필승을 다지는 군가의 역할을 한다. 울리히 샤퍼(Ulrich Schaffer)의 시를 우리의 권리 선언으로 삼자.

네겐 널 지킬 권리가 있어,
너를 이해하지 않으려 작정한 사람들,
그러면서 이미 널 알고 있다고 말하는 사람들,
네 생각을 존중해 주지 않는 사람들,
네 생각을 지배하려는 사람들로부터 말이야.
네겐 권리가 있어,
등을 돌릴 권리,
그 사람들을 저버릴 권리,

그 사람들을 더 이상 네 삶 속으로 초대하지 않을 권리,

그 사람들 말에 끌려 다니지 않을 권리,

그 사람들을 만나지 않을 권리,

네가 그 사람들의 결정을 받아들이지 않은 것에 대해

늘 해명하지 않아도 되는 권리 말이야.

자신의 권리를 포기한 사람을 위해 대신 싸워 줄 사람은 없다. 협상 전문가인 로널드 샤피로(Ronald M. Shapiro)와 마크 얀코프스키(Mark A. Jankowski)는 거칠고 무례한 상사를 크게 세 가지 유형으로 구별하여 각기 다르게 대응하는 것이 적절하다고 조언하고 있다.

첫 번째 유형은 보통 때는 점잖고 신사적이며 합리적이다가 특정 상황에서 불같이 화를 내거나 아무 것도 아닌 것에 돌연 민감하게 과잉반응을 하는 사람들이다. 무방비 상태에 있다가 졸지에 난처한 상황에 빠지는 사람을 본 적이 있을 것이다. 이런 상사들은 '상황적 막무가내형'이다.

두 번째 유형은 전략적으로 일부러 거칠고 무뚝뚝하고 공격적으로 대하는 사람이다. 그렇게 보일 때 부하직원으로부터 훨씬 더 많은 것을 얻을 수 있다는 것을 알고 있기 때문에 일부러 제멋대로 군다. 이들을 '전략적 막무가내형'이라고 부른다. 역시 사무실에서 종종 발견된다.

마지막 유형은 기질적으로 거칠게 태어난 사람들이며 '너 죽고 나 죽자'는 파괴적인 사람들이다. 이들은 공멸도 마다하지 않는다. 이러한 '무작정 막무가내형'을 우리는 보통 악질이라 부르는데, 작은 사무실이나 공장의 폭군으로 군림하곤 한다.

이제 이 세 가지 유형의 상사에게 대응하는 요령을 살펴보자.

싸움에는 단호함이 중요하다. 그러나 상사를 제압하여 길들이려고 하지 마라. 싸움을 끝내고 상사와 더불어 상생해야 하므로 한계를 넘어서지 않는 것이 좋다. 이 점 역시 싸움의 성격과 방향을 결정하는 중요한 원칙이다. 함께 지낼 수밖에 없는 사람들 사이에서 승리와 패배가 너무 분명하면 최상의 팀이 될 수 없다. 누군가는 늘 오만하여 마음대로 하고 누군가는 늘 주눅 들어 불행하다면 좋은 팀이라 부르기 어렵다. 하나의 팀이 되는 것이 우리의 목표다. 상사와의 좋은 관계를 통해 존중과 인정 속에서 최선을 다하자는 것이 목표다.

상사에게 감정적 빚을 지워라

직장 시절 어느 날 나는 회의를 소집해 변화 프로그램에 대해 관리자들과 이야기를 나누었다. 매우 합리적이며 나와 친하게 지냈던 옆 부서의 중간관리자도 그 자리에 있었다. 나는 20년간 회사에서 근무하는 대부분의 시간을 변화와 혁신의 현장에서 일했다. 대부분의 사람들은 변화 프로그램을 싫어했는데 그는 특히 더했다.

급기야 대화 도중 갑자기 그가 벌컥 화를 내면서 듣도 보도 못한 심한 말을 던지는데, 나는 깜짝 놀랐다. 내가 기억하는 말 중에 이런 말도 있었다.

"당신이 사라져야 이런 똥 같은 프로그램도 사라져!"

나는 경악했고 침묵했다. 그는 혼자 1분 정도 퍼붓더니 씩씩거리면서 나가 버렸다. 주위 사람들에게 창피하기도 하고 난감한 상황이었는데, 5분쯤 지나 그가 다시 돌아오더니 자신이 지나쳤다며 사과했다. 분이 좀 삭은 것이다. 우리는 다시 합리적인 대화를 나누었다. 그는 감정적으로 내게 빛이 있었기 때문에 결국 내가 요구한 것들을 들어주게 되었다. 이런 사람들이 상황적 막무가내형인데, 꽤 많은 상사들이 이런 충동적인 태도를 지니고 있다. 상황적 막무가내형에게는 다음과 같이 대응하는 것이 좋다.

첫째, 감정을 자제한다. 상사는 나 때문이 아니라 자신이 처한 상황과 환경에 화를 내고 있는지도 모른다. 대들지 마라. 회피하지도 마라. 그저 소나기가 퍼부을 때 처마 밑에서 잠시 비를 피하듯 가벼운 심호흡을 하며 마음을 진정시키는 것이 좋다. 이 상황에서 쓸 수 있는 나의 무기는 '냉정함과 침착함'이다. 상사의 감정적 폭풍을 견디는 냉정한 바위라고 생각해라. 고요한 검객이라고 상상하라. 상사가 미쳐 날뛸수록 싸움은 나에게 유리해진다. 자괴감과 모멸감을 느끼지 마라. 파괴되고 있는 것은 오히려 상사다.

대개 이런 상황은 시간이 지나면 풀어지고, 합리적인 사람들은 자신의 과민한 반응에 대해 반성하고 사과하게 마련이다. 물론 자존심이 강해 사과하지 않을지라도 자신의 돌발 행위에 대해 미안한 마음은 가지고 있다.

잘 참아 내면 반드시 보상이 있다. 사람들은 누군가에게 빚진 것이 있으면 언젠가는 빚을 갚고 싶어 한다. 맞받아치면 감정적인 해소는 될 것이다. 그러나 가려운 곳을 한번 긁으면 계속 긁게 되고 결국 피가 나게 된다. 좋은 상황이 아니다. 따라서 잘 참아 냄으로써 상사에게 마음의 빚을 남겨 두는 것이 현명하다.

둘째, 상사가 화를 내는 상황을 감정적으로는 이해하더라도 절대 동의하지 마라. 후에 어떤 점이 문제인지 묻고 나의 대안을 제시하라. 그러면 대개는 상황이 종료될 뿐 아니라 나의 감정적 응어리도 정리될 것이다.

예를 들어, 다음과 같이 말하면 좋다.

"아침까지 회의에 써야 할 서류가 제대로 되지 않았다면 저라도 화가 났을 것입니다. 그러나 어디가 잘못되었는지 무엇이 더 필요한지 말해 주시지 않겠습니까?"

(상사가 어떻게 하라고 지시한다.)

"잘 알겠습니다. 회의에 먼저 들어가 계시면 제가 그 부족한 부분을 보완하여 가지고 들어가겠습니다."

셋째, 상황적 막무가내는 같이 지내기에 끔찍한 상사는 아니다. 화는 잘 내지만 뒤끝이 없는 사람들이다. 일상적으로 화를 내는 스타일이기 때문에 지나치게 민감하게 반응하지 않는 것이 좋다. 지나친 모욕으로 생각한다거나 기분 나쁘게 여겨 감정의 앙금을 오래 가지고 있거나 전직과 퇴사를 생각하는 것은 과도하다. 상황적 막무가내형의 대표적인 인물이 바로 윈스턴 처칠(Winston Churchill)이다. 인간적 약점이 보여 귀엽지 않은가!

상황적 막무가내형은 쉽게 쓰레기 상사로 분류되는데 사실 괜찮은 사람들도 많다. 적으로 만들지 않는 것이 좋다. 전혀 예측하지 못했던 때에 천둥과 소나기를 맞을 수는 있지만 마음에 담아 두지 않는 것이 훨씬 훌륭한 대처법이다. 침착하게 냉정을 유지해라. 상사에게 감정적 빚을 지워라. 그리고 나의 주장이 옳다면 절대 꿀리지 마라.

문제가 되는 상황을 상사가 해결하게 하라

내가 신입 사원이었을 때 영업부에 장사를 아주 잘하는 중간관리자가 있었다. 그는 실적이 매우 훌륭해서 빠른 기간에 이사가 되고 상무가 되었다. 그는 키가 아주 작았지만 다부지고 거만했다. 복도나 사무실에서 마주치면 인사를 해도 절대 받지 않았다. 인사를 해도 본 척 만 척 앞만 보고 목에 힘을 주고 지나갔기 때문에 나는 몇 번 인사를 하다가 화가 나서 다시는 인사를 안 하리라 마음먹었다.

하지만 그는 그것도 못 봐줬다. 맞은 편에서 뚫어지게 나를 쳐다보며 걸어오기 때문에 가볍게 목례라도 해야 했다. 그리고 또 인사를 무시당하면 나는 불쾌감에 몸을 떨었다. 이런 사람이 바로 일부러 거칠고 거만하게 행동하는 전략적 막무가내형의 표본이다.

폭군 스타일로 제멋대로 구는 것이 직장과 사생활에서 갈고닦은 전략이며 무기다. 내려 누르고 몰아붙여 자기의 뜻대로 사람을 쓰고 싶어 하는 것이다. 이들이 잘 쓰는 대표적인 전략이 있다.

- 마감 시한을 조급하게 정해 몰아붙인다.
- 모 아니면 도, 둘 중 하나를 선택하게 강요한다.
- 위압적인 물리적 환경(화장실, 회의실 등)을 일부러 설정하여 위축되게 한다.
- 대화 도중에 갑자기 화를 내거나 어이없다는 표정을 짓는다.
- 손을 휘휘 저으며 모든 대화를 포기하고 사람을 앞에 세워 둔 채 제 볼 일을 본다.
- 중요한 문제에서 그저 막연히 자신을 믿으라고 말한다.
- 결정적 순간에 기억이 없거나 모르겠다고 잡아뗀다.

상황에 따라 조금씩 다르지만 다음과 같은 대응책을 적용할 수 있다. 원칙은 "내가 당신의 전략적 강압술을 알고 있다."는 것을 경고하는 것이다. 다만 대놓고 맞서서는 안 되며, 적절하게 감정을 통제해야 한다.

첫째, 촉박하게 마감 시한을 정해 몰아붙일 때는 마감을 연장해 줄 수 있는지 물어보아야 한다. 그리고 마감을 늦추게 되면 더 좋은 결과물을 만들어 낼 수 있다고 설득해라. 마감을 지키는 것과 더 좋은 결과물을 내는 것 사이에서 상사가 결정을 내리게 하라.

일방적으로 마감시한을 통보할 때 마감까지 그 일을 할 수 있는지 없는지를 놓고 대결할 필요가 없다. 상황을 얼른 바꾸어 책임을 상사에게 넘겨라. 이런 상사의 경우 대개는 제멋대로 여유를 두고 정한 것이기 때문에 뒤로 늦추어도 아무 문제가 없을 때가 많다.

이 경우 협상은 저글링을 하는 것과 같다. 내가 공을 오래 가지고 있지 않아야 한다. 받으면 즉시 공을 넘기고 상사가 고민하고 결정하도록 해야 한다. 동시에 내 입장을 분명히 밝혀야 한다. 이 경우 우리가 전해야 할 메시지는 이렇다.

"마감까지 하라면 하겠다. 그러나 그 결과물은 별로 좋지 않을 것이다. 마감을 늦추면 더 나은 결과물을 얻을 수 있을 것이다. 이제 어떻게 할 것인가?"

그가 고민하는 동안 우리는 상황을 즐기면 된다.

둘째, 물리적 환경을 통제하여 위축시키려는 경우에는 대화를 위해 조금 편한 장소로 옮겨 줄 것을 요청한다. 폐쇄적인 공간보다는 열린 공간이 좋다. 그러면 상사가 의도적으로 언성을 높이거나 책상을 치는 과격한 행동을 하는 것을 제한할 수 있다. 커피나 차를 마실 수 있는 곳에서는 일방적으로 명령을 전달하는 것보다는 쌍방 간의 자연스러운 대화가 가능하다. 만일 상사가 내가 제안한 장소로 바꾸는 것을 거절하면, 제3의 장소로 옮기는 것을 다시 제안하자.

　예를 들어, 바깥공기를 쐴 수 있는 사무실 밖이나 나무 밑 벤치도 좋다. 그가 미리 세팅한 장소가 아닌 곳은 어디든 괜찮다. 상사가 언어적 폭력을 마음껏 구사할 수 있는 편한 곳을 선점하게 내버려 두지 않아야 한다. 언제나 대화가 가능한 더 좋은 공간을 선택할 수 있도록 제안하는 것은 서로에게 나쁘지 않다.

　셋째, 억지스럽게 둘 중 하나를 선택하도록 강요할 때는 당장 답을 주지 않는 것이 좋다. 시간을 더 가지고 제3의 대안을 만들어 볼 수 있도록 도와 달라고 말하는 것이 합리적이다. 미리 생각해서 전략적으로 몰아붙이는 사람들은 대개 두뇌 회전이 빠르다. 자신이 입을 손해와 이익에 대한 계산이 빠르기 때문에 합리적 제안에 대해 거절할 이유가 없다.

　자신에게 돌아올 떡이 커지면 언제고 긍정적으로 고려할 준비가 되어 있는 사람들이다. 이런 상사들은 인간관계에서 절대적 지위와 권위를 즐기지만 일에 대한 성취도에 집착하는 경우도 많기 때문에 더 좋은 제3의 대안이 있다면 기꺼이 받아들인다. "예" "아니요"라는 대답을 강요할 때, 우리는 생각할 수 있는 시간을 요구하며 법정 피고인이나 참고인의 자리처럼 구속된 상황에서 얼른 벗어나야 한다.

　넷째, 갑자기 분노하거나 돌연 침묵으로 일관하여 더 이상 대화가 진행되지 않을 때는 잠시 감정적 중립을 지키기 위해 노력해야 한다. 내가 써 본 것 중 가장 괜찮은 방법은 손가락을 입에 대고 감정이 터져 나오는 것을 막은 채 더 좋은 대안이 있는지 생각해 보는 것이었다.

　침묵에는 침묵으로 대응하는 것도 나쁘지 않다. 침묵에 당황하지 말고 늘 침묵을 예상하라. 그리고 예상된 침묵 속에서 더 많이 생각하라. 머리는 쓰라고 있는 것이지 베개를 베기 위해 있는 것이 아니다. 머릿속으로 재미있는 상상을 하며 침묵을 즐겨라. 결국 내가 이길 것이다.

다섯째, 모호하거나 불분명하여 확인이 필요한 것은 메모를 하고 다시 확인해야 한다. 직접 맞대 놓고 확인하기가 어려운 경우에는 대화를 끝내고 아주 간단한 불릿 스타일(bullet style: 머리·가슴·배 형식으로 항목을 나열하는 것)의 메모를 상사에게 보내 내용을 확인시켜 두는 것을 권한다.

모호한 지시에 당하지 마라. 일단 내가 합리적으로 판단하여 좋은 결과물을 낼 수 있는 방향으로 유리한 해석을 내려 명문화한다. 나만의 방법으로 일할 수 있는 기회로 전환하는 유연함과 융통성을 발휘해라.

전략적 막무가내형은 상황적 막무가내형과는 달리 경고를 해 주어야 할 필요가 있다. 그대로 있으면 계속 똑같은 방식으로 불쾌하게 대우하고 모욕을 주며 거칠게 대할 것이기 때문이다. 우리의 목표는 상사를 무찌르는 것이 아니다. 더 좋은 상생의 방법과 창의적 팀워크를 개발하는 것이다. 따라서 어떤 경우든 지켜야 할 최소한의 예의와 겸손은 필수적이다. 예의와 겸손, 그것은 고단한 인간관계를 위한 '적절한 거리', 즉 서로의 입 냄새가 맡아지지 않을 만큼의 정신적 거리를 의미한다. 얼마나 다행스러운 거리인가!

힘의 균형점을 찾아내라

직장 상사가 무작정 막무가내형이라면 재수 옴 붙은 것이다. 선천적으로 고약하고 거친 상사다. 그들은 늘 화가 나 있고 다른 사람의 감정을 고려하지 않으며 모욕적인 언사를 쏟아 붓고 아무 때나 책상을 내려치고 모순되는 일을 밥 먹듯 한다. 이런 상사와 일하는 것은 하루가 지옥 같을 것이다.

왜 이런 상사들은 아무 때나 무조건 제멋대로 굴며 우리를 괴롭히는 것일까? 여러 가지 원인이 있을 것이다. 우선 반드시 고려해야 할 대목은 힘의 균형을 먼저 유지해야 한다는 점이다. 그들이 제멋대로 구는 이유 중 결정적인 것은 '힘을 과시하려는 욕구' 때문이다. 힘이 있다는 것을 보여 주고, 그 커다란 몽둥이를 휘두를 때 사람들이 이리저리 피해 달아나는 모습을 즐기는 것이다. 말하자면 깡패의 유희 같은 것이다.

그렇다면 그들의 힘의 원천은 무엇일까?

첫째, 우리보다 지위가 높다는 것이다.

둘째, 처벌에 대한 힘이다. 상사 마음대로 정한 잣대이기는 하지만 자신의 명령대로 수행했는지를 평가하고, 그 결과에 따라 나에게 불이익을 줄 수 있는 힘이 있다.

셋째, 마음껏 힘을 뽐내도 되는 믿는 구석이 있다. 저잣거리에 깡패가 나타났을 때 그 하나가 아니라 그 뒤에 그림자처럼 숨어 있는 무리들이 무서운 것과 같다. 그 믿는 구석은 돈이기도 하고, 실력이기도 하고, 경험이기도 하고, 패거리이기도 하다. 좀 더 구체적으로 말하면 작은 회사의 폭군 같은 사장이 믿는 구석은 "내 돈으로 만든 내 회사이기 때문에 나는 폭군일 수 있으며, 군림할 수 있다."고 믿는 소인배적 가치관이다. 한 분야에서 오래 일한 경험과 실전에 능한 전문가는 바로 그 경험과 전문성 때문에 제멋대로 해도 누구도 자신을 무시할 수 없다는 점을 과시한다.

우리가 이런 상사들에게 적절하게 대응하지 못하는 이유는 열세에 있기 때문이다. 아랫사람이라는 것, 문제를 일으켜 일이 잘못되면 해고될지도 모른다는 치명적 상상, 경험이 일천하다는 것 혹은 아직 전문성을 가지고 있지 못하다는 것, 불만은 공유하지만 막상 일이 생기면 나를 돕겠다고 나서는 사람은 없을지 모른다는 불안감 등이 굴욕을 참게 한다. 따라서 이들에게 적절하게 대응하려면 힘의 균형점을 찾아내야 한다. 그런데 내게 힘이 있기는 한 것일까?

분명히 있다. 이 힘을 확보하면 그의 고삐를 잡을 수 있고, 그를 자제하게 할 수 있다. 그를 통제하는 것이 아니라 자제하게 하는 것, 그리하여 함께 가는 것. 이것이 목표다.

힘을 확보하기 전에는 싸우기 어렵다. 쓰레기 상사에게 대항하려면 먼저 내가 힘을 가지고 있다는 것을 인정할 수 있어야 한다. 그리고 자신의 태도를 분명히 해야 한다. HP의 전 회장이었던 칼리 피오리나는 5년 반의 CEO 생활을 정리한 자서전에서 다음과 같이 말했다.

뒷감당을 할 마음의 준비가 되어 있지 않으면 협박을 해서는 안 된다. 합리적인 소통이 중요하다. 그러나 으름장을 놓을 수밖에 없는 상황에서는 협박이라도 해서 밀고 나가야 한다. 유감스럽게도 우리 주위에는 말버릇이 험한 사람들이 아주 많다. 비즈니스계에서는 그런 사람들이 성과가 괜찮다는 이유로 묵인되는 경우가 많다. 그러나 모욕적인 언사가 용인되어서는 안 된다. 누구나 예의와 존중을 받을 자격이 있는 것이다.

실제로 피오리나는 그녀를 모욕하거나 부당하게 기회를 박탈했다고 판단한 상사는 결코 용납하지 않았다. 그녀의 자신감은 자신을 전부 쏟아붓는 열정과 일에서 절대로 밀리지 않는 자신감에서 나온 것이었다. 따라서 그녀는 조직에 기여하는 자신의 가치를 믿었고, 자신이 힘을 가지고 있다는 것을 확신했다.

하지만 상대가 내 상사라는 것을 잊지 마라. 그 지위의 힘을 인정하는 것은 조직 생활의 기초이며, 일부러 도전할 필요가 없다. 어디까지 대응해 들어갈 것인지에 대한 분명한 선을 그어야 한다. 나는 이 선이 자위력의 수준이라고 생각한다. 이것을 넘어서려고 하면 하극상으로 취급된다. 조직에 몸을 담고 있는 누구에게도 좋은 일이 아니다.

그가 나를 함부로 대하는 것을 막기 위해서는 먼저 '부당한 처벌'의 힘을 제약해야 한다. 다음 세 가지 항목 중 두 가지만 확보해도 '힘'이 생긴다. 지금보다 나의 상황이 훨씬 유리해질 것이다.

첫째, 일의 장악력을 높여라. 이 분야에서 상사에게 밀리면 안 된다. 먼저 일을 처리하는 부분에서 상사가 나의 전문성에 의존할 수 있도록 만들어 주어야 한다. 결국 내가 그의 곁을 떠나는 것이 그에게 치명적이라는 것을 깨닫게 하라. 나만한 사람을 구하기 어려울 것이라는 것을 각인시켜라.

물론 상사가 기질적으로 여전히 함부로 대할 수도 있다. 그러나 내가 성과를 좌우하는 키를 쥐고 있다는 것을 알고 나면 상사도 조심하게 될 것이다. 다시 말하지만 너무 많이 가지는 마라. 이런 사람들은 '밑져야 본전'이라는 생각으로 공멸의 길을 선택할 수도 있기 때문이다.

핵심은 이렇다. 일에 대한 열정과 전문성을 통해 힘을 확보한다는 기본 원칙을 치열하게 실천해 가는 것이다. 이것은 상사와의 관계를 개선하기 위한 것이기도 하지만 개인의 경력을 위해서도 필수적이다. 힘의 첫 번째 원천은 일에서 밀리지 않는다는 것이다. 일의 장악력이 회사에서의 인간관계의 어려움을 도와준다. 일에서 밀리면 관계에서 역시 모멸을 당하기 쉽다.

둘째, 나의 강점으로 상대를 제압하라. 지위에 맞설 수 있는 다른 대안을 찾아라. 경험, 좋은 평판, 상사의 상사에 어필할 수 있는 능력, 저서, 좋은 아이디어, 훌륭한 프레젠테이션, 달변, 폭넓은 인적 네트워크, 팀워크를 만들어 내는 사회성 등 무엇이 되었든 힘의 불균형을 해소할 수 있는 기질적 강점을 활용하는 것이 중요하다.

나를 함부로 대함으로써 사태를 악화시키는 것이 본인에게도 상당한 부담임을 깨닫게 해야 한다. 이들이 가지고 있는 심리적 사악함의 근원은 상대가 약하면 약할수록 잔인해진다. 강점을 강화하라. 그래야 나만의 매력을 내세워 쓰레기 상사에게 맞설 수 있다. 나의 존엄함은 나만이 지킬 수 있다.

셋째, 약한 사람들의 작은 힘을 모아라. 결합은 약한 힘을 강화시키기 위한 기본 원칙이다. 그리고 늘 잘 작동한다. 선천적으로 막무가내인 사람들은 누구에게나 함부로 대했기 때문에 사방이 적일 것이다. 당한 사람은 나뿐만이 아니다.

쉽게 정서적 공감을 얻어 연대할 수 있다. 홀로 있는 것보다는 최소한 몇 사람 정도의 지지자를 모아 작은 연대를 만드는 것이 유리하다. 작게는 부당한 경우를 당했을 때 위로를 받을 수 있는 집단이 있다는 것이 좋고, 크게는 제도적 장치를 통해서 혹은 회사의 최고 경영자를 통해 압박할 수 있다는 점이 좋다.

악질적이고 문제 있는 중간관리자는 치명적인 약점이기 때문에 회사 역시 적절한 통제와 관리 방법을 찾아야 한다. 방치한다면 좋은 직원을 잃게 될 것이고, 겁쟁이들만 넘치는 조직으로 전락하게 될 것이다.

일단 힘을 보유하게 되면 그 힘을 적절한 방법으로 표현하라. 즉, 나를 함부로 대하지 못하게 자제시키면 서로에게 도움이 된다. 부당한 대우나 폭언이 그치지 않아 참기 어렵다고 느껴지는 순간에는 상대에게 조용하고 차갑게 그러나 절대 녹록하지 않게 대항해야 한다.

상황이 개선되지 않는다면 지금까지 맡아 왔던 전문적인 업무를 더 이상 수행하지 않을 것이라는 점, 다른 부서로의 전직을 고려할 것이라는 점, 이런 상황이 그대로 끝나지는 않을 것이며, 필요에 따라 상사의 상사 혹은 최고 경영자에게 부당한 대우에 대한 내용을 알릴 것이라는 점, 이 일을 지지해 줄 사람들이 많이 있다는 점 등을 명료하게 전달하자. 그 스스로 자제하지 않으면 결코 본인에게 좋을 것이 없다는 것을 인식하게 될 것이다.

먼저 힘을 확보하라. 힘이야말로 설득과 협상의 조건이다. 그리고 또한 기억하라. 싸움이 전개되는 동안 감정이 고조되어 극한까지 가고 싶은 마음이 들 때도 있을 것이다. 전쟁은 비이성적이다. 공멸의 길로 치달을 수도 있다. 특히 무작정 막무가내 상사들은 공멸도 마다하지 않는다. 따라서 늘 침착하고 냉정해야 하며 적절한 예의를 지켜야 한다.

싸울 때는 극단적인 상황을 동시에 구체적으로 머릿속에 생생하게 띄워 두는 것이 좋다.

"나는 당신이 지긋지긋해요. 흡혈귀처럼 매일 나의 의욕을 빨아들이고 착취합니다. 토할 것 같아요."

이렇게 말하면 이 싸움의 결론은 결별밖에 없다. 특히 상대가 무작정 막무가내형인 경우에는 함께 최후를 맞을지도 모른다. 그의 최후에 휘말려 들지 마라.

"일을 하면서 내게 실망한 적이 있습니까? 나는 그 일을 매우 열심히 했고 최선을 다했습니다. 그 일을 나보다 더 잘할 수 있는 사람은 없을 겁니다."

이 정도면 상사가 나를 너무 다그쳤음을 깨달을 것이다. 내가 적이 아니라 다른 곳에서 찾기 어려운 파트너라는 것을 재빨리 머릿속에서 계산할 것이다.

어쩌면 내향적이고 소심한 사람들은 상사와 대치되는 상황을 견디지 못해 스스로 그만두고 싶은 생각이 들 때도 있을 것이다. 이 역시 매우 조심해야 하는 대목이다.

"참을 수 있으면 싸우지 말고, 일단 싸움을 시작했으면 물러서서는 안 된다."

이것이 또 하나의 원칙이다. 불리한 위치에서 싸움을 시작할 때는 언제나 상대가 준비되지 않을 때 나는 준비된 싸움을 해야 한다는 점을 기억하고 실천해야 한다. 준비되고 냉정히 계산된 싸움만이 왜 싸웠고, 무엇을 위해 싸웠는지를 잊지 않게 한다.

싸움을 어디서 끝낼 것인지 정하는 것도 중요한 전략이다. 중간에 흐지부지 끝내지 마라. 내가 싸움을 통해 얻으려고 했던 것이 무엇인지 잊지 마라. 승진과 보상이라는 객관적인 대가였는지, 감정적 모멸감에서 벗어나고 싶은 것이었는지, 일상의 적절한 존중이었는지, 분명히 설정해 두는 것이 중요하다. 일단 그것이 무엇이든 분명한 최소 기준이 충족되면 싸움을 끝내는 것이 좋다. 더 가지 마라.

그리고 한 가지 더. 무작정 막무가내형은 가까이 가서는 안 되는 상사다. 곧 무너질 담과 같다. 그의 친구가 되는 것은 그의 적이 되는 것보다 더 위험하다. 그의 영향력 아래 놓이지 마라. 수없이 많은 자신의 복제품을 만들어 내고 싶어 하는 깡패 두목의 최후에 함께 휘말려 들지 마라. 역시 거리의 문제다! 적절한 거리 그리고 중립적 위치가 매우 중요함을 거듭 강조할 수밖에 없다.

8

나쁜 상사에게서도 잘 배우는 법

나쁜 선배가 나쁜 후배를 만들고 나쁜 상사가 또 다시 나쁜 중간관리자들을 양산한다. 나쁜 상사가 정말 나쁜 이유는 그 사람이 우리의 정신과 행동에 그의 나쁜 점 일부를 복제해 주입시켰을 가능성이 높다는 데 있다.

술주정뱅이 아버지를 둔 아들은 아버지를 미워하지만 커서 아버지처럼 술주정뱅이가 되기 쉽다. 폭력적인 아버지를 증오하며 자란 딸은 아버지와 비슷한 사람에게 끌려 폭력적인 남편을 선택할 비극에 더 많이 노출되어 있다. 혹독한 시어머니를 만나 평생 울고 지낸 며느리가 다시 더 혹독한 시어머니가 되는 일은 흔하다.

안타까운 일이지만 과거의 고통과 비극적 환경이 좋은 교훈이 되어 우리를 더 강하게 만들어 주는 것만은 아니다. 오히려 환경에 지배되고, 배운 대로 처신하게 되는 경우가 많다. 과거가 우리를 삼키고 실패가 우리를 무너뜨린 경우다.

언젠가 체 게바라(Che Guevara)는 혁명가들이 겪는 비극적 악순환에 대하여 개탄한 적이 있다. 적과 싸울 때는 적이 가지고 있는 모든 악덕을 공격하지만 일단 혁명에 성공하여 정국을 장악하게 되면 혁명가들은 그동안 적이 보여 주었던 모든 악덕의 효율성을 답습한다는 것이다.

아랫사람과 동료를 불신하고 힘을 유지하기 위해 숙청하고, 예측되는 불온한 반역의 뿌리를 자르기 위해 개인의 자유와 사생활을 침범하고, 중상과 모략으로 반대자를 제거하는 관행과 제도를 따르게 되면서 혁명의 정신은 사라지고, 다시 악독한 통치의 효율성만 남게 된다. 한나 아렌트는 이에 대해 이렇게 꼬집었다.

"가장 급진적인 혁명가조차 혁명이 성공한 바로 다음 날이면 보수적으로 변하게 된다."

오랫동안 독재자의 횡포에 시달리다 보면, 국민들은 자신만의 생각을 갖지 못한다. 위험한 일이기 때문이다. 마찬가지로 조직의 권위주의와 상사의 횡포에 시달리다 보면 직원들은 권위주의에 익숙해진다. 그때 구성원들은 항상 "누가 보스야?"라고 묻는다. 그리고 왕초의 견해를 따르게 된다. 자신의 생각에 따라 자신을 관리한다는 것은 어려운 일이다.

멀리 갈 필요도 없다. 나쁜 선배가 나쁜 후배를 만들고, 나쁜 상사가 또 다시 나쁜 중간관리자들을 양산해 가는 사례들은 우리 주변에 널려 있다. 나쁜 상사가 정말 나쁜 이유는 그 사람이 우리의 정신과 행동에 그의 나쁜 점의 일부를 복제해 주입시켰을 가능성이 높다는 점에 있다.

냉정한 상사가 우리 위에 군림했던 것을 기억하며 "내가 저 자리에 가면 절대 저러지 말아야지."라고 생각했지만 중간관리자가 되어 그 자리에 서면 그 냉정함을 저도 모르게 따르게 되고, 가혹한 상사를 무서워했던 것을 기억하고 그 가혹함의 효율성을 믿게 된다.

그런가 하면 상사가 너무 부드러우면 그 사람을 무시하려 했던 마음을 기억하고, 잘해 주면 편했던 것도 잊지 않는다. 그리하여 자신이 상사가 되었을 때, 부하직원의 취향과 재능을 잘 활용하고 배려하는 리더가 되는 대신 자기도 모르게 '영악하고, 속일 수 없고, 직위의 권력을 보여 주고 싶어 안달하는' 권위주의적인 상사가 되고 마는 것이다.

좋은 상사가 그 생각과 행동으로 우리에게 역할 모델이 되어 주듯, 치사하고 독한 상사 역시 나쁜 본보기로 남게 된다. 좋은 상사를 만나 훌륭한 역할 모델을 보며 잘 배울 수 있다는 것은 그래서 가장 큰 축복인 것이다. 나쁜 상사는 그냥 사라지지 않는다. 문화가 그 구성원들을 구속하듯 나쁜 상사는 알지 못하는 사이에 우리의 피 속으로 스며든다.

조직 속에 있는 한 언젠가 우리는 누군가의 상사가 될 것이다. 그리고 여전히 누군가의 부하직원으로 남아 있을 것이다. 그것이 조직이다. 직위를 남용하지 마라. 좋은 상사가 되어라. 그러려면 나쁜 상사처럼 되지 않겠다는 분명한 삶의 자세를 확립하고, 힘들었던 생활을 부하직원에게 다시는 되돌리지 않으려는 선한 용기로 무장해야 한다.

결국 다른 사람의 실패와 실수로부터 배우지 못한다면 다시 그것들을 반복하게 되고 그 악순환에서부터 벗어나기 어렵다. 오직 지난 일들로부터 교훈과 배움을 얻은 자만이 더 높은 차원의 배움으로 향해 갈 수 있다. 배움이 없는 인생은 없다. 우리는 배움을 통해 더 높은 배움으로 나아가는 '선한 성장'을 해야 한다.

문제의 일부가 되지 못하면
해결책의 일부도 되지 못한다

    상사와의 나쁜 관계 속에서 매일 시달리고 있다는 것 혹은 그렇게 시달린 경험이 있다는 것이 반드시 나쁜 것만은 아니다. 그저 하나의 문제를 떠안고 있다는 뜻이다. 문제가 없는 일상은 없다. 모든 해결책은 문제로부터 발생한다. 따라서 문제가 없으면 더 좋은 해결책도 없는 것이다.

    내가 문제의 한가운데 있을 때는 자신을 객관적으로 들여다볼 수 없다. 당사자라는 것은 늘 주관적이기 때문이다. 그 문제를 해결할 사람은 바로 나 자신이다. 문제의 일부가 되지 못하면 해결책의 일부도 될 수 없다.

    다른 사람이 나의 문제를 해결하도록 놔두어서는 안 된다. 스스로 문제를 풀어내지 못하면 나는 나에게 명령하지 못하고 평생 다른 사람의 명령에 따라야 한다. 따라서 그 문제에 대한 다양한 관점을 확보하고 그 문제의 한복판으로 뛰어들어야 한다.

    사람은 복잡한 동물이다. 누구도 주관성에서 벗어나기 어렵고, 자신의 이해관계를 초월하기 어렵다. 더욱이 인간관계에는 감정이라는 구름과 안개가 늘 피어올랐다 사라지기를 반복한다. 복잡한 문제를 해결해 가는 방법 역시 다양하지만 다음과 같은 세 가지 단계적 접근법을 써 보는 것이 유효하다.

나는 아담 카헤인(Adam Kahane)의 저서 『통합의 리더십(Solving through Problems)』에서 아이디어를 얻어 상사와의 갈등을 푸는 열쇠로 발전시켰다.

첫 번째는 분열(diverged) 단계다. 우리가 문제의 한가운데 있기 때문에 객관적으로 볼 수 없다는 점을 감안하여 가능한 다양한 관점을 동원시키는 것이다. 나를 불쾌하게 하고 모욕감을 느끼게 하는 상사의 행동 패턴에 대하여 가능한 여러 관점으로 분석해 본다. 이때는 논리적으로만 생각해서는 안 된다. 가장 비이성적으로 그리고 원시적인 감각을 활용하여 가능한 다양한 관점을 확보해야 한다.

예를 들어, 상사가 어이없는 태도로 나를 압박하거나 불량한 눈초리와 무식한 말투로 대할 때 우리는 상황에 절망하고 그 무례함에 분노할 것이다. 그리고 그 자격 없음을 속으로 규탄한다. 이때 "자격을 갖춘 사람들이 중간관리자로 승격하는 것이 합당한가?"라는 질문을 던져 보자. 우리의 학습된 두뇌는 "그래야 한다."고 대답할 것이다. 그러나 현실은 전혀 그렇지 않다. 오히려 대부분의 직장에서는 별 성과 없이 일해 온 사람이 때가 되면 진급한다. 당위와 현실이 충돌하고 이것은 곧 내 개인의 문제가 된다.

이렇게 양측의 관점을 확보하는 순간 그 상사가 '적합해서가 아니라 때가 되어 승진하여 내 중간관리자가 되었기 때문에' 수많은 인간적 결함을 가진 사람들 중 하나라는 것을 인식하게 된다. 주관성을 완전히 배제시킬 수는 없지만 이렇게 여러 관점이 확보되면서 우리는 어느 정도 균형 잡힌 인식에 도달할 수 있다.

두 번째는 출현(emerged) 단계다. 이제 우리는 상대를 다양한 관점에서 이해할 수 있게 되었다. 나와 상사를 구별하는 경계의 막이 얇아졌으니 마침내 상사의 사고와 행동의 패턴이 감지될 것이다. 누가 일방적으로 나빠서가 아니라 두 사람 사이의 어울림이 만들어 낸 진짜 문제에 대해 통찰하게 되는 것이다. 경제학자 브라이언 아서(Brian Arthur)는 이렇게 말했다.

"인생에서 중요한 결정을 할 때는 우리 의식의 깊은 영역으로부터 도움을 받아야 한다. 결단이 중요한 것이 아니라 내면의 지혜가 떠오를 때까지 기다려야 한다. 우리의 마음은 논리적 추론에 따라 움직이는 것이 아니다. 마음은 패턴과 연결된 감정에 따라 움직인다."

나쁜 관계의 모든 원인과 책임을 상사에게 전가시키면 관계를 개선할 수 없다. 여러 가지 관점을 확보한 다음에는 오히려 한 발 물러서 우리의 무의식이 작동할 기회를 주어야 한다. 그리고 직관적 통찰이 떠오를 때를 기다리는 것이 좋다. 상사와 나 사이에 미리 그어진 높은 불신의 벽을 무너뜨리고 마음속에서 교감을 끌어내야 한다.

세 번째는 융합(converged) 단계다. 이때는 틀이 짜이고 행동 계획이 수립된다. 상사와 내가 서로 전체가 되기를 원해야 한다. 누구든 완벽할 수 없고 누구도 선입관과 편견에서부터 자유로울 수 없다. 우리는 깨진 거울 조각을 통해 보는 모습을 전체라고 이해하고 있지만 그것은 전체의 일부에 불과하다. 상사와 나의 거울을 합하면 더 넓은 세계를 볼 수 있다.

심리학자 칼 로저스(Carl Ransom Rogers)는 "가장 개인적인 것이 가장 보편적인 것(what is most personal is most universal)"이라고 말했다. 우리가 다른 사람과 늘 일치된 생각과 느낌을 가질 수는 없다. 그러나 어떤 경우든 한 공간에서 서로에게 유용한 사람이 될 수 있다는 기본적인 목적은 공유할 수 있다. 나는 이것이 믿음의 문제이고, 태도의 문제라고 생각한다. 같은 목적을 공유할 때는 헌신해야 한다. 하나가 되기 위해서는 서로에 대한 갈망이 있어야 한다. '내가 곧 전체적인 문제의 일부'라는 생각이 중요하다.

상사의 약점을 받아들이면
그 강점을 얻어 쓸 수 있다
: 관용

　관용은 대인관계의 핵심이다. 매우 중요한 개념이기 때문에 여기서 더 깊이 있는 생각을 공유하고자 한다. 인류의 역사를 들여다보면 매우 매력적인 나라가 눈에 띈다. 17세기의 네덜란드는 세계 최고의 해상무역왕국이었다. 네덜란드 상선은 당시 전 세계 2만여 척의 무역선 중에서 4분의 3을 차지했다. 세계 구석구석을 다니며 브라질에서는 후추, 향신료, 설탕 등을 들여왔고, 인도에서는 면화와 다이아몬드 원석을 싣고 와서 유럽에 풀었다. 또 호화로운 태피스트리, 비단, 리넨 그리고 정교하게 가공한 보석을 팔았다. 17세기를 통틀어 거의 100년 동안 이 나라는 유럽의 사치품 무역을 주도했다. 당시의 한 네덜란드의 작가는 다음과 같이 모국을 찬양했다.

　"암스테르담은 신의 손을 거쳐서 번영과 고귀함의 절정에 이르렀다. 온 세계의 도시들이 이 도시의 부유함을 보고 놀라 벌떡 일어섰으며, 이

도시를 보기 위해 동서남북에서 사람들이 몰려들었다."

어떻게 이 작고 보잘것없는 저지대 국가가 100년 동안이나 세계경제의 패권을 장악하게 되었을까? 17세기 유럽은 종교적 분쟁과 박해 그리고 광신에 휩싸여 있었다. 개신교를 믿는 군주는 가톨릭교도를 탄압했고, 가톨릭교도인 군주는 개신교를 억압했다. 유대인들은 유럽 어디서나 박해를 받았다. 네덜란드는 공인된 국교를 가지고 있지 않은 대신 넓은 가슴을 가지고 있었다.

수많은 사연을 지닌 채 유럽의 각지에서 쫓겨 온 사람들은 네덜란드에서 피난처를 찾았다. 그들은 전략적 관용을 통해 인구의 유입과 경제적 성장을 추구했다. 1570년부터 1670년 사이에 암스테르담 인구는 3만 명에서 20만 명으로, 라이덴의 인구는 1만 5,000명에서 7만 2,000명으로 늘었고 네덜란드의 주요 도시들도 4~5배 정도 성장했다.

박해를 피해 이주해 온 유태인들은 오래도록 대부업을 했고 전문적인 보석 세공업에 종사했다. 숙련기술자와 무기 화학 생산업자의 주류를 이루던 개신교도들은 한창 번영을 구가하던 리스본과 안트베르펜을 떠나 암스테르담으로 모여들었다. 뿐만 아니라 네덜란드는 철학자들의 은신처도 되었다. 스피노자는 유태인 이주자였고, 존 로크는 쫓겨난 영국인이었다. 네덜란드는 박해받고 추방된 유럽의 인재와 기술자들의 편안한 피난처가 되어 주었다.

17세기 네덜란드의 힘은 '부(富)'에 있었다. 그리고 부를 창조하는 가장 큰 동력은 정복과 약탈이 아니라 교역과 혁신임이 증명되었다. 한 사회가 세계적으로 우수한 인재를 끌어들이는 방법은 정복이 아니라 관용이었다. 억압은 사람을 떠나가게 하지만, 관용은 사람을 제국의 가치에 스스로 귀화하게 만드는 접착제 구실을 한다.

이것이 전략적 관용의 본질이다. 토머스 제퍼슨이 지적한 대로 사람들을 강압에 의해 지배하게 되면 '절반은 바보가 되고 절반은 위선자'가 될 수밖에 없다. 제국이란 바보와 위선자들을 데리고는 위대한 국가로 나아갈 수 없다.

네덜란드의 급부상에 놀란 스페인은 네덜란드 선박이 리스본에 입항하는 것을 금지시켰다. 그러나 이미 엄청난 부를 쌓은 네덜란드 상인들은 스페인과 포르투갈을 제치고 동인도와 아메리카 대륙으로 선박을 보냈다. 1602년에는 직접 동인도 회사를 세워 완전 무장한 독점 무역체계를 갖추게 되었다. 그들은 중세의 베네치아처럼 영토의 팽창을 꾀하는 대신 상업의 팽창을 꿈꾸었다. 군사력에 의한 영토 확장 대신 군사력에 의한 자본주의가 그들의 전략이었다. 그들에게는 돈과 금이 신이었다. 드디어 그들은 세계의 상인이 되었고, 유럽의 중개인이 되었다.

영국의 메리 스튜어트와 결혼한 네덜란드 총독 오렌지공 윌리엄(윌리엄 3세)은 1688년 함대를 이끌고 런던을 점령했다. 이 무혈혁명을 우리는 명예혁명이라고 부른다. 그리고 네덜란드의 윌리엄은 영국의 왕이 되었으며 네덜란드의 부도 영국으로 이전되었다. 이후 영국은 네덜란드로부터 세계 최대의 해상국가 지위를 넘겨받았다.

이윽고 세계의 지배력은 두 번의 세계대전과 냉전 시대를 거쳐 미국으로 넘어오게 되었다. 독립을 달성한 미국은 노동력이 부족했고, 경제 성장에 결정적인 기술력이 부족했다. 미국인들은 기술적 전문성을 가진 유럽인들을 끌어오기 위해 온갖 수단을 동원했다.

매사추세츠 주의 여러 마을은 제분소를 운영할 생각이 있는 이주민들에게 땅과 목재를 공짜로 제공한다는 광고를 영국 신문에 실었다. 1784년 코네티컷 주는 영국의 직물 노동자 100명을 데려다 하트퍼드에 정착시켰다. 같은 해에 볼티모어 시는 독일 유리제조공 68명과 네덜란드 유리제조공 14명을 데려왔다. 반대로 구대륙 유럽은 기술자들의 이민을 막기 위해 불법 이주자에게 국적 박탈, 재산 몰수, 반역죄 등을 적용할 이민 방지법을 서둘러 통과시키고 있었다. 그러나 19세기 초반에 이미 금지된 기술을 가지고 유럽을 떠난 불법 이주자의 수는 250만 명에 달했다. 그 결과 1820년대 이민자의 나라 미국은 이미 영국의 생산성을 따라잡을 기세였다.

종교적 다원주의, 사회적 유동성, 언어의 다원성, 개방성 등에서 미국은 모든 유럽인들을 잡아당기는 자석이었고, 기회는 하늘 끝까지 열려 있었다. 그러나 종교적 관용이 인종적 관용으로까지 확대된 것은 아니었다. 서부개척 시대에 인디언들은 미국인의 파트너가 되지 못했다. 유럽의 다양한 민족은 환영했지만 토착민을 학살하고 내쫓았다. 노예, 여성, 중국인들 역시 마찬가지로 전략적 관용에서 배제되었기 때문에 1865년 노예제 폐지 이후에도 극심한 인종적 차별을 받았다.

존 스틸 고든(John Steele Gordon)은 제국의 힘에 대해서 매우 통찰력 있는 정의를 내렸다.

"예전의 세계가 로마화되었듯 지금의 세계가 급속하게 미국화되어 가고 있다면 그 까닭은 미국이 가진 무기 때문이 아니라 다른 사람들이 미국이 가진 것을 원하고, 그것을 가질 목적으로 자진하여 미국의 행동 양식을 따르고 있기 때문이다."

미국의 결정적인 힘은 군사력에만 있는 것이 아니라 17세기 네덜란드처럼 '부'에 있다는 것이다. 한 사회가 세계적으로 우수한 인재를 끌어들이는 방법은 전쟁이 아니라 이민으로 대체되었다.

최고 절정기의 로마는 '야만인이나 미개한 민족' 출신도 정치 과정에 참여하여 제국의 권력과 명성에 한몫할 수 있는 독특한 문화를 갖추고 있었다. 로마인들은 자국의 힘을 전 세계로 확장하려 하지 않았다. 대신 세계의 주민들이 자진해서 로마로 쏟아져 들어왔다. 로마가 전략적으로 채택한 관용이야말로 '제국을 확장할 수 있는 가장 확실한 방법'이었던 것이다.

나는 미국 예일대 교수 에이미 추아(Amy Chua)의 저서 『제국의 미래(Day of empire)』를 참고하여 관용의 역사를 정리했다. 나의 관심은 어떻게 관용의 개념을 기업의 경영에 적용할 것인지, 어떻게 내 주위로 사람들을 끌어들이는 방법으로 쓸 수 있는 것인지이다. 리더는 반드시 사람의 힘을 활용할 수 있어야 하고 그러려면 끄는 힘을 가지고 있어야 한다.

누군가를 나에게 끌어들이려면 상대의 가장 중요한 부분을 인정함으로써 상대방이 자신을 버리지 않고도 서로의 관계에서 성공할 수 있다는 확신을 줄 수 있어야 한다.

대등한 공존만으로는 부족하다. 다음 단계는 상대가 나의 신념과 가치 체계에 스스로 기꺼이 참여하도록 만들어야 한다. 로마는 군사력을 통해 다른 지역을 정복했지만 원주민들의 종교와 전통을 인정했다. 그리고 원주민들은 로마의 문화를 동경하고 스스로 그 문화의 일부가 되기 위해 로마인이 되었다.

네덜란드는 온갖 고민을 가진 사람들을 받아들여 '넓은 마음의 고국'

을 만들어 줌으로써 유럽의 인재들을 끌어 모아 국부로 활용했다. 미국은 그 자체로 이민자들의 나라다. 미국은 모든 이민자들이 "여기가 바로 미국이다(This is America)!"라는 무한한 가능성과 비전에 직접 참여한다는 확신을 주었다.

관용은 힘이 있는 사람이 아랫사람을 품어 주는 것만을 말하지 않는다. 아랫사람이 관용을 통해 힘을 얻을 수도 있다. 사람을 끌어당겨 내 힘을 끊임없이 더해 가는 것이다. 네덜란드를 기억하라. 해수면이 지면보다 낮은 나라, 온통 진흙 구덩이에 지나지 않았던 나라가 세계무역의 패권을 장악한 이유는 가장 진취적인 사람들을 받아들였기 때문이었다.

식민지 미국이 해가 지지 않는 나라 대영제국을 넘어선 이유는 세계의 재능 있는 이민자들을 수용했기 때문이다. 관용은 강요하지 않고 그 사람의 있는 그대로를 받아들이는 것이다. '너는 너, 나는 나'의 관계가 아니라 '우리'임을 느낄 수 있도록 내 쪽으로 끌어당기는 것이다.

이것이 관용이 가지는 전략적 의미다. 여기서 전략이란 '이야기의 끝을 예견하는 지혜로운 판단과 처신'을 뜻한다.

관용적인 상사를 만나면 운이 좋은 것이다. 함께 '우리'가 되면 된다. 그러나 운 나쁘게도 강압적이고 배타적이고 폐쇄적인 상사를 만나게 되었다면 어떻게 해야 할까? 유효한 전략은 상사를 내 관용의 세계로 끌어들여 그 힘의 일부를 내 힘으로 활용하는 것이다.

예를 들어, 거만하고 말을 함부로 하는 상사에게 매일 마음의 상처를 받고 있다면 그 일로 관계 전체를 망가뜨릴 가능성이 크다. 그런데 이때 무너지면 안 된다. 내 안으로 끌어들여 활용할 수 있는 상사의 긍정적인 힘을 찾아야 한다. 일 하나는 똑 부러지게 잘한다거나 엄청나게 꼼꼼한 성격 덕분에 덜렁거리는 내 실수를 보완할 수 있다거나 특정 업무의 전문성을 가지고 있다거나 하는 점을 내 힘으로 받아들이는 훈련을 할 필요가 있다는 것이다. 인격을 유용성과 분리시키고, 감정을 이해관계와 분리시키는 정신적 훈련을 하게 되면 고약한 상사도 내 힘의 자기장 안으로 끌어들일 수 있게 된다.

강점을 빌리려면 약점도 품어라

우리 연구소의 한 연구원이 이런 이야기를 한 적이 있었다. 멋도 모르고 결혼을 하고 보니 말로만 듣던 종갓집 맏며느리가 되었더라는 것이다. 결혼 전까지 학교를 다니고 공부만 하던 친구였다. 갑자기 엄청난 가사 노동에 시달리느라 지쳐 갔지만 남편은 전혀 도움이 되지 않았다. 어렸을 때부터 어머니와 누이들이 뼈 빠지게 일하는 것을 보고 자랐기 때문에 가사 노역을 여자의 당연한 의무라고 여겼다.

한 달이 지나지 않아 결혼을 잘못했다는 후회가 몰려들었지만 접어든 길이니 어떻게든 현명하게 처신을 해야겠다는 오기가 발동했다고 한다. 종갓집답게 그 집을 지배하는 어른은 시아버지였다. 시아버지는 며느리에게 따뜻하게 대해 주었지만 그저 표면적인 관계였고 아직 마음속으로부터 시아버지의 신뢰는 얻고 있지 못했다. 그녀는 시아버지의 지지를 얻고 싶었다.

그러다가 재미있는 현상 하나를 발견하게 되었다. 시아버지에게 주사가 있었는데 술을 마시다 취기가 돌기 시작하면 사람들이 슬슬 자리를 피하는 것이었다. 어느 날 그녀는 시아버지의 술시중을 들면서 자리가 파할 때까지 되풀이되는 지루한 이야기를 들어 주었다. 시아버지는 자신의 이야기를 싫다 하지 않고 끝까지 들어 주는 며느리가 매우 기특했다. 그 후 그는 며느리를 신뢰하게 되었고 전폭적으로 지지해 주었다. 나아가 최소한 며느리 앞에서는 주정을 하지 않으려고 애썼다. 시아버지의 인정과 지지 덕분에 그녀는 종갓집 맏며느리가 지녀야 하는 괴로움을 잘 견딜 수 있었다.

　상대의 약점과 모자라는 점을 품어 준다는 것은 상대의 강점과 힘을 끌어 쓰기 위해 꼭 필요한 과정이다. 사람의 고약함은 대체로 그 사람의 모자라고 약한 부분이 왜곡되어 나타나는 경우가 많다. 그 사람들 자신도 이미 자신의 고약함을 잘 알고 있다. 그럼에도 불구하고 비슷한 상황에서 어쩔 수 없이 반복되는 콤플렉스가 있게 마련이다. 사람들은 콤플렉스가 뒤틀어져 표출되는 괴팍하고 고약한 언행을 두려워하고 피하고 조롱한다.

　관용이란 아픈 점을 받아들이고 수용해 주는 것이다. 그 고약한 삐뚤어짐 뒤의 약한 부분을 헤아려 품어 주는 것이다. 그래야 상대의 강점을 빌려 쓸 수 있다. 누구나 고약함을 두려워하고 미워하지만 그 딱딱한 껍질 뒤에는 늘 사람을 그리워하는 내부로 가는 비밀 통로가 있게 마련이다. 관용은 거슬리지 않고 사람의 내부로 통하는 감춰진 통로를 찾는 매우 효과적인 방법이다.

　먼저 사람들이 두려워하고 피하려 하는 상사의 문제점을 찾아보자. 나 자신에게 물으면 답이 나올 것이다. 나를 가장 힘들게 하는 점이 무엇인가? 고약한 말투, 신속한 판단이 필요한 순간의 우유부단함, 오자나 탈자와 같이 사소한 것에 대한 지나친 집착 그리고 출근 시간에 대한 지나친 엄격함일 수도 있다. 나와 기질적으로 잘 맞지 않아서 충돌이 일어날 수도 있지만 어떤 경우는 상사의 특정 언행에 대해 모든 사람이 다 질릴 때가 있다.

그 점이 바로 상사의 약점이고 왜곡된 콤플렉스다. 또한 인간적인 약점이고 관계의 걸림돌이다. 바로 그 지점, 그곳이 상사의 마음으로 들어가는 통로다. 그 부분을 수용하면 곧 신뢰를 얻을 수 있다. 이질적인 괴팍함을 받아들이는 관용의 힘이란 그런 것이다.

관용을 가진 자, 그 사람이 바로 열려 있는 사람이며, 지위의 고하에 관계없이 사람을 얻어 그 강점을 자신의 것으로 활용할 수 있는 사람이다.

상사를 평가하는 심판이 되어라
: 그린 카드와 레드 카드

사람은 누구나 높은 지위에 이르면 그 지위가 요구하는 책임과 강압을 느끼게 된다. 개인적으로 비록 원하지 않더라도 그 지위가 원하는 일들을 수행하게 되면서 개인으로서의 나와 조직 속의 나는 괴리된다.

이것이 바로 올챙이 시절을 기억하지 못하는 개구리 상사들이 너무 많은 이유이기도 하다. 개구리 상사들은 올챙이가 모르는 개구리의 세계가 있다고 점잖게 말할지도 모른다. 그러나 늘 올챙이와 함께 지내야 하기 때문에 올챙이 때 이야기를 잊으면 안 된다. 훌륭한 개구리는 올챙이의 존경을 받아야 한다. 그리고 올챙이들이 "우리가 해냈다."는 함성을 지르게 만들어야 한다.

상사를 탐구해야 하는 이유는 나의 미래와 현재가 달려 있기 때문이다. 앞으로 승진하여 부하직원을 가지게 될 사람에게 닥쳐올 미래이며 이미 누군가의 상사가 되어 있는 사람에게는 주어진 현실이다. 조직에서 내게 일어나는 모든 일, 기분 좋은 일이든 모멸적이고 불쾌한 일이든 관계없이 그 일들은 모두 탐구 자료다. 탐구되지 않으면 감정의 쓰레기일 뿐이지만 주의를 기울이고 연구되면 모든 사례가 다 살아 있는 케이스 스터디다.

먼저 배움을 위해 준비할 것이 있다. 그린 카드와 레드 카드를 각각 한 묶음씩 마련하자. 먼저 상사-직속상사여도 좋고, 다른 부서의 상사여도 좋고, 경영자여도 좋다-가 나에게 점수를 딴 일은 그린 카드에 적는다. 반대로 나에게 점수를 잃을 일을 했다면 레드 카드에 기록한다. 그리고 나는 상사가 리더로서 얼마나 잘 경기를 풀어 가는지 지켜보는 심판이 되는 것이다. 상사가 잘하면 그린 카드를 꺼내 들 것이고 못하면 당장 레드 카드를 꺼내 들 것이다. 상사에게 점수를 매기는 일이다. 신나지 않은가?

그린 카드와 레드 카드를 적을 때는 일관성을 유지하기 위해 크게 세 가지 부분으로 나누어 기록하는 것이 좋다. 첫 번째 부분은 문제 상황을 객관적으로 적는 것이다. 언제 누가 보더라도 어떤 일이 일어났는지 알 수 있도록 상황을 설명한다. 마치 사건 기사를 작성하듯 적어 보자. 예를 들면 이런 식이다.

"7월 16일. 상사가 나를 방으로 불렀다. 환하게 웃으며 작은 선물 봉투를 건네주었다. 내 아이 돌 선물이라고 했다. 나는 회사 사람들을 위해 돌잔치를 하지 않았지만 작년에 내가 아이를 낳았던 것을 기억하고 있었던 것이다."

두 번째 부분은 이 행위를 가장 잘 특징지을 수 있는 핵심 개념을 적는 것이다. 이 사례에서는 '관심과 배려'가 키워드일 것이다. 이는 리더십의 핵심이기도 하다. 첫 번째 부분의 구체적인 이야기는 관심과 배려라는 추상적 개념에 살을 더해 주며, 구체적인 사례를 가지게 된다. 사례를 보면서 "관심과 배려는 이런 것이구나." 하는 생생한 그림을 그릴 수 있게 되는 것이다.

세 번째 부분은 "이 이야기를 어떻게 나에게 적용할 수 있을까?"에 대해 고민하는 대목이다. 좋은 배움은 그 자체로 종결되지 않고 나를 통해 확산되어야 한다. 이 이야기가 훌륭한 교훈으로 남으려면 어떻게 나의 이야기로 전환할 수 있을지 생각해야 한다.

예를 들어, 당장 내 부하직원들의 특기할 만한 가족 사항을 조사해 꼭 필요할 때 상사가 내게 했던 것처럼 축하해 줄 수도 있다. 더 나아가 '관심과 배려'라는 개념에 어울리는 다른 창의적 상황을 만들어 냄으로써 부하직원을 감동시킬 수도 있을 것이다. 이를테면 부하직원들의 결혼기념일을 모두 적어 두었다가 그날은 급한 일만 마치고 오후에 일찍 퇴근하여 좋은 시간을 가질 수 있도록 배려해 줄 수도 있다. 이것은 어쩌면 우리 부서만의 보기 좋은 관행으로 정착될지도 모른다.

그린 카드의 예를 보면 '신뢰를 강화시킨 이야기'에서 '핵심 개념'으로 넘어오면서 사고가 좁아졌다가 '어떻게 나에게 적용할 수 있을까?'로 오면서 다시 확장되는 것을 느낄 수 있을 것이다.

이것은 상사가 행한 어떤 특정한 일이 보편적인 개념으로 정리되었다가 그 개념을 구체화할 수 있는 다양한 과제로 분화되어 재생산되는 것을 표현한 것이다. 그린 카드의 목적은 구체적 이야기 하나를 모방하자는 것이 아니다. 나를 감동시킨 이야기의 숨은 개념을 찾아내 내가 다양한 버전을 만들어 냄으로써 좋은 상사가 되길 준비하는 것이다.

레드 카드도 같은 방식으로 활용하면 된다. 다만 이번에는 상사가 한

그린 카드의 예

신뢰를 강화시킨 이야기	7월 16일. 상사가 나를 방으로 불렀다. 그리고 환하게 웃으며 내게 작은 선물 봉투를 건네주었다. 내 아이 돌 선물이라고 했다. 나는 회사 사람들을 위해 돌잔치를 하지 않았지만 그는 작년에 내가 아이를 낳았던 것을 기억하고 있었다
핵심 개념	관심과 배려
어떻게 나에게 적용할 수 있을까?	❶ 부하직원들의 결혼기념일을 모두 적어 두자. 그날은 급한 일만 마치고 오후에 일찍 퇴근하여 좋은 시간을 가질 수 있도록 배려해 주자. ❷ 한 달에 한 번 가장 성과가 좋은 부하직원을 선출하여 그 일을 더욱 잘하려면 어떤 도움이 필요한지 물어보고 적극적으로 지원하자.

행위 중에서 신뢰를 갉아먹은 구체적인 이야기를 적으면 된다. 그리고 그것이 왜 상사에 대한 신뢰에 부정적으로 작용하게 되었는지를 적는다. 나도 쉽게 범할 수 있는 일들을 미리 경계하려는 것이다. 레드 카드의 예도 만들어 보자.

"10월 5일. 나는 15분 정도 지각을 했다. 차가 너무 막혔었다. 상사는 내가 사무실로 들어서자 모두가 있는 자리에서 이렇게 말했다. '오, 이제 나타나셨군. 오늘은 무슨 일인가? 지각할 때마다 이유가 있었잖아. 오늘은 아이가 가지 말라고 바짓가랑이를 잡던가? 그래, 내일부터 아이와 놀게. 실컷 말이야.' 동료들 앞이라 더욱 낯이 뜨거웠다. 다른 동료에 비해 지각을 더 많이 하는 것은 사실이다. 그러나 그렇게 몹시 당하리라고는 예상하지 못했다."

지각한 것은 잘못이지만 나를 매우 불쾌하게 하고 모욕감을 느끼게 한 이유는 따로 있다. 그 이유가 바로 핵심 개념이다. 두 번째 부분에는 그 이유를 적는다. 아마 '야유와 공개 비난'이 아니었을까? 만일 상사가 조용히 나를 불러 잦은 지각에 대하여 문제가 있음을 지적해 주었다면 나는 매우 미안해했을 것이고 다음부터 일찍 오려고 더 애썼을 것이다.

세 번째 부분은 당연히 '야유와 공개 비난'이라는 개념에서부터 시작해야 한다. 혹시 나는 집이나 회사에서 다른 사람에게 그런 경우는 없었을까? 별 것 아닌 일로 아이들을 여러 사람들이 보는 앞에서 닦아세웠던 기억이 날 수도 있다. 혹은 늘 문제가 있다고 생각하는 부하직원 하나에게 앞뒤 가리지 않고 화를 냈던 일도 있다는 것을 생각해 볼지도 모른다. 이제 작성한 레드 카드를 함께 보자. 결국 상사에게서 받은 불쾌한 상황을 나에게 적용함으로써 나의 리더십 유형을 점검해 볼 수 있다.

그린 카드와 레드 카드는 일상에서 일어나는 상사의 처신과 행위 속에서 리더십의 요소들이 어떻게 구체적으로 작동하는지를 보여 주는 관찰 기록이며, 그것을 통해 나의 리더십을 연마하기 위한 실전훈련 기록이다. 구체적이기 때문에 생생하고, 나의 체험이기 때문에 나와 상사의 문제를 해결할 수 있는 열쇠이다. 또한 앞으로 리더로서 나를 훈련시키는 리더십 강화 수련인 셈이다.

이쯤되면 눈치챘겠지만 그린 카드와 레드 카드는 문제해결 도구라기보다는 관계 개선을 위한 리더십 도구다. 즉, 어떤 상황이 발생했을 때 어떻게 대응할 것인가를 알기 위해 평소 상사의 행동을 실전 텍스트로 활용하는 것이다.

레드 카드의 예

신뢰를 악화시킨 이야기	10월 5일. 15분 정도 지각을 했다. 차가 너무 막혔다. 상사는 내가 사무실로 들어서자 모두가 있는 자리에서 이렇게 말했다. "오, 이제 나타나셨군. 오늘은 무슨 일인가? 지각할 때마다 이유가 있었잖아. 오늘은 아이가 가지 말라고 바짓가랑이를 잡던가? 그래, 내일부터 아이와 놀게. 실컷 말이야." 동료들 앞이라 더욱 낯이 뜨거웠다. 지각이 다른 동료에 비해 조금 더 잦은 것은 사실이다. 그러나 그렇게 몹시 당하리라고는 예상하지 못했다.
핵심 개념	야유와 공개 비난
어떻게 나에게 적용할 수 있을까?	❶ 아이를 별 것 아닌 일로 여러 사람들이 보는 앞에서 닦아세운 적이 있다. 잘하라고 한 일이지만 그날 아이는 내가 느꼈던 수치심을 느꼈을 것이다. 다음에는 조용히 아이가 스스로 문제를 인식하고 해결할 수 있도록 해야겠다. ❷ 늘 문제가 있다고 생각하는 부하직원 하나에게 앞뒤 가리지 않고 화를 냈던 일이 있다. 여러 번 반복되는 실수 때문에 별렀다가 한 행동이긴 하지만 결코 적절한 방법이 아니다. 나도 불쾌했고 그 직원도 크게 당황했었다. 함께 문제를 풀어 가는 것이 현명할 것이다. 다음 주에 따로 만날 일정을 잡아 두자.

　레드 카드에서 우리는 지각이라는 문제에 대한 상사의 부적절한 대응을 이용해 나를 돌아보는 연습을 했다. '야유와 공개 비난'은 두 사람 사이의 신뢰를 증진시키는 행위가 아니라는 것이 명백해졌다. 그래서 나에게도 있을 수 있는 '야유와 공개비난'의 경우를 찾아내고 제거함으로써 좀 더 성숙한 리더로 성장하게 하려는 것이다. 그래서 상사와의 관계 악화에 원인을 제공했던 지각 자체에 대한 문제를 다루지 않았다.

　문제는 그 자체로 아직 문제가 아닐 때가 많다. 예를 들어, 어떤 상사는 지각에 대하여 민감하지 않을 수도 있다. 할 일을 제대로 하기만 하면 출퇴근 시간을 꼭 지키는 것은 별로 중요하지 않다고 생각할 수도 있다. 사건이 갈등으로 비화되는 가장 큰 이유 중 하나는 그것이 다른 사람과의 관계에 치명적인 걸림돌로 작용하기 때문이다. 만일 상사가 지각하는 것을 매우 싫어한다면 신경을 써 시간을 지키면 된다. 그걸 가지고 변명할 이유도 잘잘못을 따질 이유도 없다. 간단한 일이다. 시간에 대한 느슨한 관념을 조금 더 움켜쥐면 지각 때문에 상사의 야유와 공개 비난을 받지는 않을 것이다.

중요한 것은 이 상사가 맘에 들지 않는 일이 일어날 때마다 '야유와 공개 비난'을 한다는 것이다. 이는 부하직원과의 신뢰를 좀먹는 원인이다. 우리가 배워야 할 것은 문제 자체의 해결이 아니라 그 문제를 바라보고 대처하는 방식이다.

특별히 지금 고약하고 거친 상사 밑에서 고통스러운 생활을 하고 있다면 상사에게 거침없이 레드 카드를 줘라. 그리고 나는 절대로 그런 행동을 하지 않는 상사가 될 것을 다짐해라. 그러나 그 상사에게도 그린 카드를 줄 일이 언젠가 있을 것이라는 희망까지 버리진 마라. 혹시 내가 가지고 있을지도 모르는 '편견과 보복'이라는 개념이 상사의 약점을 과장하고 그 강점을 외면하게 함으로써 불화를 증폭시키고 있는 것은 아닌지 자문하라.

그린 카드와 레드 카드는 여러 면에서 나에게 좋은 교정 수단이 되어 주었다. 속으로 증오하고 뒤에서 투덜대고 자신에게 화를 쏟아붓기 전에 차분히 일어난 상황을 객관화시킬 수 있는 능력을 가지게 해 주었다. 그리고 그 일이 나를 분노와 모멸감으로 몰아간 근본 이유가 무엇인지 단순화시켜 봄으로써 주어진 상황의 본질을 이해하게 하고 나를 가르칠 구체적 방법을 찾아낼 수 있게 도와주었다.

　간단한 개념, 단순한 구조를 가지고 있기 때문에 리더십 실전 교본으로 언제 어디서나 쉽게 사용할 수 있다. 조금 익숙해지면 마음속에 메모하는 것이 가능해진다. 점점 익숙해지면 순식간에 자동 기입된다. 그러면 여간해서는 화를 내지 않게 된다. 자신을 객관화시킴으로써 스스로 성찰할 수 있게 하는 간단하고 훌륭한 실전 테크닉이다.

만일 쓰레기 만드는 일을 한다면 최고의 쓰레기가 되어라

"만일 쓰레기 만드는 일을 한다면 최고의 쓰레기가 되어라(If you're going to make rubbish, be the best rubbish in it.)"

영국 배우 리처드 버튼(Richard Burton)이 한 말이다.

인생은 불공평하다. 이 말은 어떤 사회 어떤 집단에서든 나와 어울리지 않는 집단적 메커니즘이 존재하기 마련이며, 비록 꼬일 대로 꼬인 최악의 상황이라고 하더라도, 당당하고 굳은 마음을 견지하라는 뜻으로 해석된다.

직장을 다니다 보면 억울한 일을 당했다고 느낄 때가 많다. 특히 승진과 보상의 세계에는 모두에게 좋은 일이 생기는 것이 아니다. 누군가가 선택되면 누군가는 선택 받지 못해 낙심할 것이다.

역사는 자유와 평등을 향해 힘들고 더디게 진화해 왔지만, 세상에는 여전히 공평하지 않은 일들이 벌어지고 있다. 미국의 35대 대통령이었던 존 F. 케네디는 근무처 배치가 불공평하다고 불만을 토로하는 징집 대상자들에게 이렇게 말했다.

"어떤 사람은 전쟁에서 죽고, 어떤 사람은 부상을 당하고, 어떤 사람은 나라 밖을 떠난 적도 없고, 어떤 사람은 북극 지방에 주둔하고, 어떤 사람은 샌프란시스코에서 근무합니다. 군 생활에서건 삶에서건 불공평은 늘 존재합니다."

조직 역시 진화를 거듭하며 나아지기는 했지만 언제나 공평하고 투명하게만 운영되지는 않는다. 그러므로 우리는 종종 승진과 보상이 실력과 공헌 그리고 다른 여러 가지 요소들에 의해 만들어진다는 것을 이해해야 한다.

때때로 운이 나쁠 수도 있다. 조직이 내가 생각하는 것만큼 공정하게 나를 평가하지 않는다는 억울한 마음이 들 때도 있을 것이다. 그러나 자신이 쓰레기 더미 속에 파묻혀 있다고 여겨질 때는, 그 속에서 최고의 쓰레기가 되리라 마음먹어라. 지금의 불공평한 한계를 인식하고 받아들이면서도 최선의 경력을 준비하는 자세가 무엇보다 중요하다.

누구든 직장에서 자신의 자리를 가지고 있다. 누군가의 부하직원이고 누군가의 상사인 상태가 가장 일반적인 위치다. 종종 중간관리자들은 자신들이 위에서 눌리고 밑에서 치받치는, 권리는 적고 책임은 과중한 불쌍한 샌드위치 신세라고 한탄한다. 하지만 그 위치를 거쳐야 좋은 리더가 될 수 있는 소양을 갖출 수 있다. 아래위 두 방향을 모두 볼 수 있다는 것, 둘의 힘을 모두 느낄 수 있다는 것은 꼭 필요한 경험이다.

어떤 사람은 오직 위만 볼 줄 안다. 사다리타기의 전문가들이며 대체로 아첨꾼들이다. 어떤 사람들은 늘 아래만 본다. 오직 군림하고 싶어 하는 골목대장이다. 그러므로 아래를 살피고 위를 함께 감지하는 능력은 중간관리자에겐 꼭 필요한 매개력이라 할 수 있다.

좋은 중간자로서의 매개력을 발휘하고 수평적으로 좋은 영향력을 미칠 수 있는 리더가 되려면 조직에 대한 장악력을 가져야 한다. 조직에 대한 장악력은 자신의 건강한 가치가 살아 있는 조직을 만들어 낼 수 있는 힘이다. 그것은 적극적으로 '자신의 세계를 만들어 가는 리더'의 길을 가는 것이다. 이렇게 생각해 보라.

"나는 부하직원들의 하루에 결정적 역할을 한다. 이들을 불쾌하게 할수도 있고, 행복하게 만들어 줄 수도 있다. 나는 또한 이들의 미래에 결정적인 영향을 줄 수 있다. 나는 이들이 자신들의 기질과 강점을 발견하고 계발할 수 있게 도와주고, 가장 적합한 일에 배치함으로써 자신을 가장 잘 표현할 수 있는 분야에서 경력을 쌓도록 도울 수 있다. 각자의 기질과 재능을 합하면 우리는 이 분야에서 가장 차별적인 서비스를 제공하는 한국 최고의 팀이 될 수 있다."

자신의 팀을 하나의 전문 서비스를 제공하는 작은 기업이라고 생각하라. 부서원을 모아 기업 속의 작은 기업, 그러나 위대한 작은 기업 하나를 만들어 보자고 제안하라. 1박2일 일정의 '사업전략 워크숍'을 떠나는 것도 좋다. 그리고 다음과 같은 의제를 다루어 보라.

1. 가장 차별적인 전문팀은 어떤 모습일까?

내가 회계부서의 중간관리자라면 나의 부서를 회계전문서비스업체라고 가정하고, 이 작은 기업이 다른 동종업체와 차별화될 수 있는 차별적 요소를 열 개 정도 써 보자. 경영학의 구루 톰 피터스(Tom Peters)는 이런 전문서비스업체를 '생각 주식회사'라고 불렀다. 생각의 혁명이 구체적인 위대한 기업을 만들어 낸다는 의미다.

2. 자신의 전문서비스 기업을 가장 잘 알릴 수 있는 슬로건을 만들어 보라.

나는 변화경영연구소의 슬로건을 "우리는 어제보다 아름다워지려는 사람을 돕습니다."라고 만들어 명함에 새겼다. 노키아(Nokia)의 슬로건은 '커넥팅 피플(Connecting people)'이다. 자, 당신 팀의 비전과 슬로건은 무엇인가?

기업 속의 작은 기업가들은 주어진 일을 통제하고 관리하는 것에서 만족하지 않는다. 그들은 인력이 낭비되지 않도록 가치 없는 일은 제거하고, 새로운 부가가치를 만들어 내기 위해 힘을 결집시키고, 개인들이 각자 자신의 브랜드를 획득할 수 있도록 도와주고, 실험 현장을 제공한다. 한마디로 경영자들이며 기업가들이다. 샌드위치 팀장에서 경영자로 스스로를 승진시키는 이 흥미로운 도약을 시도해 보라.

조직이 개인적 생각이나 행동방식과 늘 일치하는 것은 아니다. 개인의 자아와 상황의 이해관계가 배척되고 분리되는 경우가 많다. 지위가 높아져 조직이 원하는 것을 수행하게 될 때, 개인적 자아와 지위에 속하는 자아는 갈등한다. 그 갈등은 하나가 되기 위한 아픔이지만 아픔과 갈등은 나쁜 것만은 아니다.

틀림없이 개인에게 상처를 주지만 또한 우리가 성장하면서 피할 수 없는 과정이기도 하다. 나는 상처가 아무는 과정을 지켜보면서 몇 가지 중요한 발견을 했다. 칼로 베이는 순간 살은 갈라진다. 고통이 따르고 피가 흐른다. 무의식적으로 상처를 누른다. 피가 멎기를 바라기 때문이다. 약을 바르고 밴드를 붙이고 상처가 깊으면 몇 바늘 꿰매기도 한다. 갈라진 살이 서로 맞닿게 하기 위한 조치다. 상처는 서로가 하나의 살이 되려는 의지를 가지지 않으면 아물지 않는다.

조직 속에는 집단 메커니즘이 존재한다. 어떤 상사든지 조직의 얼굴과 모습을 반영하고 있다. 조직의 논리는 개인적 논리를 지배하려 한다. 그때 나는 상처 입는다. 그러나 상처는 언젠가는 아문다. 그 과정에서 나는 어떻게 하면 다치지 않게 되는지 알게 되고 무엇을 조심해야 하는지도 알게 된다. 동시에 무엇이 상사와 나 사이에 필요한 것인지도 깨닫게 된다.

상사와 나, 모두의 입장을 헤아릴 수 있게 되면 나는 더 성숙한 사람이 된다. 나를 포기하지 않고도 조직 속에서 나를 세우고 내가 마음대로 할 수 있는 영역이 있다는 것을 깨닫게 된다. 수직적 통로를 잃지 않고도 자신의 작은 왕국을 세울 수 있다면 직장인으로 성공한 것이다.

리더십은 배워 가는 것이다. 모든 배움의 과정이 그렇듯 실수와 실패는 우리의 스승이다. 상사와의 불화는 내가 한 사람의 리더로 성장하기 위한 수련 과정이다. 불화를 불화로 방치하지 않으려는 자세가 좋은 리더로 가는 출발점이다. 나쁜 상사 속에서 좋은 리더의 길을 찾아내고 모색할 수 있다면 훌륭한 학습자다. 나쁜 상사는 거칠고 냉혹한 조교이기 때문에 모욕과 야유와 채찍으로 우리를 괴롭힌다. 그리고 혹독한 훈련은 맷집과 근육을 키워 준다.

어두운 술집에 숨어 몇 명의 동료와 함께 나쁜 상사를 욕하고 성토하는 데 시간을 낭비하지 마라. 날마다 반복되는 악순환에서 벗어나기 어렵다. 그런다고 상처가 아물지는 않는다. 그 대신 좋은 리더가 되기 위한 배려와 격려의 필요성과 방법을 생각해라. 나쁜 상사의 교활하고 지능적인 괴롭힘에 대해서 스트레스 받지 마라. 꿈속에서 시달리거나 잠을 이루지 못하고 파김치가 되어 우울해하지 마라. 그 대신 리더가 되었을 때 부하직원이 행복하고 편안하게 잠이 들도록 하려면 어떻게 해야 하는지 생각하라.

나쁜 상사의 면전에 사표를 집어 던지는 모습을 상상하지 마라. 그렇게 하지 못하는 자신의 비굴함에 더욱 괴로워질 것이다. 그 대신 밉고 얄미운 상사조차 나를 어쩌지 못하는 근본적인 방법이 무엇일지 고민해라. 나쁜 상황을 좋은 교훈으로 대체할 수 있는 힘을 길러 내면 우리는 희생양에서 벗어날 수 있다.

진정한 전투력은 마음에서 생기는 것이다. 어려운 상황을 이기지 못하는 이유는 지금이 힘들어서라기보다는 미래가 보이지 않아서일 것이다. 희망에 대해 노신(魯迅)은 이렇게 말한다.

> 희망이란 본래 있다고도 할 수 없고 없다고도 할 수 없다.
> 그것은 마치 땅 위의 길과 같은 것이다.
> 본래 땅 위에는 길이 없었다. 걸어가는 사람이 많아지면
> 그것이 곧 길이 되는 것이다.

비전이 있어 꼭 갈 곳이 있는 사람은 없는 길을 만들어서라도 가고, 그

사람이 간 길은 이내 다른 사람이 다니는 길이 된다. 그러나 비전이 없는 사람은 있는 길조차 그 어려움을 탓하고 가지 않는다.

맺는 글

위와 아래는 하루에 백 번을 싸운다
上下一日百戰

　　일을 시키는 사람은 마음속으로 더 시키고 싶어 하고, 일을 하는 사람은 마음속으로 이제 그만 하고 싶어 한다. 일을 시키는 사람은 품삯보다 더해 주기를 바라고, 일을 하는 사람은 품삯이 일보다 넉넉하기를 바란다. 나는 이것이 수직적 구도 속에서 평범한 사람이 가지는 자연스러운 내면 풍경이라 생각한다. "위와 아래는 하루에 백 번을 싸운다."는 말은 중국의 역사를 통해 가장 이상적인 시대를 이끈 삼황오제의 한 사람인 황제(黃帝)가 한 말로 전해진다. 훌륭한 통찰이다. 위와 아래는 그 이해관계가 다르기 때문에 위의 이익이 커지면 아래의 이익은 작아진다. 반대로 아래의 이익이 늘어나면 위의 이익은 줄어든다. 이것이 조직 속의 인간들이 가지는 기본적인 역학관계다.
　　그럼에도 불구하고 이 싸움은 건강한 것이다. 창조적 갈등이 일방적 관계를 넘어서 더 나은 삶을 위한 공존의 제도를 만들어 내기 때문이다.

경영은 인간에 대한 통찰이 없이는 효과적일 수 없으며, 그 통찰 위에서만 최고의 성과를 만들어 낼 수 있다.

헤라클레이토스는 변화에 대하여 훌륭한 통찰력을 가진 인물이다. 그에 따르면 인간은 대립쌍들로 이루어진 세계 속에서 살고 있다. 잠과 깨어남, 배고픔과 배부름, 평화와 전쟁, 건강과 질병, 삶과 죽음. 이것이 이 세상의 구체적 특징이라는 것이다. 지금 대립하지 않는다고 하여, 그것이 없는 것이 아니다.

삶이 주어지는 순간 이미 죽음의 시계도 움직이고 있다. 낮이 그 전성기를 이룰 때도 밤은 그 속에 보이지 않게 숨어 있다. 지금 존재하지 않는 것처럼 보이는 모든 것들은 언젠가 은폐에서 벗어나 삶과 세계에 지배적인 영향을 미치고 지금까지의 상태를 은폐 상태로 밀어낸다.

세상은 두 개의 대상들의 대립과 싸움에 의해 작동하는 것 같지만 사실은 잠재적인 동반 관계로 서로 어울려 있다. 화해는 투쟁의 한가운데 있다. 이처럼 만물은 대립쌍들의 끊임없는 투쟁과 화해를 통해 영원한 생성 상태에 있다. 불은 이 대립과 성장을 가장 잘 표현해 주는 상징물이었다. 그래서 헤라클레이토스는 만물의 근원이 불이라 믿었다.

이상적인 상사와 부하직원의 관계는 좋은 스승과 제자가 되는 것이다. 또한 '상사는 부지깽이, 부하는 땔감' 이 되는 것이 이상적이다. 불로 타올라 모든 것을 다 쓰고 소진해야 최고가 될 수 있다. 대부분의 직장인들은 그렇게 타오르지 못한다. 젖은 장작처럼 연기만 내거나 불쏘시개가 있을 때만 잠시 타오르다 꺼지고 만다.

상사는 여러 개의 나무를 쌓아 불이 타오르도록 만드는 사람이다. 그는 부지깽이다. 나무가 잘 타지 않으면 스스로 몸에 불을 붙여 불쏘시개 역할을 해야 한다. 좋은 상사는 나무들이 남김 없이 전소하도록 불길을 터주는 사람이다. 부하직원은 좋은 인재로 타오르고, 상사는 그들이 마음껏 타오르게 하여 함께 공을 이룰 때 조직은 가장 큰 성과를 얻을 수 있다.

나는 이 세상의 모든 상사들과 모든 부하직원들에게 한 가지씩만 강조하고자 한다. 이 하나라도 지켜지기를 희망한다.

"세상의 상사들이여, 부하직원의 충성에 기대지 말고 그 역량을 가려 써라."

큰 강은 작은 골짜기의 계곡물들이 흘러들어 자신을 가득 채우는 것을 싫어하지 않는다. 그래서 능히 도도함을 형성할 수 있는 것이다. 훌륭한 지도자는 이끌어야 할 어떤 일도 마다하지 않고, 자기가 감싸 안아야 할 어떤 존재도 거스르지 않기 때문에 능히 하늘 아래 큰 그릇이 될 수 있는 것이다. 그러므로 도도한 큰 강물은 어떤 샘 하나에서 흘러나온 것이 아니며, 천금의 귀한 가죽 옷은 여우 한 마리의 가죽으로는 만들 수 없는 것이다. 하늘 아래 큰 길을 만들려고 하는 이가 자신과 뜻이 같은 이들만 취하려 하면 되겠는가? 자신과 뜻이 같은 이들만 취하려 한다면 큰 지도자가 될 수 없다.

— 묵자(墨子), 『친사(親士)』 중

상사가 자신에게 충성스러운 사람을 탐색하기 시작하면 냉정을 잃고 편협해진다. 일은 충성으로 이루어지는 것이 아니다. 재능 있는 사람이 스스로 헌신함으로써 그 성과가 빛나게 되는 것이다.

역사는 열린사회의 관용이 승리로 가는 길임을 증명해 왔다. 충성을 바라면 닫히게 되고, 닫히면 패배하게 된다. 열린 마음으로 그 사람에게 가장 잘 맞는 일을 찾아 등용하라. 친소를 가리지 말고 재능 있는 자를 찾아 적소에 배치하고, 공을 세우게 하고 모든 공을 나누어 고루 혜택이 가게 해야 한다.

지위의 힘을 가지고 부하들에게 영향력을 확대하려 하지 마라. 그렇게 해서 성공한 경우는 어느 역사에도 없었다. 대신 다른 사람들이 영향력 안으로 즐겨 들어오게 하라. 그러면 자연히 힘이 확대된다.

충성에 의해 조직이 이끌어질 때는 이미 망하기 시작했다는 징조다. 오직 난세에만 비극적인 충신이 빛나게 되어 있다. 어디든 최고의 절정기에는 충신 대신 현신들이 지혜로운 방책을 실천하고, 위아래가 서로 성공을 교환한다. 누구도 이 싸움에서 희생당하지 않는다. 이것이 위와 아래가 함께 번영하고 성장하는 길이다.

"세상의 부하직원들이여, 그럼에도 불구하고 좋은 상사에게 가까이 다가서기를 망설이지 마라."

성경에 나오는 예수와 악마의 대화는 매우 상징적이다.

악마가 말했다.
"여보셔, 젊은 양반, 배가 몹시 고파 보이는구려. 왜 이 돌멩이를 빵으로 바꾸어 먹지 않소?"

예수가 대답했다.

"사람이 빵만으로 사는 것이 아니다. 하느님의 말씀으로 사는 것이다."

예수는 경제적 유혹을 이겨 냈다.

그러자 악마가 예수를 데리고 높은 산 위로 올라가 세상의 모든 나라와 그 화려한 모습을 보여 주며 말했다.

"젊은이, 당신이 내게 절하면 이 모든 것을 그대에게 주리라."

사탄은 정치가의 권력으로 유혹했다. 그러나 예수는 "사탄아, 물러가라." 한마디로 일축했다. 그러자 사탄이 예수를 헤롯의 높은 꼭대기로 데리고 가 세 번째로 물었다.

"그대가 하나님의 아들이면 뛰어내리라."

그러자 예수가 말했다

"아니, 나는 아직 살아 있다. 나는 아직 육체적인 존재다. 사탄아, 물러가라."

경제와 정치를 넘어서 존재의 문제에 이르게 된 이 세 번째 대답을 미국의 신화학자 조지프 캠벨(Joseph Campbell)은 '자기 억제의 미덕'이라고 칭했다. 유한한 자기 존재의 육체 속에서 자신의 영원성을 감지하는 것이 깨달음이라면, 그 영적 존재의 광휘로움 속에서 '비천한 육체의 존재'를 인정하는 것은 바로 절제의 미학이다.

인도의 고대 경전 『우파니샤드(Upanisad)』는 '가까이 앉다'라는 뜻이다. 스승 가까이 앉으면 스승은 깊은 깨달음을 준다. 스승은 어디에나 있다. 좋은 상사에게 가깝게 다가가라. 좋은 사람에게 가까이 가는 것을 두려워하지 마라. 가까이 다가가 '아직 우리가 인간이라는 것, 비천한 육체의 존재라는 것'을 인정하고, 자신의 내면에 존재하는 위대한 에너지를 따라가라.

누군가의 상사가 되면 아랫사람의 충성과 관계없이 그 재능을 가려 쓰는 것이 최선이지만, 누군가의 부하가 되면 모든 재능을 다하여 상사를 가까이서 보필하고 상사의 가장 가까운 곳에 머물러 공을 세우는 것이 최선이다.

직장 생활을 하다 보면 10명의 상사 중에서 한두 명은 평생을 함께 가도 좋을 만큼 겸허한 상사의 자질을 가지고 있게 마련이다. 그에게는 가까이 다가가 힘써 배워라. 그리고 10명의 상사 중 서너 명은 무난한 사람들로 그 관계를 적극적으로 가져가도 괜찮을 사람들이다.

어쩌다 우연히 만나게 된 상사와 부하직원의 관계로 끝내지 말고 정성과 능력을 다해 상사가 공을 세우게 진력하라. 상사에게 가장 믿음직한 조력자로 남아라. 그 사람의 가장 훌륭한 인물로 헌신하라. 그러면 그의 지원과 마음을 얻을 수 있다. 좋은 상사를 가려 섬기고, 정성을 다하고 재주를 다하여 그 사람을 빛내게 하라.

어디서나 가장 중요한 리더는 바로 당신이다

이제 가장 중요한 메시지를 전달할 때가 된 것 같다. 내가 높은 지위에 있든 낮은 지위에 있든 그것은 중요하지 않다. 자신이 스스로를 이끄는 사람인지 아닌지가 중요하다. 리더십은 지위에 대한 것이 아니다. 리더란 직위나 조직의 크기와는 아무런 관계가 없다. 어떤 집단을 이끌 수 있다면 그 사람이 바로 리더다. 직함과 직위가 없어도 그가 바로 실질적인 리더들이다. 리더는 스스로를 주도하는 사람이다. 부하직원이라도 상사에게 긍정적인 영향력을 미칠 수 있다. 상사로 하여금 우리를 돕게 할 수 있고, 상사에게 영감을 주고, 상사가 공을 세우게 하고, 상사를 격려하고 고무시킬 수 있다. 부하직원 없이는 상사가 성과를 달성할 수 없다.

경영은 틀림없이 과학의 범주에 속한다. 그러나 리더십은 예술이다. 인생은 딜레마와 패러독스로 가득 차 있다. 경영 역시 이 모순을 다룰 수 있어야 한다. 상사와 나의 관계 역시 이 패러독스 속에 있다. 리더십의 정해진 틀은 없다. 내 안에 숨겨진 가장 위대한 것을 꺼내 조직을 이끌 수 있다면 그것으로 나는 이미 훌륭한 리더다.

구본형의 THE BOSS : 쿨한 동행

초판 1쇄 발행 | 2009년 1월 15일
초판 5쇄 발행 | 2009년 2월 20일

지은이 | 구본형
펴낸이 | 심만수
펴낸곳 | (주)살림출판사
출판등록 | 1989년 11월 1일 제9-210호

주소 | 413-756 경기도 파주시 교하읍 문발리 파주출판도시 522-2
전화 | 031)955-1350   기획·편집 | 031)955-1381
팩스 | 031)955-1355
이메일 | book@sallimbooks.com
홈페이지 | http://www.sallimbooks.com

ISBN 978-89-522-1052-4 13320

* 잘못된 책은 구입하신 서점에서 바꾸어 드립니다.
* 저자와의 협의에 의해 인지를 생략합니다.

책임편집·교정 : 이남경

값 12,000원